용타스님의

행복 노트

용타스님의 행복 노트

초판1쇄 발행 | 2016년 6월 20일
초판3쇄 발행 | 2017년 12월 18일

지은이 | 용타

펴낸이 | (재)행복마을
편집주간 | 유소림
펴낸곳 | 이데아
출판등록 | 2014년 10월 15일 제2015-000133호
주소 | 서울 마포구 월드컵로28길 6, 3층(성산동)
전자우편 | idea_book@naver.com
전화번호 | 070-4208-7212
팩스 | 050-5320-7212

ⓒ (재)행복마을, 2016

ISBN 979-11-956501-2-5 03220

이 책은 저작권법에 따라 보호받는 저작물입니다. 무단 전제와 무단 복제를 금합니다. 이 책 내용의 일부 또는 전체를 이용하려면 반드시 저작권자와 출판권자의 동의를 얻어야 합니다.

책값은 뒤 표지에 있습니다. 잘못된 책은 구입하신 곳에서 바꿔드립니다.

용타 스님의

행복노트

용타 지음

행복마을

책머리에

이 책은 동사섭 프로그램을 60강으로 나누어 소개하고 있습니다. 올해로 37년 된 동사섭 프로그램은 줄곧 업그레이드되었습니다만 그 지향점은 초지일관 우리 모두의 행복, 그것 하나였습니다. 행복은 동사섭의 목적이기 전에 인류의 목적이라고 할 것입니다. 지구의 70억 사람들은 오늘도 행복해지기 위해 아침부터 바쁘게 지냅니다. 행복해지려고 마음속으론 무엇인가를 생각하고 마음 바깥에서는 생각한 그것을 말하고 행동하는 것입니다.

사람들이 행복을 추구하면서 하는 일을 간단하게 둘로 나누면 마음속의 일과 마음 밖의 일이라 하겠습니다. 이 두 가지 중에서 동사섭은 마음속의 것을 다루고 있습니다. 눈에 드러나기로는 마음 밖의 일이 월등합니다. 그리고 우리들 대부분은 마음 밖의 일에 훨씬 더 많은 에너지를 쏟고 있습니다. 그러나 밖으로 드러나는 것은 모두 마음의 투영입니다. 영화 필름이 먼저 제작되고 나서 영화가 스크린 위에서 펼쳐지듯이 우리의 인생도 밖으로 드러나기 전에 마음속 작업이 선행됩니다. 즉 선행되는 속살이가 부실하다면 밖살이가 충실하기 어렵다는 것입니다. 그래서 동사섭은 우리 모두의 행복을 위해서 짧지 않은 세월 동안 속살이를 다각도로 조명하고 치밀하게 다루어 왔습니다. 이 책은 동사섭의 속살림법을 60강으로 나누어 안내하고 있습니다.

인생은 짧고 예술은 길다는 말이 있습니다. 그러나 수행의 길을 걸어오면서 거듭 확인한 것은 혼과 몸으로 경험해가는 우리의 인생, 우리의 삶이야말로 예술을 뛰어넘는 예술이라는 사실입니다. 우리들은 섬세한 붓질로 탄생되는 그림 한 장, 수많은 악기가 어우러지는 음악 한 소절에 감동하지만 그 어떤 색채보다도, 그 어떤 화음보다도 미묘하고 섬세한 것은 바로 우리의 마음입니다. 우리 마음은 입술 위에 슬며시 번지는 미소 하나로, 혀끝에 스치는 단어 하나로 천국과 지옥을 경험합니다. 끝없이 추락하기도 하고 끝없이 고양되기도 하는 것이 우리들의 마음입니다. 천진무구한 갓난이의 마음이 극악무도한 흉악범의 마음으로 추락합니다. 그런가 하면 동서남북도 모르던 갓난이의 마음이 궁극의 지혜와 지고한 사랑을 지닌 부처님과 예수님의 마음으로 열려가기도 합니다. 그렇게 무한한 가능성을 지닌 것이 우리의 의식이며 우리의 마음입니다.

무궁무진한 변화를 겪는 우리들의 마음을 궁극의 경지로 성숙시키는 요인은 무엇일까요. 그것은 바로 바른 가치관에 대한 이해와 그 이해의 반복적 학습입니다. 바른 가치관에 대한 이해를 깨달음(선오, 先悟)이라고 한다면 그 이해의 반복적 학습을 닦음(후수, 後修)이라고 하겠습니다. 바른 가치관에 대한 이해는 한 순간에 일어나지만 그것을 몸에 익히기 위해서는 반복적인 닦음이 필요합니다. 우리들은 김연아 선수의 기막힌 스케이팅에 뜨거운 갈채를 보냅니다. 빙판 위의 그 모습이 되기 위해 김연아 선수는 얼마나 피나는 노력을 하였을까요? 스포츠에서 하나의 기예를 익히는 데에도 그러하거늘 우리의 인생을 완성해 가는 데는 얼마큼의 정성이 필요할까요. 이런 말씀이 부담되시는지요? 나는 그냥 적당히 살고 싶지 성인 흉내 내느라 애쓰고 싶지 않아 하십니까? 아닙니다. 우리들은 지금껏 엄청 애쓰며 살아왔습니다. 다만, 성장하려고 애쓴 것이 아니라 추락하려고 애써왔다는 것이 다를 뿐입니다. 눈만 뜨면 그 즉시 이것은 옳고 저것은 틀렸어 하면서 분별하고 차별하였으며 자질구레한 이익을 두고 이기심을 갈고 닦는 기회로 삼았습니다. 그리고 무엇보다도 이미 이루고, 이미 갖고 있는 것에 감사하기보다는 끊임없이 더 많은 것, 더 좋은 것을 갈구하면서 쉴 새 없이 불만 수업을 쌓아 왔습니다. 말하자면 행복을 학습하면서 살아온 것이 아니라 줄기차게 불행을 학습하며 살아왔던 것입니다. 그러니 당연히 불행에 익숙해져서 불행이 쉬워지고 불행한 것이 인생이려니 여기면서 행복학습을 성가시거나 별스런 것으로 여기게 되었던 것입니다. 입으로는 행복하기를 원한다고 외치면서 실제로는 행복의 인(因)을 심은 것이 아니라 불행의 인을 심고 있었던 것입니다. 그렇다면 지금부터라도 무엇을 해야 되겠습니까? 행복학습을 시작하고 행복의 인(因)을 심어야 하지 않겠습니까?

세상에도 완고한 것이 사람의 마음 같지만 우리의 마음처럼 소프트한 것도 없습니다. 짐승들은 타락하거나 성장하거나 별다른 차이를 보이지 않습니다. 그러나 사람은 얼마든지 변화하고 성숙합니다. 인생길에서 만난 한 마디의 가르침이나 한 줄의 글, 한 번의 경험 또는 한 사람과의 만남으로도 우리들의 인생은 섬세하고 획기적으로 변화됩니다. 참으로 신비하고 신비한 것이 우리들의 마음입니다. 이 책이 행복을 찾아가는 여러분들에게 다정하고 친근한 친구가 될 수 있다면 저자로서는 더 바랄 것 없이 기쁠 것입니다.

이 책은 동사섭 프로그램을 논리적인 순서에 따라 소개하였습니다. 그러나 60개의 강의가 각기 완결적인 형태로 되어 있기 때문에 굳이 처음부터 순서대로 읽지 않으셔도 좋습니다. 강의 동영상은 You-tube에도 올라가 있습니다. 동사섭 수련을 경험하신

분들은 이 책을 교과서로 활용하거나 충실한 복습 도구로 삼아도 될 것입니다. 동사섭을 경험하지 않으신 독자들께서는 흥미를 느끼는 꼭지부터 읽으셔도 됩니다. 그리고 한 번 읽으신 후에 거듭 읽으시며 그 메시지를 지긋이 음미해보는 시간을 가져보시도록 권하고 싶습니다. 이 책을 읽어주시는 모든 분들께 깊은 감사의 마음을 전합니다.

끝으로 이 책과 연관하여 감사의 마음을 드려야 할 분이 한두 분이 아니지만 두어 분에게는 진정 깊은 감사의 마음을 올립니다. 첫째는 10분 강의의 필요성을 강력하게 권장해 주셨을 뿐만 아니라 동사섭 영성문화의 하드웨어가 이 정도로 튼실하게 되도록 물심양면으로 도와주신 SK회사 우강 최창원 부회장님께 심심한 감사의 마음을 바칩니다. 그리고 녹화되어 있는 강의 내용을 이렇게 어엿한 책자로 탄생되도록 녹취 윤문하여 주신 선혜 유소림님의 노고에 깊은 감사의 마음 올립니다. 나아가 경제적 타산으로 별 기대 걸기 어려울 수 있는 이 책을 출판하겠노라고 마음을 내주신 이데아 출판사 한성근 대표님께도 깊은 감사의 마음 드립니다.

2016년 5월
천령산 아래 행복마을에서
용타 합장

목차

책머리에·5

1. 행복 로드 맵

첫 만남 : 편안한 첫 만남 만들기·17
수련 3박자 : 먼저 비워야 채워진다·23
안다병과 지행득 : 이미 배운 것 새롭게 배우기·27
삶의 5대 원리 : 행복한 삶을 위한 다섯 가지 원리·32
임장기초신념 : 삶의 주인으로 사는 법·38
목적 가치관 : 무엇을 위해서 살까·42
정체관 : 나는 무엇인가·48
대원관 : 우리 모두의 꿈·54
이상공동체 3요 : 행복하고픈 우리가 할 일 세 가지·60
기전향 : 사랑의 에너지 전하기·66

2. 행복 공식

행복론 : 행복이란 무엇일까 · 73
구현행복론 : 미래에 이룰 행복 · 78
지족행복론 : 이미 넘치는 행복 확인하기 · 84
초월행복론 : Unconditioned Happiness · 89
10대 행복마중물 : 행복 아이템 열 가지는 장만해 두자 · 94
아하! : 감동도 연습하면 개발된다 · 100
만큼 철학 : 위에서 내려 보지 말고 밑에서 올려 보라 · 106
OP100의 원리 : 관점이 행복을 만든다 · 112

3. 내 마음 관리하기

수심론 : 마음관리 어떻게 할까 · 119
번뇌구조 : 번뇌가 생겨나는 경로 알기 · 124
수심체계 : 번뇌를 풀어내는 다섯 가지 방법 · 129
자, 어떠세요? : 이 순간 최고의 마음 만들기 · 135
사물 지족명상 : 물건에 감사하기 · 141
사람 지족명상 : 사람들에게 감사하기 · 147
의식의 전개과정 : 내 의식 관찰해 보기 · 154
의식의 무한성 : 무한의식 경험하기 · 160
돈망 : 지금 여기 그냥 깨어 있기 · 166

기초수 수용 : 좋아도 사랑하고 나빠도 사랑한다·172
비아명상 이론 : '나' 따져보기·177
비아명상 실습 : '나없음'의 자유 누리기·183
나지사 명상 : 분노 다스리기·190
죽음명상 : 탐심을 놓고 잘 죽는 법·196
수행 4위 : 마음공부의 단계·202
행동명상 이론편 : 행동하라! 정화되고 평화가 온다 1·207
행동명상 실습편 : 행동하라! 정화되고 평화가 온다 2·213
지인 삼박자 : 행동으로 행복을 선언하라·218

4. 주변과 관계 맺기

표현 : 표현하지 않으면 귀신도 모른다·225
화3요 : 관계 평화를 부르는 3가지 원리·231
나눔공식 : 소통의 달인이 되는 요령·237
촛대-불꽃 : 생각보다는 느낌을 나누어라·242
받기 3박자 : 행복한 대화법·248
5대 악성받기 : 대화중에 저지르기 쉬운 실수 다섯 가지·254
인생과 욕구 : 먼저 사랑해 주고 인정해 주어라·259
1그램 1톤의 원리 : 자아를 꽃피게 하는 1그램의 원리·265

'그러나' 덕성 미학 : 실수했다고 생각되면 '그러나'로 회복하라·270
수희와 덕담 : 함께 기뻐하기·275
불해의 덕 : 해치지만 않아도 덕이 된다·281
교재삼기 : 공동체를 살리는 비법·286
장력의 원리 : 내가 있는 곳에 좋은 기운 만들기 1·292
장력의 실제 : 내가 있는 곳에 좋은 기운 만들기 2·297
교류사덕과 보시-감사 : 네 가지 인간관계와 좋은 관계 맺기·303
사과-관용 : 좋은 관계 회복하기·310

5. 동사섭 좀 더 알기

동사섭 문화와 프로그램의 연혁 : 수없는 업그레이드를 거쳐온 동사섭
    37년의 발걸음·319
전통적 인품론 : 인생은 인품론이다·325
동사섭 인품론 : 자기 자신과 주변으로부터 존경받는 인품·330
맑은 물 붓기 : 오염과 싸우지 말고 맑은 물만 부어라·335
인생 3박자 : 실패는 제치고 성공은 누려라·346
동사섭 로고 : 존재로 바라보고 긍정으로 수용하고 사랑으로 접근하라·352
인생 3중주 : 동사섭이 권장하는 최고의 인생살이·358
동사섭 총정리 : 인생의 첫 단추는 가치관 정립입니다·363

1 / 행복 로드 맵

첫 만남

편안한 첫 만남 만들기

여러분 반갑고 감사합니다. 오늘 여러분들과 공부해볼 제목은 **첫 만남**입니다. 첫 만남이라고 하면 여러분들은 어떤 감이 드실지 모르겠네요. 그런데 인생을 살아가다 보면 첫 만남의 순간들을 수없이 접하게 됩니다. 누군가와 구면이 되면 긴장되지 않고 편안하지만 처음 만나는 자리에서는 대체로 긴장하게 됩니다. 처음 만난 사리에서 긴장된다는 것은 이해할 수는 있어도 그다지 좋은 것은 아닙니다. 보통 누군가를 만났다 하면 그다음으로도 만남이 이어집니다. 두 사람 사이의 첫 만남이든 여러 사람들과의 첫 만남이든 시간이 지나면서 그 만남은 더 본질적이고 구체적인 목적을 위한 자리로 이어집니다. 그렇다면 첫 만남 관리가 상당히 중요하겠지요? 첫 만남의 긴장이 해소되지 않은 채 본 장으로 들어가게 되면 그 자리에서 얻어야 할 것을 효율적으로 얻기가 어렵습니다. 인생의 많은 것들이 보통 모르는 사람과 처음 만나면서 진행되기 시작합니다. 그러니까 여러분들은 첫 만남에서 자기관리를 어떻게 할 것인지 생각해 두어야 합니다.

첫 만남의 특색은 일반적으로 긴장입니다. 그러니까 처음 만난 자리에서 가능하면 빠른 시간에 그 긴장을 해소하고 마음을 편안하게 하는 것이 제일 좋습니다. 편안한 마음으로 페이지를 넘기면서 그 모임의 목적이 되는 장으로 들어가게 되는 것입니다. 첫 만남에서 마음이 편안해지기 위해서는 여러분들이 평소에 다소 공부를 해둘 필요가 있습니다. 평소에 이런 식으로 생각해 보십시오. 긴장이라고 하는 것은 소모전이야. 그러니까 무엇 때문에 소모전을 해? 소모전을 하지 않으려면 빨리 긴장을 해소하는 것이 좋겠지? 긴장은 소모전이다 하는 것을 하나의 격언처럼 생각해 두세요.

또 안전지대에서 긴장하는 것은 그 긴장 정도만큼 미성숙한 것이라는 점도 생각해 보세요. 아, 정말 그렇지. 지금 첫 만남의 자리는 안전한 곳이지. 폭탄이 심어져 있는 것도 아니고 방이 가라앉겠는가, 천정이 내려앉겠는가. 안전한 곳인데 안전지대에서 긴장하는 것은 우습지. 긴장하는 정도만큼 내가 미성숙하다는 거야, 이렇게 생각해 보세요.

또 이렇게 생각해 보아도 좋습니다. 긴장을 한다는 것은 적응을 잘하지 못하고 있다는 뜻입니다. 그러니까 적응이 해탈이다, 그렇게도 생각해 보세요. 적응 잘하는 것이 자유로움을 사는 사람이라는 뜻입니다.

이런 등등의 방법으로 첫 만남 자리에서 자기관리를 산뜻하게 하고 빨리 긴장을 해소하고 편안해질 필요가 있습니다. 그리고 불교식으로 말한다면 첫 만남이라고 해도 알고 보면 처음 만난 그 사람은 전생 전생에 다 내 부모였고 형제였던 사람들입니다. 그러니까 마음속으로 내 형제자매를, 내 부모를, 내 제자를, 내 아들딸을 지금 만나고 있다, 그런 식으로 생각해봐도 빨리 편안해질 것입니다.

그리고 이렇게도 생각해볼 수 있습니다. 우주는 한 덩어리 생명체입니다. 그래서 우리 모두는 그냥 한 덩어리, 한 몸인 것입니다. 그러니까 우리는 한 몸이야, 하고 생각해 보십시오. 어떤 사람과 처음 만나고 그것으로 만남이 끝났다고 하더라도 그 첫 만남은 대단히 중요합니다. 왜 그럴까요? 처음 만나고 그것으로 그냥 만남이 끝났다고 하게 되면 그 첫 만남이 그 사람과의 만남 전부이기 때문입니다. 그때의 첫인상이 좋지 않았다거나 하면 그 사람과는 다시는 만나고 싶은 마음이 없게 될 것입니다. 아무튼 인생에서 첫 만남은 대단히 중요하지 않을지는 몰라도 제법 중요합니다. 은근히 중요한 겁니다.

그러면 첫 만남을 관리하기 위한 구체적인 실습을 해볼까요? 첫 만남을 위한 실습을 해보려 해도 그것이 잘되지 않을 수 있습니다. 그럴 때는 필요한 촌철(寸鐵) 하나를 기억하십시오. 그 촌철은 '저질러라!'입니다. 인사 한마디를 하려고 해도 말이 목에 걸려 나오지 않아 제대로 못하는 사람들이 얼마든지 있습니다. 그런 사람에게 효과적인 약재는 마음속으로 '저질러라!'를 외치는 것입니다. 그러니까 '저질러라'를 늘 유념하세요. 첫 만남 시간만이 아니라 무수한 경우에 '저질러라'는 필요합니다. 이때, 이 말을 저질러서 표현해야 된다, 이때 이 행동을 저질러서 해야 된다, 할 상황은 많고 많습니다. 그렇기 때문에 저질러라 하는 이 촌철은 첫 만남에서뿐만이 아니라 무수한 경우에 대단히 필요하고 대단히 요긴한 가르침이 됩니다.

그리고 만남을 가지려 할 때는 여러분들이 모임 삼박자를 유념하는 것이 좋습니다. 사람이 만났으니 일차 반가워야 합니다. 그러니까 사람을 만나면 우선 반갑게 대하리라, 하는 마음을 갖도록 하십시오. 그리고 만남이란 사람끼리 만나서 무엇을 하기 위해 모이는 것이니 그 만남이 유익한 자리가 되도록 해야 됩니다. 그래서 만남에는 반가움과 유익함이 있어야 합니다. 그다음에 유익함에만 너무 집중하다 보면 즐거움이 없어질 수 있습니다. 어떤 만남이 유익하긴 하였는데 즐겁지 않았다고 하면 그 자리가 너무 딱딱하게 여겨져서 다시 그 자리에 가고 싶지 않게 됩니다. 그러니까 모임의 요소로 즐거움을 하나 더 넣는 것입니다. 처음 만났으니 반갑고, 그리고 무엇인가 모이면 목적이 있으니 목적에 상응하는 유익함이 있어야 되고 유익함에만 떨어지게 되면 중도가 아니니 또 즐거움 가운데 하도록 하라는 것입니다. 그래서 반가움, 유익, 즐거움. 이것이 모임 삼박자입니다.

그리고 처음 만났을 때 내가 해야 할 역할이 있다면 무엇이겠습니까? 그것은 인사입니다. 안녕하세요, 하고 인사하는 것입니다. 인사는 아주 기본 중의 기본입니다. 그리고 서로 인사 나누었다 하면 그다음엔 자기에 대한 간단하고 가벼운 정보를 나누는 것입니다. 예를 들면 아. 나는 광주에서 왔는데 어디서 오셨어요, 하는 정도의 나눔입니다. 그런 자리에서 너무 사적인 질문, 나이를 묻는다거나 직업을 묻는다거나 하는 것은 도리어 결례가 될 수 있습니다. 그러니까 결례가 되지 않는 산뜻한 정보를 나누는 것입니다. 나는 오면서 어디를 지나왔는데 어쩝디다, 하는 식의 대단히 가벼운 정보를 교류하는 것이 방법 하나입니다. 그리고 거기에 덕담을 살짝 덧붙이면 좋습니다. 참 인상이 좋으시네요, 참 목소리가 고우시네요, 하는 등등의 덕담은 좋지만 갑자기 미인이십니다, 하게 되면 안 되겠지요. 그래서 덕담을 살짝 넣어도 결례가 되지 않을 만큼 하는 것입니다.

여러분들이 인생살이를 하다 보면 수많은 첫 만남을 갖게 될 것입니다. 그 시간에 긴장으로 쩔쩔매는 것이 아니라 금방 긴장을 해제하고 그 나눔의 장에서 부드럽고 따스한 분위기를 주도해가는 그런 사람이 되는 것이 좋겠지요. 첫 만남 어떻게 할 것인가에 있어 어떤 공부가 되셨기를 빕니다. 감사합니다.

수련 3박자

먼저 비워야
채워진다

여러분 반갑고 감사합니다. 이 시간 강의 제목은 **수련 3박자**라고 되어있지만 나는 '입력(入力) 3박자'라고 생각합니다. 그럼 무엇을 입력한다는 말일까요? 인생은 그 전반에서 무엇인가 내 정신, 내 혼의 고양을 위한 자양분이 필요하지 않습니까? 그렇게 필요한 자양분을 입력한다는 것입니다. 입력한다는 것은 받아들인다는 뜻입니다. 강의를 듣고, 대화를 하고, 책을 읽고 하는 것, 등등은 모두 우리 인품의 고양을 위해서, 정신의 고양을 위해서 필요한 자양분을 흡수하는 과정입니다. 그런 과정 중에는 수련회 같은 것도 있습니다. 내가 그런 수련회를 주관하다 보니까 어떻게 하면 수련생들이 수련을 효과적으로 잘해서 수련 속에 들어있는 여러 메시지들이 잘 흡수되게 할 것인가 고심하게 되었습니다. 그래서 메시지 흡수 능률을 올리기 위해서 수련생들이 가져야 할 수련 태도를 짚어내어 수련 3박자라고 하였습니다.

그러나 이것은 수련에만 국한된 것이 아니라 강의, 독서, 대화, 또 눈으로 보고, 귀로 듣고 하는 모든 과정, 즉 안이비설신의(眼耳鼻舌身意)가 색성향미촉법(色聲香味觸法)을 받아들이는 모든 입력 과정에 해당되는 것입니다. 그 입력 과정이 효과적으로 되려면 어떠해야 되겠습니까? 받아들이는 내 속에 때가 덜 끼어 있어야 합니다. 때가 끼어 있으면 자연히 그 오염 때문에 들어오는 것이 굴절되게 됩니다. 그래서 그 좋은 예술품이 쉽게 들어오지 않고, 그 좋은 지식이 잘 꽂히지를 않습니다.

밖에서 들어오는 유익한 자양분을 효과적으로 흡수하기 위해서 필요한 태도 세 가지를 말씀드리겠습니다. 그중의 첫 번째가 허심(虛心)입니다. 허심, 마음을 비운다는 뜻입니다. 마음을 허공처럼 비운다는 것입니다. 허공처럼 마음을 비운다면 어떻게 되겠습니까? 일단 입력되어 오는 것은 그대로 박히게 됩니다. 그래서 허심이라고 하는 것은 수련장에서뿐만 아니라 인생 전반에 무엇인가를 흡수해야 하는 과정에서는 정말로 중요한 태도입니다.

그다음에 귀로 경청(傾聽) 해야 할 상황들이 대단히 많습니다. 물론 그림 등을 감상할 때는 귀로 경청한다는 말이 맞지 않지만 경청의 뜻을 넓히면 무언가 할 때는 다른 것은 제치고 그것만을 딱 하는 것, 그것이 다 경청적인 자세입니다. 그래서 꼭 귀로 듣는 것만이 경청이 아니라 눈으로 보는 것도 경청적인 자세로 보아라, 하는 뜻입니다. 경청, 이것은 참으로 중요합니다. 그러면 무엇이 경청일까요? 경청이란 그 메시지만 들어오도록 다른 것으로부터 그 메시지를 보호하는 자세로 청각의 통로를 열어주는 것입니다. 그렇게 열어주면서 그것만 쏙 들어오게 하는 마음가짐, 이것이 경청입니다. 인생살이에 있어서 많은 경우, 마음을 비우고 경청을 잘 한다 하면 대단히 좋겠지요.

허심한 마음으로, 빈 마음으로 경청을 잘해서 받아들였다 하게 되면 그다음에 반드시 필요한 마지막 과정이 있습니다. 그것이 무엇일까요? 허심한 마음으로 경청을 해서 메시지를 잘 받아들였다 하면 그 메시지에 상응한 주제가 꼭 있는 법입니다. 그래서 그 주제에 몰입하라 하는 겁니다. 이제 주제에 몰입을 해야 제대로의 성과가 나오지 않겠습니까? 이렇게 허심과 경청과 주제 몰입, 이 세 가지는 무엇인가를 입력하는 과정에 꼭 필요한 덕목들입니다.

역사적으로 모든 천재들, 세상에서 일가를 이루었다고 하는 모든 천재들은 전부가 허심을 잘하는 사람들이었고, 경청을 잘하는 사람들이었고, 주제 몰입을 잘하는 사람들이었다고 보면 딱 맞습니다. 인생살이 전반에 걸쳐서 우리들은 그냥 가만히 있지를 않습니다. 그러니까 무엇인가를 눈으로 받아들이고, 귀로 받아들이고, 코로 받아들이고, 입으로, 혀로, 몸으로 받아들이고, 그다음에 정신, 마음으로 받아들이고 있습니다. 이러한 전 과정이 보다 효과적으로 되게 하려면, 허심, 경청, 주제 몰입이라는 세 가지 태도는 필수적입니다. 처음엔 수련 3박자라고 했습니다만, 이러한 태도는 인생 3박자라고 해도 좋을 만큼 중요한 덕목입니다. 오늘 여러분들과 시간 갖게 된 것 대단히 감사합니다. 복 많이 받으십시오.

안다병과 지행득

이미 배운 것
새롭게 배우기

여러분 진정 반갑고 감사합니다. 이 시간에 여러분들과 함께 생각해 볼 주제는 **안다병과 지행득(知行得)**입니다. '안다병'이 무엇일까 궁금하시지요? 이 강의를 들으면 '안다병'이 그것이구나, 하고 이해하게 될 것입니다.

자, 한번 생각해 보세요. 사람이 태어나게 되면 무엇이 시작됩니까? 교육이 시작됩니다. 초등학교 들어가기 전에도 유치원에 다니고, 유치원에 들어가기 전에도 가정에서 이것저것 막 가르칩니다. 그리고 초등학교 6년, 중학교 3년, 고등학교 3년을 배우고 배워서 대학은 놔두고라도 12년을 막 배워댑니다. 특히 우리나라 국민들이 더 배운다고 합니다. 그래서 세계에서 제일 지식이 많은 나라가 한국이라는 말도 있습니다. 그런 정도로 많이 배우고 나면 어떤 현상이 생기겠어요? 그 사람들 중에서 인연 있는 사람들은 내가 하는 수련장에 오게 됩니다. 그 사람들이 수련장에 왔을 때 내가 강의를 하면 어떤 현상이 일어나겠어요? 나, 저것 알아. 저것도 알아. 다 아는 걸 또 하려고 왔나? 이러한 저항들이 일어날 수 있다는 것입니다.

 이 세상에는 질병이 많이 있는데 그중에서 최악의 질병이라고 할 만한 것들이 있습니다. 그 최악의 병 하나를 들으라고 하면 나는 바로 '안다병'을 듭니다. 그리고 '안다병'보다 한 수 더 높은 병이 있어요. '다 안다병'입니다. 실은 내가 한때 '안다병' 환자였고, '다 안다병' 환자였습니다. '다 안다병'에 걸려서 인생 나에게 물어라, 백문백답이다. 하던 때가 고등학교 졸업할 무렵이었습니다. 나는 중학교 1학년 때부터 책을 많이 읽어댔습니다. 소설 나부랭이를 마구 읽어대면서 나름대로 인생에 그냥 달관된 것입니다. 그래서 어디에서 무엇을 묻든 물었다 하면 답이 나옵니다. 주관적인 답이지만 답이 막 나오는 것입니다. 그런데 이 세상에는 그런 환자들이 많습니다.

 그 환자들도 무엇인가 새로운 정보를 또 입수해서 더 고양되어야 하는데 그 '안다병'이 도사리고 있어서 수 없이 유익한 정보가 들어오고 있는데 그것이 꽂히지 않고 그냥 흘러가 버리는 것입니다. 대단히 유감스러운 일입니다. 어떤 정보가 들어오고 있습니다. 그것이 속에 꽂혔다 하면 횡재적인 사건이 일어날 수도 있는데, 그것이 나의 '안다병'으로 인해서 흘러가 버립니다. 얼마나 유감입니까. 특히 수련장에서는 그렇습니다. 수련장에서는 고도로 높은 지식을 가지고 수련하는 것이 아닙니다. 극히 상식적인 것을 가지고 수련을 합니다. 그렇기 때문에 상식적인 것이 들어올 때 눈을 씻고 새로이 보려 하지 않으면 그것을 다 놓쳐 버립니다. 참으로 안타까운 일입니다. 그래서 내가 수련장에 오는 사람들에게 늘 하는 말이 있습니다. "여기서는 새로이 더 배울 것은 없습니다. 유념들 하세요." 하면서 이 '안다병' 이야기를 해줍니다. 이 세상에서 최고로 고약한 병이 '안다병', '다 안다병'이라고 말하면 그때부터 정신들을 차립니다.

그래 놓고 내가 치료제 이야기를 합니다. 그 치료제에 대해 듣기 전에 먼저 하나 유념할 것이 있습니다. '지식의 신'이라는 말을 한번 생각해 보세요. 지식이 살아있는 신과 같은 존재라고 해봅시다. 지식의 신이 그 사람의 행복을 위해서 그 사람에게 들어가려고 합니다. 그런데 '안다병'으로 그냥 흘려버립니다. 지식의 신이 또 들어가 보려고 합니다. 그런데 또 흘려버리고, 흘려버리고 합니다. 지식의 신이 볼 때는 "만일 너희들이 나를 수용해서 받아들이기만 한다면 네 인생이 백팔십도 전환될 텐데. 어째서 네가 이것을 못 받아들이느냐." 하고 안타까워하는 일이 마구 빚어질 것입니다. 거의 모든 현장에는 다양한 저항이 있습니다만, 저항 중의 저항은 '안다병', '다 안다병'입니다. 그러니까 그 저항에서 벗어나는 일이 참으로 중요합니다.

그러면 어떻게 해야 벗어날 수 있을까요? 한 번 이렇게 자신에게 물어보십시오. '지(知)'라고 물어 보십시오. 내가 제대로 아느냐, 하고 물으십시오. '지' 하면서 내가 제대로 아느냐 진지하게 물으면 어느 누구도 예, 하고 대답하기 어렵습니다. 그때 생각해 보게 됩니다. 제대로 아느냐, 하고 묻는 순간에 분명히 옷깃이 여며지고, 고개가 좀 숙어질 것입니다. 그리고 한 수 더 물어 보십시오. '행(行)'이라고 물어 보십시오. 네가 지금 알고 있는 것만이라도 잘 행하고 있느냐, 실천하고 있느냐. 이렇게 묻는다고 하면 이제 고개는 더 숙어져야 됩니다. 그다음에 다시 한 수 더 묻습니다. '득(得)'이라고 물어보십시오. 네가 지금 알고 있는 것들이 너의 인품으로, 인격으로 체화됐느냐, 하고 물어 보십시오. 체화됐느냐를 물으면 이제 고개가 90도로 꺾여서 아니올시다, 하게 됩니다. 나 자신을 돌아볼 때 제대로 아느냐 하여도 자신이 없고, 실천하느냐에 가서는 더 말할 수 없이 부끄럽고, 체득했느냐 할 때는 쥐구멍이 찾아집니다.

그래서 이 자리에 계시는 여러분들, 이 이야기를 듣는 여러분들에게 간곡히 말씀을 드리건대 '안다병'을 어서 내려놓으십시오. 항상 지식의 신이 다가오고 있다고 생각을 하십시오. 그렇게 되면 '안다병'을 내려놓게 됩니다. 그리고 이 두 말씀을 유념하세요. 첫째, 내 인생 복습만으로 충분하다 하는 말씀입니다. 여러분들이 이미 알고 있는 것을 거듭 복습해서 제대로 알고, 실천하고, 몸에 익히도록 하십시오. 그리고 둘째로, 반복이 천재를 낳는다 하는 말씀도 기억하십시오. 세상의 모든 명인들은 이미 아는 것을 반복, 반복, 반복합니다. 반복함으로 해서 힘이 길러지는 것입니다. 피아니스트는 다 아는 것을 반복, 반복, 반복해서 명인의 명인이 되어가는 것입니다. 태권도에서는 수도치기다, 발차기다, 하는 것을 반복, 반복, 반복, 반복해서, 태권도의 명인이 되는 것입니다. 무엇이나 마찬가지입니다. 무엇이나 반복, 반복, 반복하는 것이 명인을 만들어내고 천재를 만들어내고 그 인생을 활구로 만들어 냅니다. 반복하지 않고 대충대충 알면서 안다고 생각하는 것, 참 보기 싫습니다.

그래서 여러분들, '안다병' 내려놓으십시오. 더 이상 몰라도 좋습니다. 여러분들이 이미 알고 있는 그것을 다시 한 번 더 명상하고, 더 사유해 보십시오. 그러면 알았던 그것의 깊이가, 앎의 깊이가 더해질 것입니다. 그것을 생활 속에서 실천을 하느냐고 또 물어보십시오. 아마 실천의 폭이 더 넓어질 것이고 더 깊어질 것입니다. 그렇게 반복하다 보면 체득은 저절로 되는 것이 아니겠습니까? '안다병'과 '지행득', 좋은 시간이 되셨기를 빕니다. 감사합니다.

삶의 5대 원리

행복한 삶을 위한
다섯 가지 원리

여러분 진정 반갑고 감사합니다. 이렇게 인연 되어진 공덕으로 여러분들 몸 건강하시고, 마음 평화로우시고, 원하시는 일들 두루두루 성취되시고, 더 나아가서 백 삼십 세까지 행복, 장수하시기를 빕니다.

자, 오늘 이 시간에 여러분들과 공부 할 것은 **삶의 5대 원리**입니다. 삶의 5대 원리는 다른 말로는 '이상공동체 5요'라고도 합니다. 지금 이 자리에서 삶의 5대 원리니 이상공동체 5요니 하는 말을 하고 있으려니 참으로 감회가 새롭습니다.

동사섭 수련역사는 2016년 현재 37년인데, 16년 전에 모든 수련 체계를 정체(正體), 대원(大願), 수심(修心), 화합(和合), 작선

(作善)이라는 다섯 개의 덕목(德目)으로 정리하였고 그 5대 원리에 이상공동체 5요라는 또 다른 이름을 붙였습니다. 그렇게 정리해서 이 다섯 원리 아래 수련회가 진행이 되었을 때, 수련생들도 물론 좋아했지만 수련을 함께 해온 수련 마스터들이 모두 크게 기뻐했습니다. 또한 나 자신이 이 5대 원리의 체계를 정립할 때도 그러했지만 그것을 정립한 후 지금까지 16년이 넘도록 인생은 이 5개 범주를 넘어서지 않는다는 것이 변함없이 확연합니다. 그리고 지금도 거듭 살펴보지만 만족스럽습니다.

이 시간에 여러분들이 이 다섯 가지의 개념을 깊게 살펴보았으면 합니다. 그리고 여러분들이 수련에 참석해서 그 5대 원리를 구체적으로 더 배우고 익히신다면 아마도 여러분들은 훗날 "그 수련은 내 인생에서 횡재적인 사건이었다." 하고 돌아보게 될 것입니다.

자, 한번 생각해 봅시다. 우주의 한 센터에 무엇이 있습니까? 바로 '내'가 있습니다. 5대 원리 중에서 첫 번째는 그 '나'의 문제입니다. 이 '나'가 있고 나서 우주가 있는 것입니다. 어떻게 하면 이 '나'에 대한 관점(觀點)을 보다 높은 차원으로 취하여 나의 인생을 제대로 살 것이냐 하는 것입니다. 나에 대한 관점을 아주 취약하게, 낮은 상태로 책정해 놓으면 어떤 현상이 일어나겠습니까? 나는 용(龍)인데 스스로 실뱀 탈을 쓰고서 '나는 실뱀이야. 나는 실뱀이야.' 하고 사는 것과 같은 상황이 됩니다. 그렇기 때문에 '나란 무엇이냐'에 대한 답을 제대로 할 필요가 있습니다. 이 '나'의 문제, 이 자아 문제를 다루는 것이 5대 원리의 첫 번째인 정체(正體)입니다. 이 '정체'를 또 뜯어서 공부를 해가다 보면 더 복합적인 이야기가 전개되지만 이 시간에는 우선 '아하, 자아관(自我觀)을 보다 바람직하게 정립할 필요가 있겠구나.'하는 생각에 머물면 됩니다.

  그다음 두 번째 대원(大願)입니다. 이 '나'가, 우주의 한 센터에 있는 이 '나'가, 어디를 향해 나아가야 되겠느냐, 하는 것입니다. 자, '나'라고 하는 이 존재는 생명체입니다. 꿈틀거리고 있는 존재입니다. 여기에서 저쪽을 향해서 가는 존재라는 말입니다. 그러면 어디를 향해서 가야 할까요? 이 '나'는 좀 더 행복해지기 위해 오늘도 밤낮으로 애쓰고 있습니다. '나'는 바로 행복을 향하여 가고 있는 것입니다. 그런데 사람은 혼자서는 살 수 없는 사회적인 존재입니다. 주변 사람들이 불행에 빠져 있는데 혼자서만 행복할 수는 없는 것입니다. 얼핏 생각하면 '내'가 나아가야 할 방향은 '나의 행복'이라고 할 수도 있겠는데, 사유를 조금 깊게 해보면 '아하, 나만의 행복은 행복이 아니구나.'하는 것을 알게 됩니다. 그래서 내 가족 전부의 행복을 바랍니다. 그런데 내 가족의 행복이면 될까 했더니, 이웃이 헐벗고 있어요. 이웃이 헐벗고 있다면 내가 행복할 수가 없지요. 여기서 헐벗고, 저기서 헐벗고 있는데 내가 혼자서만 행복의 탑을 높게 쌓아간다고 하면 이런 행복은 위태롭습니다. 그래서 '내'가 나아가야 할 방향은 '우리 모두의 행복'임을 수긍하게 됩니다. 이것이 대원(大願)입니다. 우리 모두의 행복을 꿈꾸어야 합니다. 우주의 센터에 있는 이 자아가, '나'가 우리 모두의 행복을 위해서 나아가야 되는 것입니다.

그러면 '내'가 우리 모두의 행복을 향하여 나아가기 위한 구체적인 방법론은 무엇일까요? 다섯 가지 원리 중에서 위에서 말한 정체(正體)와 대원(大願)은 가치관의 체(體)이고, 그다음 세 가지, 수심(修心), 화합(和合), 작선(作善)은 그 정체, 대원(正體, 大願)을 구체적으로 실천하는 용(用)입니다. 그래서 정체, 대원, 수심, 화합, 작선이라는 다섯 가지가 어우러져서 삶의 5대 원리, 혹은 이상공동체 5요가 됩니다.

자, 그렇다면 다시 한 번 생각해 봅시다. 우리 모두의 행복을 위해서 내가 할 일은 무엇인가 하는 것입니다. 해야 할 일은 세 가지입니다. 이 세 가지는 시간적으로는 동시적입니다만 논리적인 순서로 본다면 첫째, 나부터 행복해야 합니다. 우리 모두의 행복을 유념해야 하는데 스스로가 불행하다고 하면 '내 코가 석 자인데' 하는 마음이 되어 아무 것도 할 수가 없습니다. 그러니까 우리 모두의 행복을 위한다면 이 '나'부터 행복해야 합니다. 감옥 안에 있는 자는 감옥에 있는 죄수들을 끌어낼 수가 없습니다. 감옥 밖에 있어야 끌어내 줄 수가 있습니다. 내가 행복해야 불행한 사람들을 행복의 언덕으로 끌고 갈 수가 있다는 말입니다. 그래서 용(用) 차원에서 해야 할 일, 활용 차원에서, 실천 차원에서 해야 할 1번은 내가 행복해야 된다는 것입니다. 내가 행복해지려면 무엇을 해야 되겠습니까? 바로 수심(修心)을 해야 합니다. 마음을 닦아야 합니다. 수심입니다. 정체와 대원 그 두 가지를 위해서 구체적으로 해야 할 1번은 수심(修心)입니다. 마음을 닦아서 마음 천국을 만드는 것입니다.

 그다음에 또 무엇을 해야 되겠습니까? 내 옆을 보았더니 바로 이웃이 있습니다. 내 가족이 있고, 내 이웃이 있고, 내 지역사회의 주민이 있고, 나라의 국민이 있고, 전 인류가 있습니다. 이웃과 내가 불편한 사이라고 하면 대내적으로 도저히 행복할 수도 없고, 대외적으로도 그것은 잠재(潛在) 전쟁입니다. 그래서 두 번째로 유념해야 하는 것은 관계 천국입니다. 관계 천국을 위해서 내가 해야 할 일은 화합(和合)입니다. 내가 모두의 행복을 위해서 우선적으로 수심 잘해서 마음 천국 만들고 그다음으로는 주변 사람들과 화합 잘해서 관계 천국을 만드는 것입니다.

 그리고 끝으로 무엇을 해야 하겠습니까? 작선(作善)입니다. 행동을 하는 것입니다. 무엇인가 역할을 하는 것입니다. 부모는 부모 노릇 잘하고, 아들은 아들 역할 잘하고, 선생은 선생 역할 잘하고, 농부는 농부 역할을 잘하는 것입니다. 수많은 역할의 총화가 세상인 것입니다. 그러니까 개개인이 곳곳에서 자기가 맡은 바의 역할들을 착착 해낸다면 어떻겠습니까? 그런 세상이 바로 이상공동체입니다.

여러분들, 한번 나를 따라서 손짓을 해볼까요? 가슴을 향해서 두 손을 모읍니다. 이것은 정체입니다. 그리고 두 손으로 둥글게 원을 그립니다. 이것은 대원입니다. 즉 나는 모두의 행복을 위해서 안으로 수심 잘하여 마음 천국 이루고(두 손의 손끝을 모아 스스로를 가리킵니다), 밖으로 화합 잘하여 관계천국 이루고(두 손을 밖으로 향해 부드럽게 움직입니다), 나아가 작선 잘하여 세상 천국 이루겠습니다(두 손으로 밖을 향해 자신을 바치는 모양을 취합니다). 이것이 오요 명상입니다.

이 '삶의 5대 원리'를 오늘 여러분들에게 선물로 드립니다. 이 선물이 좋은 약재가 되어 여러분들의 하루하루가 보다 지고(至高)한 삶이 되시기를 빕니다. 감사합니다.

임장기초신념

삶의 주인으로
사는 법

여러분 진정 반갑고 감사합니다. 옷깃 한번 스치는 것이 500생의 인연이라고 하지 않습니까? 그러니까 여러분들과 나의 인연은 500생 정도가 아니라 5,000생의 인연일 것입니다. 아무튼 이 인연 감사합니다. 이 시간에 나눌 것은 **임장기초신념(臨場基礎信念)**입니다.

임장기초신념이라는 말을 들어보셨는지요? 임장(臨場)이라는 말은 어떤 공간에 있다 하는 뜻입니다. 인생에서는 항상 어떤 장(場)에 있게 됩니다. 아기는 태어나자마자 어떤 가정 공간에 있게 됩니다. 그러면 아기는 가정에 임장(臨場)하는 것입니다. 학교에 가면 학교에, 사회에 나가면 사회에 임장하게 됩니다. 그래서 인생에서 이 몸은 항상 어딘가에 있게 됩니다. 그래서 이 몸이 있는 그 장에 내가 존재할 때에 항상 우리에게 묻게 되는 물음이 있습니다. 그 물음이 무엇일까요? 자, 내가 두 친구와 함께 차 한 잔을 마시고 있다 하면, 또한 그 자리에 내가 임장하고 있지 않습니까? 그럴 때 어떤 태도로 그 장에 있는 것이 좋으냐, 하는 것이 바로 그 물음입니다. 내가 다섯 명의 가족들과 더불어 한 공간에 있을 때, 내가 어떤 태도로 이 가정이라고 하는 공간에 임장하고 있어야 되느냐, 하는 것은 대단히 중요한 질문입니다. 이런 질문을 의식하지 않고 있는 사람들은 어느 곳에서든 습관적으로 있게 될 것입니다. 좋은 습관으로 길들어 있는 90 수위(水位) 이상의 인품을 가진 존재라면 습관대로 그냥 임장하고 있어도 그 자리에 가장 어울리고 바람직하게 있게 됩니다. 그런데 그렇게 인품이 뛰어난 사람이 아닌 경우 습관적으로 임한다는 것은 아주 낮은 차원의 습관으로 임하는 것이기 때문에 그 장에 조화롭게 존재하기 보다는 거칠게, 조화를 깨뜨리는 모습으로 존재하게 됩니다. 그러니까 이것도 중대한 공부거리의 하나입니다.

자, 그렇다면 여러분들이 어느 장에 임할 때 습관적으로 임하는 것이 좋겠습니까, 아니면 의도적으로 임하는 것이 좋겠습니까? 물론 경우에 따라서는 의도라고 하는 것도 스트레스입니다. 그래서 절대로 모든 경우에 의도적으로 어떻게 하라 하는 것은 아닙니다. 그러나 습관적으로 임하는 것에서는 좀 벗어나야 합니다. 그러기 위해서 거기에 어떤 태도로 임하는 것이 좋을지 조금 사유해 보고 또 배워서 어느 자리에 임할 때는 그 자리에 적절하게 존재하도록 하라는 말씀입니다.

그래서 내가 가르치는 수련장에서는 권장 답 두 개를 말합니다. 권장 답 1번은 '나는 이 장의 주인이다.' 하는 것입니다. 어떤 사람이 나는 이 장의 주인이다, 하는 마음을 딱 갖고 있을 때 어떻겠습니까? 그 사람은 습관대로 임장하던 것과는 다르게 그 장을 살피는 사람이 될 것입니다. 다섯 가족이 함께 산다고 할 때 막내둥이가, 이 장의 주인은, 우리 가정의 주인은 나야, 하는 태도로 임한다고 하면 그 막둥이의 하는 행동은 예사롭지 않을 것입니다. 무언가 엄마 아빠, 그리고 다른 가족들의 마음을 살피게 되고, 또 집안의 정리정돈도 보게 되고, 등등 해서 무엇인가 그 가정공간이 좋아질 것입니다. 그래서 나는 이 장의 주인이다, 하는 것이 권장 답 1번입니다. 말하자면 주인 정신입니다. 그다음, 권장 답 2번은 '나는 이 장을 천국으로 만들리라.' 하는 것입니다. 이 장의 주인이라고 할 때는 이미 이 장을 천국으로 만들겠다고 하는 것이 그 행간에 숨어있습니다. 그러니까 2번 답은 1번 답의 행간에 숨어있는 말을 끌어낸 것에 불과합니다. 어떻습니까?

자, 그렇다면 이제 여러분들이 계신 곳이 가정 공간이든, 직장 공간이든, 또는 동창이 모이는 동창회 공간이든, 한담을 나누는 커피숍 공간이든. 이 두 가지 임장기초신념에 조금 유념하고 있어 보라 하는 것입니다. 여러분들이 '이 장의 주인은 나다, 이 장을 천국으로 만들리라' 하는 의도적인 마음가짐을 가지고 있노라면 아마도 그 장은 나로 인하여 묘하게 좋아질 것입니다. 또 주인인 내가 이 장을 천국으로 만들리라, 하고 두 개의 답을 하나로 통합해도 좋습니다. 임장기초신념이란 주인인 내가 이 장을 천국으로 만들리라 하는 마음가짐입니다. 이런 임장기초신념, 얼마나 좋습니까? 만일 여러분이 매일 매일 이런 마음에서 출발하는 삶을 산다고 하면 여러분의 인생은 누가 보아도 믿을 만한 좋은 인생이 될 것입니다. 오늘의 공부 주제인 임장기초신념이 여러분 인생에 어떤 도움이 되었으면 좋겠습니다. 감사합니다.

목적 가치관

무엇을
위해서 살까

여러분 반갑고 감사합니다. 이 시간에 여러분들과 나눌 이야기 주제는 **목적 가치관**입니다. 목적 가치관이라고 하면 무엇이 떠오릅니까? 여러분들이 인생의 목적은 무엇이냐 할 때의 그 목적입니다. 그런데 이 주제로 들어가기 전에 단어 하나를 조금 유념해 보기로 합시다. 생각한다, 사색(思索)한다, 사유(思惟)한다, 등등의 말을 유념해야 합니다. 사람이 지니고 있는 '사유(思惟)'라는 정신기능에 대해서 깊은 인식이 있느냐 없느냐 하는 것의 차이는 대단히 큽니다. 사유에 대한 인식이 아주 중요함을 알고 있는 사람은 사유하는 삶을 살게 됩니다. 잠시 그 사유를 한번 해보도록 합시다. 내가 질문을 할 테니 여러분들이 대답을 해보십시오. 그 과정 전부가 사유입니다.

  이 세상에서 제일 소중한 것이 무엇이냐 하면 어떻습니까? 지금 여러분들 속에서 마구 답이 나오고 있겠지요? 그 답들을 전부 모아서 서로 나누어 보면 좋겠습니다. 내가 살아오면서 그 부분에 대해서 많이 사유해 보았습니다. 그렇게 많이 사유하고서 얻은 답은 특별한 것이 아니라 지극히 평이한 것이었습니다. 이 세상에서, 이 우주에서 제일 소중한 것은 '삶'입니다. 바로 나의 삶입니다. 그리고 또 내가 사랑하는 사람들의 삶입니다. 그 삶이 없다고 하면 무엇이 남습니까? 삶이 없다면 우주가 무의미해져 버립니다. 일체 존재, 일체 우주가 무의미해집니다. 그 모든 것이 내 삶이 있고 나서의 일입니다. 그러니까 삶은 참으로 중요합니다. 그런데 이 삶이라고 하는 것에는 영(零) 수위의 삶에서부터 백(百) 수위의 삶까지 수많은 위계가 있습니다. 영(零) 수위에서 이십 수위까지는 아마도 지옥과 같은 삶이겠고 구십(九十)에서 백(百) 수위까지는 천국과 같은 삶이겠지요. 백 수위의 삶이라고 하면 그 삶은 어떤 삶일까요? 예수나 붓다나 노자나 장자나 그런 성자들의 삶이 백 수위의 삶이라 하겠지요.

  그런데 이 삶을 결정하는 결정 요인이 있습니다. 삶의 점수를, 위계를 결정하는 요인은 여러 가지 있겠으나 그중에서 가장 핵심적인 요인은 무엇인가 하는 것입니다. 그것은 각자 자기 속에 있는 프레임(frame)입니다. 프레임이란 가치관, 신념, 사고방식, 등등과 같은 말입니다. 나는 프레임이라는 말이 참 좋습니다. 프레임은 생각, 가치관, 신념 따위를 하나로 딱 묶어버릴 수 있는 개념으로 느껴집니다. 아무튼 핵심 요인은 가치관입니다. 삶을 결정하는 것은 가치관이다 하는 것입니다. 그럼 가치관은 무엇일까요? 세상에는 수없는 가치관들이 있습니다. 그러한 가치관들 중에서도 가치관의 왕은 목적 가치관입니다. 왜 그럴까요? '목적이 되는 가치가 무엇이냐' 하는 것이 우리 속에 딱 서 있을 때 우리들은 그쪽을 향해 가게 됩니다. 다양한 가치관들 속에서 그 목적 가치관이 애매한 채로 있다면 삶이 방향성을 잃어버리게 됩니다. 그러니까 가치관 중에서는 그 무엇보다도 목적 가치관이 중요합니다.

그러면 다시 한 번 생각해 봅시다. 인생의 목적은 무엇일까요? 다시 말해서 목적 가치관을 묻는 것입니다. 인생의 목적은 무엇일까? 건강일까? 돈일까? 명예일까? 권력일까? 이렇게 생각할 수도 있는데, 건강, 돈, 명예 등등은 목적이라기보다는 어떤 것을 위한 수단입니다. 그러니까 그 어떤 것이 무엇이냐, 하는 것입니다. 인생의 목적이 무엇이냐고 물으면 수단과 목적을 혼동하는 답들이 나옵니다. 그래서 어떤 답을 내놓으면 또 그것의 목적은 무엇이냐를 묻게 되는데 그것이 여전히 어떤 목적을 위한 수단이 되고 있다면 그런 답은 정답이라고 할 수는 없겠지요. 인생의 목적은 행복입니다. 여러분, 이 답이 수긍됩니까?

수긍되신다면 두 번째 질문을 하겠습니다. 행복이란 무엇일까요? 첫 번째 질문이 인생의 목적은 무엇인가 하는 것이었고 이 질문에 대해 '인생의 목적은 행복이다.'고 답했다면 그다음에는 행복이 무엇이냐를 알아야 할 것입니다. 그런데 이 행복이라는 말 자체가 사실은 애매한 단어입니다. 그러니까 애매한 이 개념을 선명하게 드러내야 합니다. 그럼 행복이란 무엇일까요? 이렇게 질문하면 또 많은 말들이 나오겠지요. 나는 내 나름대로 참으로 오랜 세월 동안 생각해 보았습니다. 그런데 행복은 지극히 평이한 개념이었습니다. 그것은 '느낌'입니다. 이 느낌이 좋지 않을 때는 불행하다고 하고 이 느낌이 좋을 때는 행복하다고 하는 것입니다. 그래서 행복이란 그냥 굿 필링(good feeling)입니다. 행복은 좋은 느낌, 좋은 기분, 좋은 감정인데 느낌이라는 말이 더 포괄적이니까 좋은 느낌이라고 하는 것이 가장 좋습니다.

그다음으로 세 번째 질문을 하겠습니다. 행복이란 좋은 느낌이라고 했습니다. 그러면 그 행복의 주체(主體)는 누구일까요? 행복의 주체. 누구의 행복이냐를 묻는 것입니다. 그러면 보통 열 명 중에서 아홉 명은 '나'입니다, 하고 대답합니다. 그런 대답은 틀린 것은 아니지만 정답에서는 조금 벗어납니다. 정답은 '우리'입니다. 우리의 행복이라는 것입니다. '우리'속에는 '나'도 부분 집합으로 들어 있기 때문에 앞의 대답은 '우리'라는 답 속에 이미 들어 있습니다. 그래서 '우리'라고 할 때 현실적인 차원에서 더 안전하고 또 확실한 답이 됩니다. 나는 나 혼자서만 행복할 수는 없습니다. 내 부모, 형제, 처자식이 헐벗고 있는데 도저히 혼자만 행복할 수는 없는 법입니다. 그래서 더불어서 함께 행복해야 됩니다. 우리의 행복입니다.

그리고 다시 첫 번째 질문과 같은 질문을 합니다. 인생의 목적은 무엇입니까? 처음에는 단순하게 행복이라고 대답을 했는데, 이제는 우리 모두의 행복, 이것이 인생의 목적이고 목적 가치관이 됩니다. 내 인생 전체를 걸고 끝내 나아가야 할 방향은 무엇이냐? 우리 모두의 행복입니다. 우리 모두의 굿 필링입니다. 자, 그래서 행복을 논하려고 하면 이러한 기초 신념에 깨어 있어야 합니다. 위에서 말한 네 가지가 그 기초 신념입니다. 나는 수련장에서 이것을 '행복론의 기초 논지' 또는 '행복론의 기초 신념'이라고 해서 강조하고 있습니다.

자, 아무튼 우리들은 태어났습니다. 그리고 언젠가 한 번은 죽습니다. 태어나서 죽을 때까지 꾸준히 나아가야 할 방향이 어디라고 했습니까? 우리 모두의 행복입니다. 그래서 지금 한 시간의 삶, 오늘 하루의 삶이 나와 내 가족과 내 이웃의 행복에 바쳐지고 '우리'가 더 나아가고 더 넓어진다면 그럴수록 좋겠지요. 할 수만 있다고 하면 무한 우주에 있는 전 존재의 행복을 위해서 하루하루 살아가는 것입니다. 이러한 목적 가치관이 서 있는 사람은 어떻겠습니까? 지극히 좋을 것입니다. 우리 모두의 행복을 내 삶의 기준으로 삼을 때 어찌 누구를 해치고 싶겠습니까. 우리의 목적 가치관은 우리 모두의 행복입니다. 감사합니다.

정체관

나는
무엇인가

여러분 감사합니다. 또 이렇게 **정체(正體)**라고 하는 메시지를 가지고 여러분들과 자리를 함께하게 된 것 참으로 기쁘기 그지없습니다. 여러분들, 정체라고 하면 무엇이 떠오르십니까? 너의 정체는 무엇이냐, 뭐 그런 것이 떠오르지요? 여기서 이 정체란 말은 그냥 자아(自我), '나'라는 말입니다. 그런데 왜 정체라고 하였는가 하면 이 나라는 단어가 실은 기분 좋은 대명사가 아니기 때문입니다. 단순한 나가 아니라 아주 이기적인 말이 되어 버렸습니다. 그래서 누구라도 나라고 하게 되면 그 말과 함께 이기적인 에너지가 따라 올라오게 됩니다. 그래서 그런 것을 조금 피하기 위해서 정체라는 이름으로 살짝 바꾸어 보았습니다. 그러니까 정체라는 말의 뜻이 궁금하면 그저 자아 혹은, 나 정도로 알면 됩니다.

자, 여러분들에게 질문 하나를 올리겠습니다. 우주의 한 센터에 무엇이 있습니까? 이것은 '나'입니다. 이 나라고 하는 이 존재는 천하제일의 의미입니다. 천하에서 제일의 의미 하나를 찾는다면 그것이 '나'입니다. 여러분들, 나를 빼놓고 한번 생각해보십시오. 내가 있고 나서 인생이 있고, 내가 있고 나서 역사가 있고, 내가 있고 나서 무슨 나라니 우주니 하고 논하게 됩니다. 그러니까 이 나라고 하는 존재, 정말 중요한 존재입니다. 그런데 무엇이 나입니까? 나란 무엇이냐 하는 것입니다. 여러분들은 어떻습니까? 나란 무엇이냐, 하고 스스로에게 한번 물어보십시오. 그러면 나란 무엇이다, 무엇이다, 무엇이다, 나는 홍길동이다, 무슨 직장 사장이다, 등등 하여튼 '나는 무엇이다'가 수없이 있을 것입니다. 이런 것을 통합한 것이 '나'라는 말입니다.

자, 그런데 그 나라고 하는 것, 예를 들어 '나는 홍길동이다.' 하는 이것은 하나의 관점입니다. 나는 무슨 회사 사장이다. 이것도 끝내는 하나의 관점입니다. 그러니까 '나란 무엇이다.' 하는 이 명제는 내가 나의 신념체계 하나로 그냥 내 속에서 그렇게 쓰고 말하고 있는 것입니다. 그런데 그런 나에 대한 바른 관점을 생각해 보라는 것입니다. 나라고 하는 것을 한번 연구실에, 실험실에 딱 올려두고, 나란 무엇이지, 무엇을 나라고 하지, 하면서 나에 대해서 탐색해 들어가 보는 것입니다. 나에 대해서 탐색해 들어가다 보면 조금 전까지 나는 이런 존재야 했는데 들어가 보면 볼수록 나에 대한 다양한 관점이 나오게 됩니다. 그래서 가능하다면 나에 대한 관점을 나와 우리의 행복에 도움이 되는 쪽으로 채택해야 합니다. 그리고 그 관점을 최고의 관점으로까지 끌어올릴 수 있으면 좋다는 말입니다.

석가모니는 나의 죽음이라고 하는 사실 앞에서 꼼짝도 못 했습니다. 아주 불쾌했고, 아주 답답했고, 그것 때문에 다른 모든 일을 못 할 정도로 고민을 했던 주제가 바로 나의 죽음이었습니다. 그런데 6년간 수행한 끝에 무슨 사건이 일어났느냐? 바로 나에 대한 관점이 바뀐 것입니다. 나에 대한 관점이 확 바뀌어 지면서 그때까지 답답했던 가슴이 무한 우주로 확 열려 버렸던 것입니다. 말하자면 해탈을 한 것입니다. 그러니까 나에 대한 관점을 바로 하면서 살아야 합니다. 나에 대한 관점을 허술하게 해놓고 살 것 같으면 어찌 되겠습니까? 용이 실뱀 탈을 쓰고서 그 혼은 용인데 나는 실뱀이다, 나는 실뱀이다, 나는 실뱀이다, 하고 살고 있다고 한번 상상해 보십시오. 얼마나 억울한 일입니까? 속에서는 용이 꿈틀대고 있는데, 주인이 자기 스스로 용이라고 하지 않고 실뱀이다, 하고 있다면 어떻게 되겠어요? 그런데 칠십억 인류 중에서 소수 몇 사람만 빼놓고, 그 전부가 마치 용이 실뱀 탈을 쓰고 나는 실뱀이다, 하는 것과 같은 삶을 살고 있다고 생각하면 딱 맞습니다. 그래서 이 시간에 여러분들과 나누고자 하는 것은 그 자아관을 한 수 달리해보자는 것입니다. 한 수가 아니라 두 수, 세 수라도 변할 수만 있으면 지고한 경지로까지 자아관을 혁신시키고, 혁신시키고, 변화시키고, 변화시켜서 나에 대한 최고의 관점을 확립해 보는 것입니다.

그래서 나는 크게 두 가지 답을 권하고 있습니다. 하나는 나는 주인이다, 하는 것입니다. 주인 정신이 가장 소박하고 좋습니다. 우선 주인 정신으로부터 시작합니다. 한 가정의 장남이라고 해봅시다. 그러면 그 장남이 나는 이 가정의 주인이다, 하는 주인 정신을 가지고 사는 것이 좋겠습니까, 아니면 주인은 아버지고 나는 아니야, 하는 편이 낫겠습니까? 주인 정신이 필요합니다. 주인 정신은 남녀, 노소, 귀천 따질 필요 없이 누구에게나 보편적으로 필요한 정신입니다. 보편적으로 필요한 이 정신 하나가 확실해진다면 이 세상은 굉장히 좋아질 것입니다. 왜 그럴까요? 주인 정신을 가진 사람은 바로 자기 주변을 살피게 되고, 자기 주변이 보다 행복하고, 보다 평화롭게 되도록 노력을 할 테니까요. 그래서 이 나, 이 자아, 이 정체에 대한 관점 중의 제1번은 역시 주인 정신입니다.

그리고 이 주인 정신을 기초로 해서 하나 더 유념할 것은 사차원(四次元) 자아관입니다. 세상 사람들은 나, 나, 하고 살면서도 부정적인 자아관을 가지고 있는 경우들이 너무 많습니다. 나는 못났다. 나는 할 수 없다. 이런 부정적인 자아관은 큰 문제입니다. 그래서 이 세상을 바르게 하려면 사람들이 가지고 있는 부정적인 자아관이 얼른 바뀌어야 합니다. 부정적인 자아관은 1차원 자아관이고 이것은 얼른 벗어나야 할 자아관입니다.

그다음은 2차원 자아관으로 긍정적 자아관입니다. 긍정적 자아관은 나 괜찮아, 나 할 수 있어, 하고 자기 자신에 대해서 긍정적으로 인정하는 것입니다. 나, 할 수 있다. 나, 잘났다. 얼마나 좋습니까? 수련장에서는 긍정적 자아관을 북돋우기 위해서 나의 긍정점 삼천삼개라고 해서 그것을 쓰고 발표하게 합니다. 그것을 발표하는 날은 수련장이 확 뜹니다. 그만큼 이 세상 사람들은 긍정적 자아관에 목말라하고 있습니다.

그런데 이 긍정적 자아관에서 한 수 더 넘어가야 합니다. 그래야 제대로의 자아관입니다. 그것은 초월적(超越的) 자아관입니다. 초월적 자아관은 진공적(眞空的) 자아관이라고도 합니다. 이 몸뚱이, 이것을 나라고 여기고 있는 한, 그 사람은 석가모니가 나의 죽음을 벗어나서 해탈했던 것과 같은 해탈을 하기 어렵습니다. 사람이 사람인 점은 해탈할 수 있다는 점입니다. 동물들은 지성이 너무 취약해서 해탈의 길을 못 찾습니다. 사람은 조금만 정신 차리면 해탈의 길이 환히 보이게 됩니다. 그 해탈의 길을 찾고 해탈을 하는 겁니다. 그러면 내가 나 아닌 경지가 열립니다. 나를 초월해 버린 경지의 자아관, 그것이 초월적 자아관입니다.

그리고 나면 제 사차원의 자아관이 있는데, 이것이 묘유적(妙

有的) 자아관입니다. 나는 초월적 자아관에서 사라져 버립니다. 그런데 묘유적 자아관에서 내가 다시 역할을 합니다. 역할하고 있는 이 자아는 묘유적 자아입니다. 그래서 일단 초월적 자아관이 되고 나면 묘유적 자아관 차원에서 내가 원하는 대로 자아 놀음을 할 수가 있다 하는 말입니다.

여기에서 여러분들이 유념해야 할 촌철이 있습니다. 그것은 걸림 없는 마음입니다. 걸림 없는 마음이란 초월적 자아관의 경지입니다. 그래야 천수천안(千手千眼)을 현전시킬 수 있습니다. 천수천안이란 관세음보살을 의미합니다. 세상 모든 중생들의 고통을 해결해 주시는 보살이 관세음보살인데, 그 관세음보살은 눈이 천 개, 손이 천 개라는 의미입니다. 그 정도로 분주하게 역할을 하면서 세상에 존재하는 중생들의 고통을 벗겨낸다는 것입니다. 그러기 위해서는 걸림 없는 마음이 되어야 합니다. 걸림 없는 마음이 되기 위해서 자아로부터 초월하는 초월적 자아관을 정립해야 합니다. 걸림 없는 마음으로 천수천안 관세음보살행을 하면서 사시는 것입니다. 여러분들, 감사합니다.

대원관

우리 모두의
꿈

여러분 반갑습니다. 자, 이 시간에 여러분과 함께 생각해 보고 싶은 것은 여러분들 속에 어떤 꿈이 있느냐, 하는 것입니다. 그리고 그 꿈을 다시 한 번 조명해 보면서 여러분들이 제대로의 꿈을 꾸어 보셨으면 하는 것입니다.

그 꿈을 **대원(大願)**이라고 해봅시다. 대원이란 큰 소망, 큰 꿈을 말합니다. 또 영어식으로 말하면 비전(vision)이라고 할 수 있습니다. 비전은 미션(mission)과 함께 아주 중대한 세트 개념이 됩니다. 비전이 저 앞에 있는 것이라면 미션은 그것을 이루어 내기 위해 구체적인 목표를 정해서 일하는 것입니다. 그래서 지금은 비전을 말하는 겁니다. 어떻습니까? 여러분의 궁극적인 비전은 무엇입니까? 궁극적인 꿈이 무엇이냐 하는 것입니다. 여러분의 대원(大願), 큰 원(願), 큰 소망(所望)은 무엇입니까? 나의 꿈은 무엇이지? 궁극적인 꿈은 무엇이지? 아, 나는 십억 부자만 되면 좋겠어, 하는 이것은 대원이 아닙니다. 십억을 벌어서 또 무엇을 할래? 그리고 그다음엔 또 무엇을 할래? 그리고 또 무엇을, 또 무엇을, 또 무엇을, 하면서 더 이상 물을 수 없게 되는 궁극적인 꿈, 그것이 대원입니다. 여러분의 대원은 무엇입니까? 내가 권장하는 그 꿈, 대원이 무엇인지 궁금하십니까? 어쩌면 아주 소박하게 들릴지도 모르겠지만 나는 우리 모두의 행복. 이것이 대원이어야 된다고 생각합니다. 그리고 우리 모두의 행복을 나의 큰 소망으로, 나의 비전으로 하고 산다면 아주 좋겠다, 합니다.

한 번 생각해 보십시오. 자, 우리나라 사람 모두가, 우리 지구인 전부가 우리 모두의 행복이라고 하는 이 대원을 가슴에 빵빵하게 활구(活句)적으로 지니고 산다고 생각해 보십시오. 우리 모두의 행복을 위하여 산다고 하는 이 신념이 머리에 있고, 가슴에서 느낌으로 있고, 몸의 어떤 열정으로 있다고 해봅시다. 만일 70억 인류가 모두 그런다고 해봅시다. 나라와 나라 사이에 갈등이 얼마큼이나 일어나겠습니까? 설혹 일어난다 하더라도 바로 사라질 것입니다. 가정 내에서는 더 말할 것도 없고, 사회에서도 말할 나위 없고, 나라와 나라 사이의 분쟁들도 참으로 극소화될 것입니다. 인생에서 정말 중요한 것은 바른 꿈을 갖는 것입니다.

나는 수련장에서 교육 목표 몇 가지를 정해 두고 있는데 그중의 하나가 이 대원(大願)입니다. 그래서 우리 모두 그 대원을 갖자고 말합니다. 그 대원을 그냥 맨입으로, 나, 이런 큰 꿈, 위대한 꿈이 있어요, 하는 것이 아닙니다. 그것을 몸의 소리로 하게 합니다. 나의 대원은 이것입니다. 진정으로 나는, 내 머리뿐만 아니라, 가슴으로, 가슴뿐만 아니라, 온몸으로 우리 모두의 행복을 기리고 있습니다. 그것을 위해서 나를 바치려고 합니다, 하고 명상을 하게 합니다. 얼마나 좋아요. 그래서 가능하다면 이 세상 모든 사람이 그 큰 꿈을 갖게 하려고 네 가지 정도를 권장하고 있습니다.

자 1번으로는 대원의 질(質)입니다. '우리 모두의 행복을 위하여'라는 이 마음이 저 뼛속에서 나오는 소리가 되게 하는 것입니다. 그래서 사무치는 마음으로 모두의 행복을 비는 것입니다. 사무치는 마음으로 모든 존재들의 행복을 한 번, 두 번, 세 번 빌어 봅니다. 그렇게 비는 과정에서 처음에는 그냥 머리로, 반짝이는 머리의 신념으로 출발을 하지만 거듭 빌다가 보면 정서적으로 몸의 어떤 체온으로까지 우리 모두의 행복을 빌게 되고 모두의 행복을 위해서 나를 바치리라, 하게 되는 것입니다. 이것이 질(質)의 문제이며 진정성(眞情性)의 문제입니다.

그리고 두 번째는 양(量)의 문제입니다. 양은 범주를 말합니다. 처음에는 우리의 행복이라고 할 때, 그 우리가 내 가정 정도에서 끝나는 사람들이 얼마든지 있습니다. 그런데 내 가정보다는 조금 더 넓어져야겠지요. 그래서 내 직장까지, 내 지역사회까지 넓어지고 나라까지 넓어지면 더욱 좋겠지요. 그런데 내 나라라고 하니까 바로 내 나라와 붙어있는 이웃 나라와의 사이가 문제가 되지 않겠습니까? 그래서 지구 전체로 넓어져서 전 인류의 행복을 위하여 하는 마음은 아주 기본으로 되어야 합니다. 더구나 지금은 이 지구가 하나의 가정처럼 되었습니다. 글로벌 시대라고 하지 않습니까? 글로벌 시대란 말은, 지구 전체가 한 나라요, 한 동네요, 한 가정과 같은 세상이 되었다는 뜻입니다. 그렇기 때문에 행복을 비는 범주가 내 가정이나 내 나라 정도에서 머무르면 안 됩니다. 최소한 지구까지는 나아가야 합니다.

그리고 일단 지구까지 되었다 하면 태양계로까지 넓어지는 것은 간단합니다. 태양계까지 갔다 하면 그다음으로 은하계, 우주는 그냥 간단히 됩니다. 우리의 마음은 정말 부드럽습니다. 마음은 내가 뜻한 대로 변합니다. 내가 내 가정에만 고착되고 있을 때 조금 더 넓혀야겠어. 가정만이면 너무 좁아, 하게 되면 바로 내 직장으로까지 확 넓어져 버리는 것이 우리의 마음입니다. 그리고는 직장만으로도 너무 좁아, 하면 바로 지역사회며 나라 쪽으로 쑥쑥 넓어진다는 말입니다. 그러니까 이렇게 소프트한 마음을 가진 사람들이 왜 그 마음을 '가정'에 딱 국한시켜서 스스로를 가정에만 묶어 두느냐 하는 것입니다.

내 혼은 어떻습니까? 우리의 혼은 우주입니다. 내 혼은 우주에서 왔고, 우주 자체입니다. 이 혼이라고 하는 것이 자기의 본향으로 돌아가고 싶어 합니다. 그래서 나는 우주적으로 살고 싶은데, 이 주인이, 이 대뇌가, 나는 우리 가정의 행복만을 위해서 살겠다, 하고는 자기 속에 있는 DNA의 외침을, 내 혼의 외침을 외면해 버린다면 참으로 안타까운 일이 아니겠습니까? 그래서 대원의 양을 넓혀가라는 말입니다.

세 번째는 구체적으로 기도해 보라 하는 것입니다. 구체적으로 기도를 하되 몸으로 기도를 하라는 것입니다. 몸으로 하지 않는 기도는 이런 식입니다. 자, 이렇게 딱 열중쉬어를 하고는, 우리 모두의 행복. 음~, 지구. 음~, 어디, 더 나가 볼까. 태양계, 은하계, 우주, 음~음~ 합니다. 이것도 훌륭합니다. 그런데 몸으로 하게 되면 유치원생까지 함께 할 수가 있습니다. 몸의 소리란 '기전향(起傳向)'을 말합니다. 기(起)란 말은 '일으킬 기'자입니다. 내 사랑의 에너지를 일으킨다는 뜻입니다. 이 사랑의 에너지는 어디에 있을까요? 우주에 한 에너지장(場)으로 있습니다. 내 몸뚱이는 그 사랑 에너지의 통로입니다. 그래서 '기'할 때, 사랑의 에너지를 일으킬 때, 이렇게 내 몸을 통로로 해서, 우주의 기운을 끌어올려서 내가 원하는 쪽으로 그 기운을 쓰는 것입니다. 그래서 '기(起)', 에너지를 일으켜서 '전(傳)', 전하는 것입니다. 그렇게 전하면 이 에너지는 내가 목표로 삼은 그 존재들에게 흘러가게 되어 있습니다. 그래서 기전향하라고 하는 것입니다. 저는 방금 바로 이 자리에 앉아 계신 분들을 떠올렸습니다. 그래서 에너지를 끌어올려서 전달했습니다. 그렇게 하니까 여러분들에게 막 전달되는 것이 느껴집니다. 여러분들이 전달받으면서 향상(向上)되는 것 같습니다. 그래서 기전향으로 몸의 기도를 해 보라 하는 것입니다. 어떤 초등학교 선생님이 아이들과 이 기전향을 하는 데 참으로 좋다고 합니다.

그다음에 네 번째로 권장하는 것이 있습니다. 천 리 길도 그 시작은 첫 걸음부터입니다. 우주를 향한 큰 꿈을 가졌다면 가장 가까운 대상에서부터 그 꿈을 실현해가도록 하는 것입니다. 바로 1미터 거리에 있는 대상은 내 가정, 내 직장입니다. 그러니까 첫 걸음은 내 가정과 내 직장을 천국으로 만들리라, 하는 마음을 딱 갖는 것입니다. 그러기 위해서 나의 전존재, 나의 전에너지를 '기'하여 '전'하리라, 그렇게 마음먹으면 된다는 말입니다. 그래서 내 가정, 내 직장에서부터 시작해서 내 사회, 내 나라, 내 지구, 내 태양계, 내 은하계, 내지 무한 우주까지 천국으로, 극락으로 만들리라, 하는 희망을 갖는 것입니다. 그래서 우리들의 큰 꿈이 한정된 어느 한 곳에 매여 있지 않고, 우주적으로 열려 있는 그런 삶을 살 수 있으면 좋겠습니다. 감사합니다.

이상공동체 3요

행복하고픈 우리가
할 일 세 가지

    여러분 안녕하세요. 아마도 여러분들과는 전생부터 이런 시간을 가졌을 것이고, 또 이어 가면서 계속 이런 인연들이 맺어지게 될 것 같습니다. 이 시간에 여러분들과 나눌 공부주제는 공동체 문제입니다.

    공동체라고 하면 어떤 감이 드십니까? 공동체라고 하면 혹시 나와는 무관한 것으로 들리십니까? 그런 것은 아니겠지요. 사람은 태어났다 하면 공동체의 일원이 됩니다. 태어났다 하면 가정 공동체의 일원이요, 바로 사회 공동체의 일원이 됩니다. 나라 공동체, 지구 공동체의 일원이 되는 것입니다. 넓게는 우주 공동체의 일원입니다. 그렇기 때문에 공동체 문제는 특수한 사람들만의 문제가 아닙니다. 세상에 태어나서 좀 지각이 있는 마음으로 사는 사람이라면 모두 화두로 삼아야 할 것이 공동체 문제입니다. 그렇게 해서 이상공동체를 만들어 가야 합니다. 가장 살기 좋은 공동체, 천국 공동체를 만들어야 합니다. 나는 늘 이상공동체를 생각합니다. 그래서 이 시간 주제는 **이상공동체 3요(三要)**입니다.

인생은 어떤 장(場)에 임(臨)하는 과정입니다. 그렇게 장에 임하면서 가져야 하는 신념을 임장기초신념(臨場基礎信念)이라고 한다면 그것은 이 장(場)에 있는 내가 우리 모두의 행복을 위하여 기도하고 헌신한다, 하는 생각이어야 합니다. 이것이 가치관의 기초입니다. 자, 여기에 있는 내가 모두의 행복을 위하여 기도하고, 또 그것을 위하여 나를 바치는 것입니다. 다시 말해서 나는 우리 모두의 행복을 위해서 사는 것입니다. 나는 우리 모두의 행복을 위해서 산다. 이것이 신념의 신념이며, 가치관의 가치관이어서, 가치관의 체(體)에 해당합니다.

그러면 체가 있다면 용(用)이 있어야 하겠지요? 체를 몸뚱이, 바닥, 본질이라고 하면 용은 활용 축입니다. 우리 모두의 행복을 위해서 산다고 했는데, 그렇다면 구체적으로 어떻게 살 것인가 하는 문제입니다. 우리 모두의 행복을 위해서 구체적으로 무엇을 할 것인가, 이것이 이 시간의 주제입니다. 여러분들은 어떻습니까? 우리 모두의 행복을 위해서 어떻게 할 것인가 하면 여러분들 속에서 답이 착착 떠오릅니까? 물론 여러분들 속에도 답이 있을 것입니다. 그리고 그것은 전부 존중받을 만합니다. 그런데 좀 사유를 해서, 그 답이 철학적인 깊이를 가지고 있는 것이 좋습니다.

나는 이상공동체라고 하면 대체로 상상이 됩니다. 사람들이 전부 행복하게 살고, 화기애애하고, 각자 하는 일들도 일사불란하게 진행합니다. 그리고 이상공동체의 모양새를 구체적으로 무엇이라고 잡지 않는다 하더라도 이상공동체라는 말만 하면 입이 벌어지고 속에서 막 좋아집니다. 그런데 그 이상공동체를 실현하는 구체적인 방법, 그 이상공동체를 열 수 있는 열쇠가 무엇이냐 하는 질문을 스스로에게 화두로 던져서 답이 금방 나왔느냐 하면 그렇지는 않았습니다. 여러분들도 상상해 보세요. 이상공동체를 여는 열쇠, 이상공동체의 방법론, 이상공동체의 길, 이 길이 무엇일까 할 때 여러분들에게 어떤 답이 떠오릅니까? 얼른 떠오르지 않을 것입니다. 나 자신도 아주 멍청한 사람은 아니라고 할 만큼은 천재입니다. 그리고 철학을 했습니다. 그런데도 현재 가지고 있는 세 가지 답을 딱 정리해 내는 데 걸린 세월을 계산해 보니까 십 년 정도였습니다. 십 년 정도 걸려서 어느 순간에 세 가지 답이 딱 잡혔습니다. 그렇게 잡으면서 어떤 생각이 들었는지 아십니까? 아니, 이렇게도 당연하고 시시콜콜한 답이 어째서 그다지도 명료하게 보이지 않아서 십 년 동안 은근하게 헤맸단 말이냐, 했습니다. 답 자체는 기막히게 내 마음에 들었는데 어찌 보면 너무도 당연한 답이었습니다. 그런데 왜 십 년이나 걸렸지 하니까 허탈한 감도 들었지요. 그래서 이 세 가지를 딱 잡아 놓고 다른 사람들에게는 이야기도 하지 않았답니다. 아까웠어요. 남에게 이 말을 하면 "응응, 그래, 그래. 그렇구먼. 그래, 응응, 알겠어, 알겠어. 좋구먼, 응." 그 정도로 대답하고 말 것이 아닙니까? 그래서 아까워서 한동안 이 이야기를 하지 않았습니다. 그랬는데 한번 내보이기 시작했더니 입을 벌리면서 좋아해 주는 사람이 막 생겼습니다. 그래서 내가 이것을 프로그램으로 끌어 올려서 지금은 프로그램 내용으로 아주 강력하게 쓰고 있습니다.

그 세 가지가 무엇인지 한번 상상해 보십시오. 여러분들이 이상공동체 요원으로 그 속에 살고 있다고 상상하면 답은 거기에 다 있습니다. 내가 지금 이상공동체에서 살고 있다고 할 때에 그 이상공동체를 구성하고 있는 구성요소가 무엇인가 생각해 보십시오. 그러면 그것이 거의 답입니다. 이상공동체의 요원은 깊고 넓은 내적인 평화, 내적인 기쁨을 살 것 아닙니까? 이것이 답 하나입니다. 그러니까 내적인 기쁨을 살려면 어찌해야 될 것인가 하면 그것은 바로 수심(修心)입니다. 마음을 닦는 것입니다. 수행을 하는 것입니다. 그래서 열쇠 하나는 수심입니다.

그다음에 또 상상해 보십시오. 여러분이 이상공동체 요원으로 살고 있습니다. 내적인 평화가 넘칩니다. 그리고 다른 사람들도 내적인 평화 속에 삽니다. 그러면 또 무엇이 필요하겠습니까? 서로 더불어 살기 때문에 관계가 좋아야 될 것입니다. 관계 천국이 되어야 하는 것입니다. 마음속 천국만이 아니라 관계 천국이 되려면 어찌해야 되겠습니까? 화합(和合)을 해야 합니다. 그러니까 화합이라고 하는 것이 또 하나의 답입니다. 수련장에서는 수심을 구체적으로 어떻게 할 것이냐 하는 것을 자상하게 쪼개서 가르칩니다. 화합을 어떻게 할 것이냐 하는 것도 쪼개서 가르칩니다. 그러나 우선 결론은 화합이 열쇠 하나요, 수심이 열쇠 하나란 말입니다. 그래서 수심과 화합, 이것이 두 개의 열쇠입니다.

그다음에 또 무엇이 필요할까요? 공동체 사람들이 무엇을 하겠습니까? 수심하여 내적 평화 오케이, 화합해서 관계 평화 오케이가 되었으니 그냥 빈둥대며 지내면 될까요? 아니지요. 일을 해야 합니다. 각자가 필요한 역할을 하는 것입니다. 선생님일 때는 선생 노릇을 하고, 의사일 때는 의사 노릇을 하고, 농부일 때는 농부 일을 해야 합니다. 그래서 역할을 하는 것입니다. 내가 처음에는 그 역할을 일이라고 했습니다. 일이라고 했는데, 나머지 두 개의 열쇠인 수심과 화합은 두 글자인데 일은 한 글자이고 또 수심 화합은 한자말로 되어 있는데, 일은 순수한 우리말이어서 일을 한자말로 한다면 무엇이 제일 좋을까 이리저리 찾다가, 역할이라고 하던 때도 있었습니다. 그런데 그 후에 작선(作善)이라는 개념으로 낙찰되었습니다. 선(善)이란 것은 착함이고 바람직한 것입니다. 그래서 바람직한 것을 작(作)한다, 짓는다, 그래서 작선이라고 했습니다.

아, 이렇게 해놓고 나니까 안으로 평화요, 밖으로 관계 천국이요, 그리고 일들을 착착 해내니, 수심(修心), 화합(和合), 작선(作善)이라. 이것이 바로 이상공동체를 여는 길이요, 방법론이요, 열쇠로구나 했습니다. 그리고 사실은 내가 수심, 화합, 작선이라는 운동을 살고 있고, 내내 그렇게 살아온 것 같습니다. 이 자리에 함께 하신 여러분들도 안으로 수심해서 마음 천국 이루시고, 밖으로 이웃과 화합을 잘 해서 관계 천국 이루시고, 그리고 여러분들이 하는 역할들을 잘해서, 작선을 잘해서, 여러분들의 공동체를 천국으로 만드시기를 빕니다. 감사합니다.

기전향

사랑의 에너지
전하기

여러분 아주 반갑고 감사합니다. 이 시간에 여러분들과 더불어 공부해 볼 주제는 **기전향**(起傳向)입니다. 기전향은 제가 만든 개념으로 뜻은 간단합니다. 기전향은 기도하는 방법의 하나라고 알면 됩니다. '기(起)'는 끌어올린다는 뜻입니다. '전(傳)'은 전달한다는 뜻입니다. 끌어올린 그 기운을 상대방에게 전달하는 것입니다. 기운을 쑤욱 밀어 올려서 전달한다는 뜻이지요. 내 사랑의 에너지를 일으켜서 상대에게 전달하면 어떤 결과가 생길까요? 그 사랑의 에너지를 전달받으신 분들이 무언가 좋아지는 것입니다. 향(向), 향상된다 하는 것입니다. 물론 그냥 기도를 해도 됩니다. 마음속으로 아무개를 떠올리며 잘되어라, 건강 해라, 하면 그것만으로도 훌륭한 기도입니다. 그런데 기전향과 같은 개념을 떠올리면서 하게 되면, 아마도 거의 틀림없이 전달되는 에너지의 강도가 달라질 것입니다. 거기에 몸짓까지 덧붙이면 더 좋습니다. 그래서 두 팔을 위로 끌어올리며 에너지를 기(起)해서, 끌어올린 에너지를 그 사람에게 두 손으로 밀어서 전(傳)하고 두 손을 위로 올리면서 상대방이 향(向)상되기를 빌어주는 것입니다. 그렇게 몸짓을 함께 활용하면 더욱 좋습니다.

기도의 원리는 일체유심조(一切唯心造)입니다. 일체유심조란 모든 것은 내 마음이 다 만든다는 말입니다. 내 아들이, 내 딸이, 주변의 아무개가 병들었다고 하면 자연히 다시 건강해지길 바라는 마음이 생길 것 아닙니까? 그래서 내 아들, 내 동생, 내 친구, 건강해지소서, 하고 기도를 하게 되면 내가 마음먹은 그대로 이루어진다는 것입니다. 그것이 일체유심조의 원리입니다. 마음먹은 대로 된다. 모든 것은 마음으로부터 다 나온다. 모든 것은 다 마음이 만든다. 이런 뜻이 '일체유심조'입니다. 그래서 '일체유심조'라는 원리에 따르는 행위가 많습니다. 그중에서도 기도가 '일체유심조'에 딱 어울리는 작법입니다.

그렇다면 한번 생각해 봅시다. 기도의 대상은 어떤 개인일 수도 있고, 여러 명일 수도 있습니다. 또 우리나라 전부일 수 있고, 지구 전부일 수도 있습니다. 지구 위에 살고 있는 모든 생명들, 인간은 물론이요, 다른 모든 생명들, 또는 무생물까지 그 대상이 될 수 있습니다. 그리고 더 나아가서는 태양계, 은하계, 우주 전부, 이것이 내 기도의 대상이 되는 것입니다. 그렇다면 세상 사람이 기전향(起傳向)과 같은 기도의 자세로 살아간다고 상상해보십시오. 세상이 많이 좋아질 것입니다.

자, 그러면 손짓을 활용해 봅시다. 내 사랑의 에너지, 따뜻한 어떤 기운, 이것은 내 몸속에도 들어있지만, 우주와 이 몸은 처음부터 한 몸입니다. 그래서 내가 이렇게 에너지를 끌어올리면 그것은 우주 전체에 있는 에너지를 끌어 올리는 것입니다. 그렇게 에너지를 기(起)해서, 끌어 올린 그 에너지를 이렇게 올려서 누군가에게 전달해 보십시오. 그다음, 내 기도의 대상이 이 기운을 받고 어떤 식으로든지 더 좋은 상태로 향상된다고 상상해 보십시오. 이것이 기(起), 전(傳), 향(向)입니다. 이렇게 손짓을 함께 활용하면 상당히 좋습니다. 여러분들이 기도할 때 조금 어색한 듯하더라도 손짓을 함께 활용해 보십시오. 그다음에 기전향 하실 때 내가 원하는 그것이 이루어질까, 안 이루어질까, 그렇게 의심하는 마음가짐으로 하는 것은 좋지 않습니다. 마음먹은 대로 되기 때문에 내가 의심을 하면 의심이 밖의 현실로 드러나는 법입니다. 내가 확신을 한다면 확신한 그 마음이 현실에서 드러나는 겁니다. 그래서 기도를 할 때는 마음속으로 확신을 해야 합니다. 병든 분을 낫도록 기도한다면 병이 낫는다는 것을 확신하고 기전향을 하시라는 말씀입니다. 그다음에는 진정성을 고려해야 합니다.

진정으로 나의 대상이 되는 그 존재가 좋아졌으면 좋겠어. 틀림없이 좋아져. 이미 기전향이라는 내 사랑의 기운을 받으면서 지금 바로 좋아지고 있어. 이렇게 확신을 하고 그 확신의 배경에 진정한 마음이 있어야 한다는 것입니다. 그리고 손짓을 활용하거나, 마음속으로 말하면서 기도할 때는 소리의 속도나 손짓의 속도를 자기의 생체리듬에 맞도록 하는 것입니다. 속도 조절도 기도에 상당히 영향을 줍니다. 그래서 차분하게 아무개 씨 건강하세요, 하고 적절한 속도로 하면 그 속에는 확신과 진정성이 더 배어듭니다. 그런데 후다닥 해치우는 식으로 빨리 하면 뭔가 잘 맞지 않습니다. 그래서 속도에도 유념해야 합니다. 그리고 그런 식으로 기전향을 하고 있을 때 스스로의 몸에 흐르는 느낌을 느껴보도록 하십시오. 그 느낌은 분명히 좋습니다. 누군가의 행복을 위해서, 누군가의 건강을 위해서 내가 마음을 쓰고 있으니 내가 행복하지 않겠습니까? 누구에겐가 큰 사랑을 베풀고 있는 자신에게 행복이 느껴지는 것입니다. 그래서 내 속에서 느껴지는 좋은 그 행복감을 느끼면서 기전향을 하는 것입니다. 기전향의 기도를 하는 데에는 이렇게 다섯 가지 원리가 있습니다. 자, 간단히 요약합시다. 기전향입니다. 기, 전. 향. 어떻습니까? 나는 방금 여러분들을 향해서 에너지를 기(起)해서 그 기운을 보냈습니다. 여러분들, 건강도 향상되시고, 마음속의 행복 수위도 향상되고, 해탈 수위도 향상되소서, 하는 마음으로 기전향을 했습니다. 아마 여러분들 분명히 좋을 것입니다. 제가 기전향의 기도를 전해드린 여러분들, 참으로 몸 건강하시고, 마음 행복하시고, 할 수만 있다면 해탈 구원의 경지까지 나아가시게 되길 바랍니다. 그리고 여러분들 주변에 많은 사랑 베푸셔서 여러분들이 계신 곳이 지상천국, 지상극락이 되시기를 빕니다. 감사합니다.

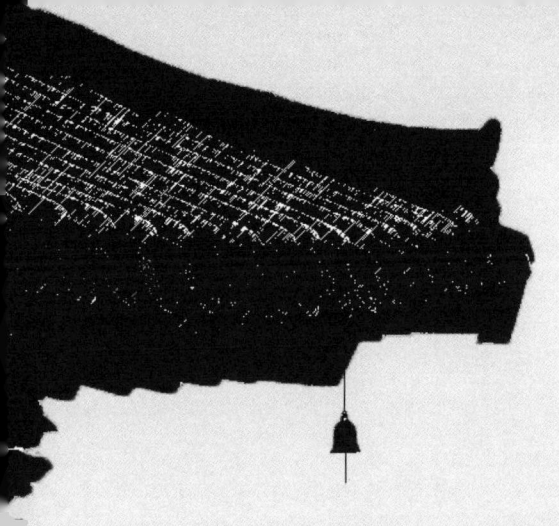

2 / 행복 공식

행복론

행복이란 무엇일까

    여러분 반갑고 감사합니다. 이 시간 여러분들과 함께 생각해 볼 것은 **행복론**입니다. 행복론은 너무도 평이한 개념입니다. 행복론은 행복에 대한 이야기다 하는 정도로 아시면 됩니다.

    어떻습니까? 여러분들은 행복이라고 하면 무엇이 떠오릅니까? 행복이 인생에 어떤 의미가 있습니까? 행복이라고 하는 것이 내 인생, 내 역사에 어떤 의미가 있습니까? 결론부터 바로 이야기 합시다. 행복은 내 인생의 목적입니다. 또 행복은 역사의 목적입니다. 내 인생, 내 역사, 우리의 인생, 우리의 모든 역사는 끝내 행복을 목적으로 합니다. 그래서 우리들은 모두 행복을 향해서 가고 있는 것입니다.

그렇다면 행복이 무엇입니까? 행복이란 무엇이냐 하게 되면 많은 사람들이 성공하는 것이 행복입니다 하거나 건강한 것이 행복입니다 하거나 아니면 돈 많은 것이 행복입니다 하는 식으로 이야기를 합니다. 그러나 이런 말은 행복과 행복의 조건을 혼동한 것입니다. 행복의 조건을 행복이라고 하는 것은 맞지 않는 말이지요. 돈, 건강, 성취, 성공 등등은 행복의 조건이지 행복 자체는 아닙니다. 그러면 행복 자체는 무엇일까요. 건강하면 내 마음, 내 몸의 느낌이 좋습니다. 또, 돈을 벌면 기분이 좋습니다. 상장을 받으면 기쁩니다. 그래서 행복이란 기쁜 것, 굿 필링(good feeling), 쉽게 말해서 기분 좋은 것입니다. 그 느낌 좋은 것을 행복이라고 하고, 느낌이 좋지 않으면 불행이라고 합니다. 그러니까 행복은 무엇이냐 하면 '느낌'이라고 하는 것을 확실히 해야 됩니다.

나의 인생 전체를 통해서 가장 획기적인 사건이 있다면 그것은 아! 이것이 느낌이로구나, 하고 느낌을 인식한 것입니다. 느낌을 모르던 시절, 나는 생각하고 행동하는 사람이었습니다. 그러니까 그 시절에 생각하고 행동하다가 무엇인가 마음대로 되지 않아 화가 확 나도 이 화라는 느낌은 별 의미가 없었습니다. 그런데 느낌에 눈뜨게 해주는 프로그램을 하면서 점점 느낌을 찾아가게 되었습니다. 그래서 내가 하고 있는 동사섭이라는 영성 프로그램에는 무수한 개념이 있는데 그 1호에 해당하는 것이 '느낌'입니다.

왜 느낌이 1호일까요? 느낌 좋게 하자고 무엇인가 하는 것이 인생입니다. 행복이란 느낌이 좋은 것입니다. 인생이란, 그리고 역사란 결국은 이 지구에 살고 있는 존재들의 느낌을 좋게 하는 방향으로 나아가야 되고 또 나아가고 있습니다.

행복이란 '좋은 느낌'을 의미합니다. 그러면 행복을 조금 더 구체적으로 정의 내려 봅시다. 좋은 느낌이 오려면 그것이 올 수 있는 조건이 있어야 합니다. 그 조건이 무엇일까요? 욕구하는 것을 성취할 때, 또는 실현할 때, 또는 소유할 때, 그때 몸의 응답이 있습니다. 그 몸의 응답이란 '좋은 느낌'입니다. 즉 행복이란 욕구가 소유될 때 일어나는 긍정적인 느낌입니다. 이것이 바로 행복의 정의입니다. 이 정의를 잘 보면 행복 공식이 만들어집니다. **행복 = 소유 / 욕구**라는 공식입니다. 여기에서 소유란 실현이라고 해도 좋고, 구현이라고 해도 좋고, 성취라고 해도 좋고, 성공이라고 해도 좋습니다. 그런데 소유라는 단어가 상당히 적절합니다. 행복이란 욕구하는 것이 소유될 때 오는 긍정적인 느낌이고 이것을 공식으로 표현하면 '행복 = 소유 / 욕구'입니다.

이 공식을 잘 들여다보면 세 가지 행복론이 도출됩니다. 구현행복론, 지족행복론, 초월행복론이라고 하는 세 가지 행복론입니다. 그런데 '행복 = 소유 / 욕구'라는 공식에서 분자인 소유에는 두 가지 종류가 있습니다. 첫째, 앞으로 노력을 해서 미래에 소유할 미래지향적인 소유가 있습니다. 이것을 '미래형 소유'라고 합니다. 이 미래형 소유에 집중하면 바로 구현행복론이 만들어집니다. 그런데 이 소유에는 이미 이룩한 소유도 있습니다. 이미 나에게 갖추어져 있는 소유라는 것입니다. 이것을 '완료형 소유'라 하고 이러한 소유에 집중하게 되면 지족행복론이 만들어집니다. 그 다음 욕구라는 분모가 있습니다. 분자인 소유가 아무리 크다 하더라도 분모인 욕구가 한없이 집착적으로 커지면 어찌 되겠습니까? 소유가 아무리 많더라도 욕구가 그 이상 커지게 되면 행복량은 뚝 떨어져 버립니다. 그래서 행복하려면 이 욕구 부분, 이 집착 부분을 최소화시켜 가야 됩니다. 그래서 불교의 행복론도 소욕지족(少慾知足)입니다. 이렇게 행복 공식으로부터 세 가지 행복론이 나온다는 사실을 확실히 이해해야 합니다. 그러면 왜 이러한 행복론이 내 속에서 개념적으로 확실하고 선명한 것이 좋을까요? 이것이 선명하지 않으면 그 사람 인생 자체가 불선명하게 됩니다. 이것이 선명하면 내 인생은 이것에 맞추어 쭉 올라가게 되어 있습니다. 내 인생을 잘 성숙시키고 찬란하게 만들려면 행복론 자체가 민첩하게 정리되어 있어야 한다는 말입니다.

그러면 행복론이 다루어진 이 시간에 우리들이 지금 구체적으로 무엇을 어찌해야 되는지 다시 정리해 봅시다. 먼저 행복이라고 하는 것이 느낌이라는 것, 좋은 느낌이라는 것부터 바로 알아야 됩니다. 그리고 행복의 정의와 공식을 딱 잡으십시오. 느낌, 이것을 잊지 않아야 한다는 말입니다. 내가 느낌에 눈을 뜰 때, 내 가족들의 느낌에도 함께 눈을 뜨게 되는 것입니다. 내가 이 부분에 눈 뜨지 못하고 있으면 지금 가족들의 기분이 어떠한가를 고려하지 않고, 어찌어찌 해야 한다고 하는 당위에만 집착하면서 이러고저러고 칼을 휘두르면서 가정의 평화를 다 망쳐놓을 수가 있습니다. 그래서 느낌에 눈을 뜨라 하는 것입니다. 나의 느낌, 우리의 느낌을 좋게 하는 것이 인생이요, 문화라고 생각하십시오. 그리고 행복공식을 통해서 구현행복론, 지족행복론, 초월행복론, 이 세 행복론이 나온다는 것을 확실히 인식하시는 것이 이 시간의 공부거리입니다. 그리고 이 세 가지 행복론에 상응한 삶을 어떻게 살 것이냐 하는 것에 관심을 가져 보십시오. 이 행복론은 거대한 개념으로 되어 있습니다. 그래서 이 시간엔 우선 여기까지 하고 다른 강의에서 구체적으로 구현행복론 어찌할 것인가, 지족행복론 어찌할 것인가, 초월행복론 어찌해야 할 것인가를 또 나누겠습니다. 자, 오늘의 말씀이 여러분들의 행복에 조금이라도 도움이 되면 좋겠습니다. 감사합니다.

구현행복론

미래에 이룰 행복

　여러분 반갑고 감사합니다. 이 시간 여러분들과 공부할 주제는 **구현행복론(具現幸福論)**입니다. 구현행복론이라고 하면 무언가 감이 옵니까? 우선 행복이 무엇인지부터 생각해 볼까요. 행복이란 무언가 욕구하는 것이 소유될 때 느껴지는 기쁨, 긍정감입니다. 그래서 행복을 공식으로 표현하면 '행복 = 소유 / 욕구'입니다. 그런데 '소유 / 욕구'라고 하는 이 행복 공식을 잘 분석해 보면 세 가지 행복론이 나옵니다. 우선 분자인 소유 축을 봅시다. 지금은 그것을 소유하고 있지 않지만, 미래 언젠가 그것을 소유하여 행복해지리라, 하는 생각이 있지 않겠습니까. 이러한 생각이 바로 구현행복론입니다. 이에 반하여 지족행복론(知足幸福論)

은 미래의 소유가 아니라 이미 소유되어 있는 것을 누리는 심리 과정입니다. 그리고 분모인 욕구를 봅시다. 이 욕구가 커지면 좋을까요? 적어져야 좋을까요? 욕구라는 분모가 적어져야 행복량이 커지겠지요? 이 욕구란 집착인데 이 집착이 커지면 행복을 아주 망쳐버리게 됩니다. 그렇기 때문에 이 욕구는 최소화 되어야 하고, 할 수만 있으면 제로가 되면 좋겠지요. 그렇게 되면 자연히 초월(超越)이 됩니다. 이 세 가지 행복론 중에서 이 시간은 구현행복론에 대해 말씀드리겠습니다.

자, 구현행복론이 무엇이라고 했지요? 욕구하는 것들을 언젠가 미래에 소유해서 행복해지리라, 하는 생각이 바로 구현행복론이라고 했습니다. 이 구현행복론은 70억 인류가 모두 가지고 있는 행복론입니다. 그러면 우리들이 마음속에 구현행복론을 지니고 살아야 할까요? 당연히 지니고 살아야 합니다. 내일, 모레, 글피에 필요한 것들이 있지 않겠습니까. 그러니까 미래지향적으로 무엇인가를 소유(성취, 실현, 구현)해야 합니다. 그러니 구현행복론은 당연히 필요합니다. 그리고 특히 심리학적으로 보면, 미래에 대한 희망을 가질 때 행복합니다. 이것을 '희망의 원리'라고 이름 붙이면 좋을 것입니다. 그다음, 소유를 성취하는 과정에서도 또한 행복합니다. 그리고 최종적으로 자신의 욕구가 소유될 때, 이것이 있기에 내 인생이 의미가 있다 하는 그런 행복을 또 얻게 됩니다. 그렇기 때문에 구현행복론은 단연 필요한 것입니다.

자, 구현행복론이 그러하다면 그다음엔 어떻게 구현할 것인가를 사유해 보아야 합니다. 그런데 여기에서 중대한 통찰이 필요합니다. 구현을 해가는 길에 숙명적으로 놓여있는 문제점이 있기 때문입니다. 일종의 딜레마입니다. 그것은 원하는 일을 구현하고자 하는데 그 구현이 착착 되느냐 하는 것입니다. 문제는 그 구현이라고 하는 것이 잘 안 된다는 점입니다. 그리고 또 다른 문제점도 있습니다. 구현해 가는 과정에 어떤 행복이나 기쁨을 느끼고, 신명이 날 수도 있지만, 지배적으로는 스트레스를 받는다는 것입니다. 그래서 구현행복론의 중대한 문제점은 이 스트레스를 어찌해야 하느냐 하는 것입니다. 구현과 스트레스, 이 양자 사이에는 묘한 딜레마가 있습니다. 이 딜레마 극복이 구현행복론의 중대한 주제입니다.

그러면 이 두 가지 문제점을 어떻게 해결해야 될까요. 우선 구현(실현, 소유)을 보다 능률적이고 효율적으로 해내려면 어찌하면 좋을지 생각해 봅시다. 많은 사람들이 구현 목표를 정해 놓고 노력들을 합니다. 그런데 어떤 사람은 잘 이루어 내는데 어떤 사람은 잘 이루지 못합니다. 왜 그럴까요? 이 부분에 전문적인 깨달음이 필요합니다. 여기에 그 전문적인 깨달음을 다섯으로 정리해 놓은 5대 구현의 원리가 있습니다. 여러분들은 마음속으로 이 5대 구현의 원리를 뚫어야 합니다. 원리라고 해도 그 다섯 가지는 지극히 상식적인 것들입니다.

자, 먼저 제1원리입니다. 우선 목표를 명확히 세워야 합니다. 목표가 세워졌다 하면 그 목표에 이르기 위한 계획표가 만들어질 것입니다. 그다음, 계획표가 만들어졌으면 계획표대로 실천을 합니다. '목표-계획-실천의 원리'가 제1원리입니다. 목표-계획-실천의 원리는 여러분들도 어느 정도는 알고 있겠습니다만 대충 목표를 하나 정해서 그쪽을 향해서 무조건 달려가기만 하는 사람들이 절대적으로 많습니다. 또 실천도 좀 더 효과적으로 하면 좋으련만 갈지자걸음을 걷습니다. 그렇게 하면 안 되겠지요. 그래서 목표를 딱 정하고 계획을 세우고 그다음에 계획대로 일사불란하게 실천해 간다 하는 것이 목표-계획-실천의 원리입니다. 그나마 이 1번만이라도 잘한다면 제법 괜찮습니다.

그런데 여기에 두 번째 원리가 더해진다면 더 좋습니다. 그 두 번째 원리는 '진정성의 원리'입니다. 똑같은 목표를 정했다고 하더라도 내 속에서 '저 목표는 그저 성취되면 좋고 뭐, 안 돼도 무방하고…' 하는 식이어서는 안 됩니다. 목표에 대해 그렇게 느슨한 마음가짐으로 있다면 그 목표라는 것이 '그래. 네 마음이 그렇게 느슨하다면 나는 너에게 다가가기 싫어' 할 것입니다. 그렇기 때문에 목표에 대한 진정성이 반드시 있어야 합니다. 정말로 나는 그 목표가 실현되어야만 한다, 하는 것이 혼의 소리로, DNA의 소리로 올라오도록 승화시켜야 합니다. 그것이 진정성의 원리입니다. 어떤 드라마에 보니까 이런 장면이 나오더군요. 도저히 이

길 수 없는 적과 싸움을 하게 됩니다. 상대가 "너는 백전백패야. 너는 안 되니까 아예 포기하라!"고 말하자 주인공이 이렇게 답합니다. "싸움이라고 하는 것은 힘으로 하는 것이 아니라 절실성으로 하는 것이다. 나는 절실성이 100.00이다. 그러니까 질 수가 없다." 그러더니 천하무적의 그 사람을 딱 이기는 것입니다. 그때 내가 "아하!" 하였습니다. 나도 그 절실성, 진정성을 굉장히 강조하는 사람인데 진정성이 100.00일 것 같으면 안 될 수가 없다는 겁니다.

세 번째 원리는 '확신의 원리'입니다. 확실히 된다고 믿는 것이 확신의 원리입니다. 그런데 그보다 더 강력한 원리가 있습니다. 되었다고 믿어버리는 것입니다. 자성예언(自成豫言)이라는 말이 있습니다. 마음먹은 대로 되게 된다, 하는 것입니다. 그래서 되었다, 하고 믿어버릴 때 일의 능률이 크게 올라간다는 말입니다.

그다음 네 번째 원리가 있습니다. 앞으로 이룰 것이니, 또 이미 이루었으니 내가 기쁘지 않겠습니까? 그러니까 무언가 성취한 사람과 같은 기쁨으로 기뻐하는 것입니다. 또 성취되었으니 감사하겠지요? 그러니 감사하라는 것입니다. 다 성취된 것처럼 말입니다. 곧 성취할 것처럼, 성취한 것처럼 기뻐하고 감사하라 하는 것입니다. 그리고 기뻐하고 감사하게 되면 기쁨과 감사의 에너지가 그 일이 성취되게 하지 않겠습니까? 그렇습니다. 그 에너지가 일을 되게 하는 겁니다. 그래서 '기쁨과 감사의 원리'가 네 번째 원리입니다.

  그리고 마지막으로 원리가 하나 더 있습니다. 바로 '베풂의 원리'입니다. 나는 다 이루었으니 베풀자, 하고 이미 이룬 사람처럼 베푸는 것입니다. 이룬 사람처럼 베풂의 마인드가 딱 되어 있으면 그러한 마인드로 일을 할 때 그 일은 성취되지 않을 수가 없는 것입니다. 그리고 스트레스 문제는 어떻게 하면 될까요? 지족행복과 초월행복이 어느 정도만 터를 잡게 되면 구현해가는 과정에 스트레스는 거의 사라져버리는 법입니다.

  자 여러분들, 오늘은 구현행복론을 공부했습니다. 구현행복론이라고 하는 이 말씀을 가만히 음미해 보시고 구현행복이 여러분들의 것이 되시기를 빕니다. 감사합니다.

지족행복론

이미 넘치는 행복 확인하기

여러분 감사합니다. 이 시간 공부주제는 **지족행복론(知足幸福論)**입니다. 여러분들은 인생을 '사실학'으로 생각하고 계실 것입니다. 그런데 인생은 사실학이 아니라 해석학입니다. 내가 사이다를 좋아합니다. 그런데 여기 컵에 사이다가 반만 들어 있습니다. 그러면 반 컵의 사이다가 사실입니다. 그런데 이 사실 앞에서 생각을 어떻게 하느냐, 해석을 어떻게 하느냐, 하는 것이 인생입니다. 어떤 사람은 반 컵밖에 없다고 해석을 합니다. 반 컵밖에 없다고 해석을 하면서 지옥을 만들어 버립니다. 그런데 또 어떤 사람은 반 컵이나 있다고 해석을 합니다. 사실은 같은 사실인데 해석을 이렇게도 하고 저렇게도 합니다. 그래서 해석을 어떻게 하느냐에 따라서 행, 불행의 길이 바뀌게 되는 것입니다.

이러한 반 컵 사이다의 원리, 그것이 지금 깨달아야 할 원리입니다. 반 컵 사이다라고 하는 그 사실을 나에게 행복을 줄 수 있는 관점으로, 내 속에서 행복이 일어날 수 있는 관점으로 해석하는 것입니다. 그것을 깨달음이라고 합니다. 반 컵 사이다가 있을 때 반 컵이나 있구나, 하고 해석하는 것이 바로 깨달음이라고 하는 것입니다. 내 용모는 그럭저럭 생겼습니다. 사진을 찍어 보면 그렇게 생겼습니다. 그것은 하나의 사실입니다. 이 사실을 두고서 나는 왜 이렇게 형편없이 생겼냐고 해석하면서 불만스럽게 여기고 기분 좋지 않게 삽니다. 그런데 이만하면 괜찮다고 해석을 하면서 행복하게 삽니다. 이만 하면 미남이라고 해석하는 것입니다. 나도 한때는 해석을 잘못한 적이 있었습니다. 그래서 그냥 똑같은 사실을 두고서 해석을 잘못해서 거울을 세 번이나 깼습니다. 그렇지만 해석을 제대로 하게 되면서부터는 거울을 절대로 깨지 않게 되었습니다. 이 정도 생겼으면 괜찮은 것입니다. 괜찮은 존재에게 왜 이렇게 형편없이 생겼냐고 하면서 우리 어머니 아버지는 뭣을 먹고 나를 낳았는고, 하면서 푸념을 했던 것입니다. 그렇게 생각하고 있으니 거울이 한번 깨져, 다시 어느 때 또 깨져, 또 깨져, 그랬습니다. 그런데 지금은 이 정도면 잘났습니다. 키도 150에 비하면 20센티나 더 크고, 팔씨름도 별로 져보지 않았습니다. 아니, 무엇 때문에 이만기를 팔씨름 상대로 정해 놓고 늘 진다는 생각만 하겠습니까? 유치원생들과 팔씨름을 한다고 생각하면 내가 완전히 쫙 이기는 것이지요.

아무튼, 인생은 사실학이 아니라 해석학이라는 말입니다. 이 해석을 행복하게 하는 것을 깨달음이라고 했습니다. 못났다고 해석을 해도 맞는 것이고, 잘났다고 해석을 해도 맞는 것입니다. 그런데 그 두 가지 해석의 차이는 무엇이지요? 못났다고 해석하면 불행해서 지옥에 떨어지는데 잘났다고 해석을 하게 되면 천국으로 간다고 하면 똑같이 옳은 해석 중에서 어느 쪽 해석을 선택해야 되겠습니까? 행복해지는 쪽으로 선택하자 하는 것입니다. 그것이 지족행복론입니다.

자, 그러면 지족(知足)은 무엇입니까? 내가 원하는 것, 욕구하는 것을 소유하는 과정이 인생입니다. 그래서 미래 소유에 집중하는 것을 구현행복론이라고 하고 이미 소유되어 있는 것을 확인하는 것을 지족행복론이라고 합니다. 지족행복론은 내가 이미 소유하고 있는 것이 많고 많도다, 하는 것입니다. 여러분들은 어떻습니까? 스스로를 생각해 보십시오. 행복이란 내가 욕구하는 것이 소유될 때 오는 것입니다. 그러니까 미래의 것은 그냥 두고 이미 욕구가 성취되어 있는 것들이 많고 많다는 것에 얼마나 관심을 두고 계시냐 하는 것입니다. 내가 생각해 보았더니 초등학교 1학년부터 고등학교 졸업할 때까지가 12년인데 12년간 교육을 받았다는 것 자체가 받지 않은 것에 비할 것 같으면 굉장한 소유였습니다. 그리고 내가 이미 이룩한 소유는 한정 없습니다. 내 속에는 빛나는 내 마음이 있습니다. 이 마음이라고 하는 것을 나는 3,000조짜리라고 스스로 생각하고 있습니다. 그리고 이 몸이 있지요? 몸도 3,000조짜리. 이런 식으로 밀고 나가면 이미 소유하고 있는 것, 성취하고 있는 것, 이미 구현해서 가지고 있는 것이 넘치게 많습니다. 그래서 아무리 생각해 보아도 나는 행복할 수밖에 없는 그것이 바로 지족행복론입니다.

그럼 지족행복을 좀 더 구체적으로 실습하려면 어떻게 하면 될까요? 방금 내가 이야기했던 것들을 주섬주섬 정리하면 됩니다. 우선 여러분들은 많이 이루었습니다. 초등학교 1학년부터 고등학교 졸업할 때까지 12년 교육을 받고 굉장한 지식을 습득했다는 것부터 계산을 해보십시오. 그리고 혼 자체가 삼천 조라고 하는 것도 계산하고 몸 자체가 삼천 조라고 하는 것도 계산해 보십시오. 이런 것들을 한 번만 생각해 보고 치워버리는 것이 아니라 다시 또 사유하고 또 생각해 보는 것입니다. 사유하면서 또 생각하고 사유하면서 또 생각하는 것입니다. 자, 여러분들, 우리가 숨 쉬고 사는 이 공기 어떻습니까? 아직 맑습니다. 공기, 굉장한 축복입니다. 감사해야지요. 또 물은 어떻습니까? 어디라도 파이프만 박으면 물이 올라옵니다. 깨끗한 지하수가 아직도 지구에 꽉 차 있습니다. 그래서 명상에 들어가 사유해 보면 가히 모든 것들을 내가 이미 이루고 이미 소유하고 있습니다. 가히 무수하고 무량합니다. 이렇게 이미 넘치는 소유, 넘치는 행복 속에 있는 것이 사실인데, 이 사실을 외면하고 징징댄다고 하는 것은 참으로 유감입니다. 여러분들은 이미 넘치는 소유 속에 있고, 넘치는 행복 속에 있습니다. 이 사실을 사실대로 잘 생각해서서 징징을 끝냅시다. 징징 끝! 하고 이대로 나는 넘치게 행복하다, 하고 살 수 있지 않겠습니까? 지족행복론. 여러분들 행복에 다소라도 보탬이 되었으면 좋겠습니다. 감사합니다.

초월행복론/

Unconditioned Happiness

여러분 반갑습니다. 그리고 감사합니다. 이 시간 공부주제는 **초월행복론(超越幸福論)**입니다. 초월행복이란 무슨 뜻일까요? 내 마음이 무엇인가에 묶여있던 상태에서 초월 된다면 시원하니 좋겠지요. 초월해버리는 그 행복이야말로 좋을 것 아니냐 하는 그런 행복론이 초월행복론입니다.

행복이란 욕구하는 것이 소유될 때 마음에 일어나는 긍정적인 감, 느낌입니다. 그 말을 그대로 따라가 보면 행복공식이 만들어집니다. '행복=소유/욕구'라는 공식입니다. 이때 소유 축과 관련하여 구현행복론과 지족행복론이 만들어지고 욕구 축과 관련하여 초월행복론이 만들어집니다. 자, 그러면 행복 공식의 분자, 분모를 살펴봅시다. 분자인 소유가 1이고 분모인 욕구가 1입니다. 그러면 1/1이니까 행복은 1이 되겠지요. 이번엔 소유가 똑같이 1인데 욕구가 0.5로 줄었다면 행복량은 어떻게 되겠습니까? 이때는 행복량이 2가 됩니다. 이번에도 소유가 똑같이 1입니다. 그런데 욕구가 더 적어져서 0.1이 되었다 하면 행복량은 10이 됩니다. 그런데 만일 이 욕구가 적어지고 적어져서 아예 0이 되었다고 상상해봅시다. 그러면 행복량은 1/0, 즉 무한(無限:∞)이 됩니다. 초월행복론이란 바로 욕구를 최소화, 극소화해가는 과정이고 그래서 궁극에 가서는 제로화하여 행복량을 무한으로 하는 것입니다.

　자, 그러면 이 초월행복론이 왜 그토록 중요하겠습니까? 내 혼은 행복을 갈구합니다. 행복하고 싶다고, 해탈하고 싶다고 외칩니다. 완전히 자유로워지고 싶다고 외칩니다. 행복도 좋지만, 해탈을 더 원하고 있습니다. 우주적으로 완전히 탁 트인, 확 열린 해탈로 살고 싶소! 하고 내 DNA는, 내 혼은, 절규하고 있다고 보면 됩니다. 그러면 내 혼이 외치는 해탈의 절규를, 구원의 절규를 내가 듣고 그것에 부응하는 길은 무엇입니까? 욕구분의 소유라는 행복공식에서 욕구를 제로 쪽으로 낮추어주는 어떤 작업을 해야 하는 것입니다. 그러면 이 욕구란 무엇입니까? 욕구에는 욕구하는 자가 있고 욕구하는 대상이 있습니다. 그런데 욕구하는 자가 없어지고, 욕구하는 대상도 없어져 버린다면 어떻겠습니까? 그때는 인생에서, 전 역사에서, 최고의 기적이 일어나는 것입니다.

그래서 이 초월. 이것이 인류사의 궁극적인 작업인 것입니다. 그것이 해탈이고 구원입니다. 그러면 욕구를 제로화 하려면 어떻게 하면 되겠습니까? 바로 욕구의 주체와 욕구의 객체를 관찰하면 됩니다. 욕구 주체와 욕구 객체가 분명히 있는데 이것을 싹 쓸어버리고 욕구를 제로로 만든다 하는 것은 억지입니다. 그런데 천만 다행히 욕구의 주체와 욕구의 대상을 바로 관찰을 해보니까 있는 듯 여겨졌던 그것이 실은 있는 것이 아니더라, 하는 깨달음에 이르는 것입니다. 얼마나 다행입니까. 그리도 단단하고 확고하게 있는 것을 억지로 쓸어서 최소화하려고 천 날 만 날 쓸고 닦고 하는 것은 참으로 무리입니다. 그런데 천만 다행히 바로 딱 관찰을 했더니 없더라! 하니 얼마나 통쾌한 일입니까?

다시 말해서 초월행복론은 '없음 행복론'이라고 해도 됩니다. 천하를 '있음'이라고 여기는 한 완전한 자유는 없는 것입니다. 알고 보면 천하가 없다는 것입니다. 없음의 철학! 기발(奇拔)하지 않습니까! 그것을 불교 쪽에서는 공(空)철학이라고 합니다. 없음은 없음이라도 있지만, 공(空)은 없음도 없습니다. 없음도 없어서 묘유(妙有)가 현전(現前)하게 됩니다. 그래서 이 공(空)철학, 이것은 불교 쪽에서 나온 철학이기는 하나 참으로 전 인류에게 던져주는 최고, 최귀의 선물입니다.

그러면 우리들이 조금 구체적으로 들어가 봅시다. 여러분들께서는 내가 이렇게 분명히 있는데 어떻게 나를 없다고 할 수가 있느냐, 할 것입니다. 그렇습니다. 그것은 내가 자꾸 있는 것처럼 보이는 쪽으로 해석을 하니까 그런 것입니다. 그런데 그 해석을 없는 쪽으로 할 수도 있는 것입니다. 내가 지은 책 중에 《공(空)》이라는 책이 있습니다. 해공10조(解空十組)라고도 하고 해공27조(解空二十七組)라고도 했던 것을 그냥 쉽게 '공(空)'이라고 해서 냈습니다. 그 책에는 공을 깨닫는 27가지 방법이 나와 있는데 그 중에서 한두 가지만 예를 들어 봅시다.

내가 이 몸을 생각하고 있는 한 '나는 존재한다.'가 됩니다. 그런데 이 몸을 한 번 다른 관점으로 살펴보기로 합시다. 잘 보십시오. 아버지 정자와 어머니 난자, 이것이 내 몸입니다. 그 정자 난자는 자연의 부분집합입니다. 그래서 이 몸을 볼 것 같으면 정자라는 자연, 난자라는 자연입니다. 음식도 자연입니다. 공기도 자연입니다. 물도 자연입니다. 이 자연들이 어우러지면서 하나의 생명체가 기능하도록 만듭니다. 그러면 이 생명체가 '나다, 나다, 나다.' 하고 긴장을 해야 옳겠습니까, 아니면 이것을 '자연이다.' 하고 열어놓는 것이 더 옳겠습니까.

이것은 물론 선택의 문제입니다. 나는 긴장도 좋소. 고통도 좋소. 지옥도 좋소. 그러니까 나, 나, 하고 나를 붙들고 살렵니다. 이렇게 억지를 쓰면서 그걸 좋다고 하고 그걸 믿고 있는 사람은 할 수 없습니다. 그 '나'로 살아야지요. 그런데 이 몸뚱이를 정자로 보아도 자연이요, 난자로 보아도 자연이요, 먹은 음식을 보아도 자연이요, 마시는 공기를 보아도 자연이어서, 그런 관점으로 볼 것 같으면 '나'라고 할 만한 것은 아무 것 없고 그저 자연밖에 없네, 하고 해석이 된다는 것입니다. 그렇게 보니까 어떠합니까? 과거에는 나! 나! 나! 나! 나! 하면서 긴장되고 고통스럽고 지옥과 같고 또 그렇기 때문에 '너'와 마구 싸우게 되었는데 나를 자연이라고 열어놓을 때는 이런 대내적 고통과 대외적 싸움이 사라져버리지 않겠습니까. 그래서 자연이 있을 뿐 나는 없다는 것입니다.

또 전자 현미경적으로 이 몸뚱이를 한번 봅시다. 이 몸뚱이라고 하는 것이 전자 현미경에는 어떻게 비칠까요? 그저 소립자에 불과한데 그 소립자를 다시 더 뜯어서 보면 에너지에 불과합니다. 그래서 소립자로 보아도 나라고 하는 것은 없고, 에너지로 보아도 나라고 하는 것은 없어서, 잘 보니까 역시 나라고 할 만한 것은 없네, 하게 됩니다. 나라고 할 만한 것이 없네, 할 때 과거에 나! 나! 나! 나! 하던 그 긴장과 집착이 사라지면서 탁 트인 자유감이 오게 됩니다. 그렇게 탁 트인 자유감이 온 그 상태를 초월이라고 하고, 해탈이라고도 하는 것입니다. 그때 절묘하게 행복 이상의 행복을 느끼니 초월행복인 것입니다. 초월행복론, 여러분들에게 드리는 최고의 선물일 수도 있는 것이 이 초월행복론입니다. 초월행복론으로 이 세상에 태어나신 값을 한 번 제대로들 해보시기 바랍니다. 감사합니다.

10대 행복마중물

행복 아이템 열 가지는
장만해 두자

　이 시간 공부주제는 **10대 행복마중물**입니다. 10대 행복마중물이란 가장 큰 행복의 조건 열 가지를 말합니다. 펌프로 물을 끌어올리려면 먼저 펌프 속에 물을 한 바가지 부어 넣고 펌프질을 시작해야 하는데 그 물을 마중물이라고 합니다. 내 속에서 행복감이 확 올라와야 되겠는데 잘 안 나옵니다. 그러니까 마중물을 부어주면 물이 끌려올라오듯이 무언가 조건을 제공해주면 행복의 기운이 확 올라온다 하는 것입니다. 그 행복의 조건이 되는 것들이 바로 행복마중물입니다. 무수 다양한 것들이 행복마중물이 될 수 있겠지요. 그런데 평소부터 그중에서 가장 훌륭한 10가지 정도를 기본적인 행복마중물로 장만하고 계시는 것이 좋다는 말씀입니다.

　자, 어떻습니까? 행복마중물을 장만해두는 것이 어째서 좋을까요? 만일 그런 것을 장만해 두지 않고 적당히 살고 있는 사람에게 요새 어때요, 하고 물으면 어떤 답이 나오겠습니까? 바로 "별로예요, 죽겠어요." 하는 식으로 부정적인 에너지로 답합니다. 그런 버릇이 붙게 되면 잘 고쳐지지 않습니다. 그런데 평소에 10대 행복마중물과 같은 행복 조건들을 자신의 의식 속에 갈무리해 두고 살고 있다면 요즘 어떠세요, 하고 물을 때 바로 긍정적인 에너지로 행복한 말이 나오게 됩니다. 그래서 유비무환(有備無患)이라는 것입니다. 10대 행복마중물과 같은 것을 준비해서 갖추고 있게 되면 환란이 없을 것입니다. 그렇지 않겠습니까?

　그래서 나는 문득문득 사람들에게 어떠세요, 하고 묻곤 합니다. 그러면서 무조건 행복합니다, 하는 대답이 나오기를 기대하고 있습니다. 그런데 "행복합니다." 하고 대답을 하면 또 "무엇으로?" 하고 묻습니다. 무엇으로 행복한가에 깨어있게 하는 것입니다. 그러니까 그 대목에 걸려들었다 하면 쉽게 통과가 안 됩니다. 무엇으로 행복하십니까? 하고 묻게 되면 자연히 자기 자신의 행복에 더 깊은 관심을 가지면서 "음~~ 나는 이러이러해서 행복합니다. 저러저러해서 행복합니다." 하게 됩니다. 그러다 보면 이러저러 해서 행복하다고 답을 하면서 행복을 위한 학습을 하게 되는 것입니다. 세상에서 해야 할 일은 얼마나 많고 또 얼마나 복잡

합니까? 아무리 할 일이 많더라도 내 가슴 관리, 내 혼 관리에 관심을 두는 것은 행복에 직결되는 일이니 빼놓아서는 안 될 것입니다. 그래서 행복을 원하는 사람이라면 마음공부 차원에서 10대 행복마중물과 같은 것을 장만하는 일은 대단히 중요한 일입니다.

자, 여러분들 어떠세요? 행복하십니까? 예, 행복합니다, 하고 대답을 하실 수 있겠지요? 그렇다면 무엇으로 행복하세요? 그 무엇, 그 무엇들 중에 중대하게 여겨지는 것 10가지를 미리 장만해 두어라 하는 것입니다. 10대 행복마중물을 지금 다시 정리해 보세요. 어제 마중물 나누기를 하고 오늘 다시 하게 되면 비슷할 지는 몰라도 같지는 않습니다. 우리들의 의식세계는 그 정도로 정말 부드럽게 움직입니다. 의식이 딱 고정되어 있다면 어제 나온 답이 오늘도 그대로 나올 터인데 거의가 다른 답이 나옵니다. 그래서 그 답을 늘 써보다 보면 중대한 것은 점점 고정되게 됩니다. 그렇게 고정된 것 10가지를 장만하라는 말입니다.

어떤 사람은 고정된 것이고 무엇이고 없이 외동딸만 생각하면 그냥 행복해진다는 것입니다. 그래서 딸이 몇 번째 마중물이냐고 하니까 단연 첫 번째랍니다. 또 어떤 사람은 평생 열심히 일해서 통장에 돈을 얼마 모아두었답니다. 그래서 그 통장에 있는 돈을 떠올리면 행복하다고 합니다. 그처럼 행복마중물은 사람마다 다릅니다.

나는 행복마중물이라고 하면 그 1번이 '그냥 있는다.'입니다. 나는 그냥 있는다, 하면 무한 우주가 그냥 행복 해탈 덩어리가 됩니다. 이것은 말만 그런 것이 아니고 사실이 그렇습니다. 동사섭에서는 이것을 고급과정에서 가르칩니다. 자. 그냥 있음이 무한 오케이일 수 있으면 얼마나 좋겠습니까. 내 행복마중물 1번은 그것입니다.

그리고 또 다른 행복마중물을 말하라고 하면 '이대로 그냥 있는 것으로 구천 조 부자다.'합니다. 구천 조 부자, 좀 농담으로 들릴지 모르겠는데 실제로 양보해서 구천 조라고 하는 겁니다. 구천 경(京)이라고 해도 되겠지만 조(兆)라는 단위도 까마득한 숫자인데 경 까지 가면 더 까마득해서 너무 추상적으로 들릴 것 같아 조로 끌어내렸습니다. 그래서 구천 조 부자라고 하는 겁니다. 어째서 구천 조 부자일까요? 생각하면 할수록 이 혼은 신비하기 그지없습니다. "용타!" 하고 부르면 "예!" 하면서 저 한 센터에서 대답하는듯한 그 주인공 같은 것. 물론 이 주인공은 실체가 있는 어떤 존재는 아닙니다. 그러나 기능은 하고 있지 않습니까. 기능하는 그 존재를 딱 떠올리게 되면 기가 막힙니다. 와-!!! 이놈, 참으로 신비하도다. 도대체 이 무심한 우주가 어찌 어찌 작용을 해서 이 몸뚱이가 만들어지고 이 몸뚱이 속에 "아무개야" 하면 "예~!" 하고 대답하는 이 의식, 이 혼, 이 마음, 이놈이 있게 되었는고, 하고 생각하면 참으로 기가 막힙니다. 그 혼에다 값을 붙이려 하는데 내가 양보하고, 양보하고, 열 번 양보해서 삼천 조로 붙여 놓았습니다. 이 속에 마음 하나가 있다는 것으로 나는 삼천 조 부자입니다. 여러분들은 어떠세요? 여러분들은 마음에 가격을 얼마 부여하시겠습니까? 이것은 삼천 조가 아니라 무한보(無限寶)입니다. 그다음에, 이 혼이 무대로 여기고 있는 이 몸을 봅시다. 이 몸, 어떻습니까? 이 몸이야말로 또 한정 없는 존재이지 않습니까. 돈으로 환산한다면 어떻겠습니까? 양보해서 삼천 조입니다. 사실은 무한보이지만 삼천 조라고 한다는 겁니다. 그리고 혼과 몸을 가지고 이 세상을 경험하게 됩니다. 경험한다는 이 사실, 이것 또한 삼천 조 입니다. 그래서 그냥 존재하는 이것을 유위법(有爲法) 차원으로 계산하고, 양보, 양보해서 계산해도 "구천 조(兆)로다!" 하는 것입니다. 이러한 식으로 스스로를 생각해보면 그 긍정성이 한정 없습니다.

그리고 행복마중물을 또 말해 보아라, 하면 내 속에 있는 가치관 체계들을 내어 놓습니다. 정체-대원-수심-화합-작선 등등. 나는 이 가치관 체계들이 참 좋습니다. 어떤 가치관을 가지고 있느냐가 그 사람의 삶을 다 결정해 버립니다. 그런데 나는 참으로 좋은, 아주 훌륭한 가치관 체계로 살고 있습니다. 그래서 나에게는 가치관 체계 자체가 행복마중물입니다. 그 외에 '무한정체성(無限正體性)'이 또한 행복마중물입니다. 무한정체성(無限正體性)이란 '나'라고 하는 이 존재는 이렇게 몸뚱이를 따라 달랑 경계 지어진 조그만 유한적 존재가 아니라 잘 탐색해 살펴보면 가히 무한

이라는 뜻입니다. 왜 무한인지 설명하려면 시간이 더 필요하겠지요. 아무튼 여러분들, 10대 행복마중물을 평소에 장만해 두십시오. 그리고 그것을 늘 마음으로 느끼시고 이웃과 나누세요. 10대 행복마중물이라고 하는 이 주제가 여러분들의 행복에 한 도움이 되면 좋겠습니다. 감사합니다.

아하!

감동도 연습하면 개발된다

여러분 반갑습니다. 그리고 감사합니다. 이 시간에 공부할 주제는 **아하!**입니다. 아하!는 감탄사입니다. 감동할 때 아하! 하고 소리를 냅니다. 아하!의 내용은 호감정입니다. 긍정적인 느낌입니다. 긍정적인 느낌이 어느 정도 이상이 된 듯할 때 아하! 합니다. 센스가 있고 민감한 사람들은 조그만 것에도 아하! 하는데 둔한 사람들은 커다란 감동거리에도 돌멩이 같다 할 정도로 무심합니다.

어떻습니까, 여러분들은? 저는 하루에 한두 번 이상은 아하를 합니다, 하시는 쪽입니까? 아니면, 아하를 한 번도 못 해보고 하루가 지나가고 또 하루가 지나가고 늘 그랬던 것 같은데요, 하는 쪽입니까? 아마도 후자가 많을 것입니다. 그것이 안타까워서 내가 아하를 들고 나온 것입니다.

아하 없는 하루는 죽은 하루다. 그렇게 아십시오. 인생이란 무엇입니까? 인생은 행복 지향 과정입니다. 그럼 행복이란 무엇이지요? 기쁜 느낌, 긍정적인 느낌이 행복입니다. 그래서 다른 표현으로는 아하의 마음상태가 행복입니다. 그런데 그 아하가 한 번도 없이 하루가 지나갔다면 그 하루는 무엇입니까? 그 24시간은 행복 부재의 하루가 됩니다. 얼마나 안타깝고 어리석은 일입니까? 아들이 또는 딸이 학교에서 우등상을 받았습니다. 그런데 무심도인처럼 엄마 아빠한테 우등상을 툭 던지면서 우등상에 대한 아무런 느낌 표현이 없습니다. 여러분들은 아들딸이 우등상을 받았으면서도 무심한 도인처럼 얼굴 표정도 무심하고, 표현도 없기를 바랍니까? 아니면 "아빠, 엄마! 나, 상 받았다!" 이렇게 하면서 아하! 하고 들어오기를 바랍니까? 어떻습니까? 대답은 이미 정해져 있지 않습니까? 그래서 개인 속에서 아하를 보고, 개인이 아하 할 수 있어야 하고, 인간관계 차원에서 그 아하가 교류되는 하루가 되어야 합니다. 그런데 아하가 없이 나의 하루를 지내고, 아하가 없이 우리의 하루를 지냈다. 이것은 죽은 인생입니다.

아빠를 기쁘게 해 주려고 아빠 책상 위에 꽃 한 송이를 꽂아 두었습니다. 그런데 아빠가 퇴근하고 와서 책상 앞에 앉았는데 가만히 아빠의 낌새를 보니까 아무 반응이 없습니다. 어때요? 여러분들이 혹시 그런 아빠 엄마와 함께 살고 있습니까? 아마도 엄마는 그렇지 않다 해도 그런 아빠와 살아온 분들은 많을 겁니다. 만일 그 아빠가 그 꽃을 보고 기뻐하면서 가족들이 있는 식탁에 와서 "아이고, 내가 오늘 감동했다. 내 책상 위에 꽃 한 송이가 있어서 내가 참 행복하구나. 누가 그런 좋은 일을 하셨을까?" 하는 반응을 보였다고 해 봅시다. 그런 아버지는 살아있는 아버지입니다. 혹시 여러분들의 아버지가 그러하지 않았다면 이제는 여러분들이 그런 살아있는 부모가 되어야 합니다. 그렇지 않겠어요?

자, 이제 결론은 아하 하고 살아야 되겠구나 하는 것입니다. 그럼 아하를 잘 분석해 보세요. 여기에서 중대한 깨달음이 하나 일어나야 됩니다. 우선 아하는 기쁨입니다. 그래서 느낌입니다. 그런데 느낌이 있다고 하면 느낌은 저 혼자 존재하지 않는 법입니다. 필히 느낌의 조건이 있습니다. 이 조건이 있어야 느낌이 일어납니다. 이 조건이 무엇이냐에 따라서 그 조건에 상응하는 느낌이 일어납니다. 조건이 매우 좋지 않은 것이라고 하면 아하의 반대쪽인 쌍!이 일어날 것입니다. 그런데 조건이 어떤 좋은 것이라고 한다면 아하 쪽이 일어날 것입니다. 그런데 여기에서 여러분들이 하나 깨달아야 할 것이 있습니다. 어떤 좋은 상태에서 아하가 일어났을 때에는 어찌해야 되겠습니까? 일어나는 느낌을 느껴야 됩니다. 느낌을 느껴야 되고, 그 느낌을 혼자서만 가지고 있지 말고, 가족들과 친지들과 그 느낌을 나누어야 좋습니다. 또, 조금 더 바람직하려면 일기 쓰 듯 느낌 일기를 쓰는 것입니다. 상장을 받고 기뻤다, 친구가 나를 미인이라고 해서 기뻤다, 하는 식으로 씁니다. 여러분들이 지금 깨달아야 될 것은, 어떤 조건 하에서 느낌이 일어났다고 하면, 특히 아하가 일어났다고 하면 더 말할 나위가 없이, 일어난 느낌을 알고 써보고 그것을 주변과 나누는 것입니다. 쌍!이 일어났다고 해도 그런 과정은 필요합니다. 쌍!이 일어난 줄을 느끼고 알고, 그것을 써보고 주변사람과 적절하게 나눈다는 것은 중요합니다. 이것이 깨달아야 할 것 하나입니다.

그리고 이것보다 더 중요할 수도 있는 깨달음이 또 하나 있습니다. 아홉 사람은 전부 아하를 하는데 한 사람은 아하 할 법한 조건이 갖추어졌음에도 불구하고,. 아하 자체가 일어나지 않습니다. 이 사람은 어찌해야 될까요? 안타깝지 않겠어요? 다른 아이들은 그저 상장만 받아도 팔딱팔딱 뛰면서 기뻐하니까 살아있는 아이들 같은데, 우리 아이는 우등상을 받고도 무심하니 가만히 있다고 하면 문제입니다. 그 아이에게 "너 오늘 기쁘지 않았니?" 하면 틀림없이 속으로는 기뻤어, 그럴 겁니다. 그런데 더 심각한 것은 아예, 별로 느낌 없었어. 기쁘지 않았어, 하는 상황이 일어날 수도 있다는 것입니다.

그것은 중대한 사건입니다. 내가 '아하선'이라는 말을 만들었습니다. 아하선이란 바로 아하를 일으키는 조건의 높이를 말합니다. 어떤 사람은 조건의 높이가 낮아도 아하가 일어납니다. 그런데 어떤 사람은 조건의 높이가 높아도 아하가 일어나지 않습니다. 큰일 아닙니까? 대단히 유감스러운 상황입니다. 그 사람의 심리를 분석해보면 아하가 일어나지 않을 수밖에 없는 이유가 있을 것입니다. 그럼 이 사람이 해야 할 일은 무엇일까요? 본인이 안에서 성찰을 해서 아하가 일어나지 않는 이유를 발견하고 그것을 소거하면서 아하 할 수 있는 상태로 전환되어야 합니다. 그래서 조건의 높이가 낮더라도 아하 할 수 있는 상태가 되어야 합니다. 그래서 자신의 아하선을 낮추도록 노력해야 합니다. 아하선을 낮추려 하지 않고 평생을 통해서 한두 번 올지 말지 하는 높이가 되어야 아하가 된다고 하면 어떻겠습니까? 나는 백 억 정도가 호주머니에 쑥 들어와야 아하를 하겠어, 하는 심리를 갖고 있다면 그것은 불행 중에서도 불행입니다. 아하선을 낮추어야 됩니다. 아하선을 낮추어서 아하의 횟수가 많아져야 됩니다.

그러면 아하선을 낮추는 방법은 무엇일까요? 간단합니다. 위에서 말씀드린 첫 번째 깨달음으로 돌아가면 됩니다. 일어난 느낌을 느껴보고, 써보고, 나눠보고 하면 이 아하선이 낮아집니다. 그리고 이 아하선이 제로인 사람이 있습니다. 조건이 제로인데 아하가 일어난다는 것입니다. 그런 사람을 성자(聖者)라고 합니다. 성자는 그냥 아무 자극도 없어, 그냥 존재하는 자체로 그냥 아하 합니다. 존재하는 자체로 아하이기 때문에 그냥 365일을 아하 모드(Mode)로 살게 됩니다. 끝내는 그런 경지에까지 가야 하는데 아하 조건이 껑충 높아도 느낌이 일어나지 않는다고 하면 심각한 상황입니다. 그래서 아하선을 낮추고, 낮추고, 낮추는 생활을 해야 합니다. 낮추는 비결은 느낌이 일어났을 때 그 느낌을 느껴보고, 써보고, 나누는 것입니다. 그렇게 하다 보면 아하선 높이는 낮아지게 되어 있습니다.

자, 여러분. 인생은 행복지향입니다. 행복이란 무엇입니까? 아하가 행복입니다. 아하 없는 하루는 죽은 하루입니다. 여러분들이 여러분들의 생활공간 속에서 아하를 거듭 거듭 경험하시고, 그 경험을 나누면서 그렇게 사시기를 빕니다. 감사합니다.

만큼 철학/

위에서 내려 보지 말고
밑에서 올려 보라

여러분 감사합니다. 그리고 아주 반갑습니다. 이 인연이 여러분들의 행복과 해탈에 '만큼' 좋은 인연이 되었으면 아주 좋겠습니다. 자, 이 시간에 여러분과 나눌 공부 주제는 '만큼'입니다. **만큼 철학**입니다.

자, 인생은 결국 행복론입니다. 행복은 무엇일까요? 내가 무언가를 바라보면 나에게 어떤 느낌이 만들어집니다. 그 느낌이 좋으면 행복하다고 하고, 좋지 않으면 불행하다고 합니다. 그런데 같은 값이면 행복해야 좋겠지요? 그 행복에 아주 많은 도움이 되는 개념 하나가 '만큼'입니다.

여러분들이 바라보는 세상은 간단하게 두 가지라고 할 수도 있습니다. 존재론적으로 보는 세상과 가치론적으로 보는 세상입니다. 여러분들이 존재론적으로 세상을 보고 살 수 있다면 여러분들의 마음은 평화입니다. 그런데 현실은 가치화(價値化)되어 있습니다. 좋다, 나쁘다, 밉다, 곱다. 이렇게 가치로 세상을 바라보는 것이 깊디깊게 습성화되어 있습니다. 존재권에서만 살고 존재론적으로만 사는 사람에게는 이 '만큼 철학'이 의미가 없습니다. 그런데 세상 사람들은 너무도 가치의 높낮이에 익어져서 좋다, 나쁘다 하면서 수없는 갈등과 고통을 경험하게 됩니다. 그래서 처방전 하나로 만큼 철학이라고 하는 것을 가지고 나왔습니다.

세상을 가치 차원에서 본다면 어떤 관점으로 보느냐가 문제입니다. 많은 사람들이 보통 밉다, 곱다는 식으로 이분법적 관점으로 세상을 보는 것에 익숙해져 있습니다. 잘한다, 못한다, 미남이다, 추남이다 등등, 전부 이분법으로 나누어져 있습니다. 그런데 이분법으로 나누어서 가치를 판단하는 이것이 불행의 씨가 되는 것입니다. 존재론은 이분법(二分法)입니다. 이 방에 아무개 씨가 있느냐, 없느냐 할 때 아무개 씨가 있으면 없는 것이 아니고 없으면 있는 것이 아니어서 바로 이분법입니다. 그래서 존재론 차원에서는 이분법이지만 가치 차원에서는 단연 다분법(多分法)입니다. 공부를 잘하느냐, 못하느냐 하는 것은 이분법이 아닙니다. 0점에서 100점 사이까지는 1점, 2점, 3점, 4점… 등등으로 엄연히 다분법입니다. 그래서 일단 다분법 관점으로 깨어나야 합니다. 관점에

의해 행불행이 결정된다고 하면 행복할 수 있는 관점을 취하는 것이 좋을 것 아닙니까? 그러면 다분법을 전제하고 한번 생각해 보십시오. 여러분들이 생활 속에서 정말로 행복을 원하신다면 가치론 이전(以前)인 존재론으로 살면 되는 것입니다. 그리고 불가피하게 가치론적으로 산다고 하면 다분법으로 보면서 살아야 하는 것입니다. 이분법은 정말 사약(死藥)과 같습니다. 다분법으로 보더라도 또한 함정이 있는데, 다분법 속에 들어있는 함정을 피할 수 있는 방법이 바로 만큼 철학입니다.

자, 예를 들어 봅시다. 50점은 공부를 잘하는 걸까요? 못하는 걸까요? 100점을 기준으로 놓고 본다면 50만큼 공부를 못합니다. 그러나 50점을 맞고도 일단 행복해지는 것이 필요합니다. 행복해야 다음 공부를 잘 할 수가 있습니다. 그러기 위해서는 어찌 해야 할까요? 저 밑으로 내려가서 50점을 쳐다보는 것입니다. 그러면 50점은 40에서 쳐다보면 10만큼 잘하는 것이요, 30에서 쳐다보면 20만큼 잘하는 것입니다. 이번엔 아예 10점으로 내려갑니다. 그러면 40만큼 잘하는 것이 됩니다. 아예 0점에서 볼 것 같으면 50만큼 잘하는 것이지요. 그래서 다분법으로 보되 '만큼'으로 보아라, 하는 것입니다. 만큼으로 보되, 밑에서 쳐다보면서 만큼을 환산하라는 것입니다. 이러한 사고방식만 익어졌다 하면 행복은 OK 입니다. 일단 긍정 평가는 밝은 기운을 피어내어 행복하게 합니다. 그럼 여러분들은 어찌 해야 하겠습니까? 행복하려면 긍정에 눈을 떠야 합니다. 그렇다면 어떻게 하면 긍정적인 생각을 하고, 긍정적인 표현을 할 수 있겠습니까? 그 비결 하나가 바로 '만큼 철학'입니다.

　여러분들 얼굴은 밉습니까, 곱습니까? 천하일색 양귀비에 비교한다면 모두가 '만큼' 곱지 않겠지요. 그런데 아예 저 노트르담의 꼽추에 비한다면 다들 '만큼' 미남 미녀입니다. 그래서 밑에서 쳐다보고 만큼을 계산하라 하는 것입니다. 여러분들 키가 크십니까? 아, 나는 키가 180은 되었으면 좋겠어. 그런데 실은 160입니다. 그럴 때 위에서 내려다보면 20만큼 불행합니다. 그러니까 위에서 내려다보는 대신 밑에서 올려다보면서 계산하라는 것입니다. 키가 160이면 150으로부터 10만큼, 역시 만큼 키가 큰 것입니다. 공부를 잘하는가, 못하는가? 만큼 잘하는 겁니다. 그래서 내가 공부 못하는 사람에게나 잘하는 사람에게나 정말로 해주고 싶은 법문이 이 만큼 입니다. 공부 때문에 얼마나 많은 학생들이 스트레스를 받고 있습니까? 아이들이 '만큼 철학'을 배우고 익힌다면 항상 좋은 마음으로 공부를 잘하게 될 것입니다. 행복하면 공부를 더 잘하게 되지 않겠습니까? 그래서 다들 공부를 만큼 잘하는 겁니다. 어떤 집 이야기입니다. 그 집은 동사섭 가족이라 부모님이 만큼 철학을 이해하고 있는 집입니다. 그 집의 초등학교 2학년 딸이 40점짜리 시험지를 흔들면서 "아빠, 나 40점이나 맞았다!" 하고 뛰어 들어오더랍니다. 그래서 내가 기립박수를 쳤습니다.

여러분, 노래 잘하십니까? 틀림없이 노래 못한다고 할 것입니다. 누구하고 비교했기 때문이지요? 이미자 씨나 조용필 씨하고 비교하고는 못한다고 하는 겁니다. 그것은 어리석은 일입니다. 아예 음치에 비교하면 만큼 잘하는 겁니다. 전부 그렇습니다. 여러분들, 그림 잘 그립니까, 못 그립니까? 못 그린다고요? 마찬가지입니다. 하필이면 그림 잘 그리는 피카소와 비교할 필요가 어디 있습니까? 내 그림보다 못 그린 그림이 얼마든지 있으니 내 그림은 만큼 OK입니다. 운동은 어떻습니까? 아, 나, 운동 못해요. 턱걸이를 세 번밖에 못해요, 하십니까? 천만의 말씀입니다. 한 번밖에 못하는 사람에 비하면 둘만큼이나 더 잘하고 있습니다. 그러니까 전부가 '만큼'으로 생각하십시오. 여러분들 부자 되고 싶으시지요? 여러분들 가난합니까? 아니, 만큼 부자입니다. 그렇게 생각하니 어떠십니까? 좋으시지요? 그렇습니다. 여러분들은 모두 만큼 부자입니다.

그다음에 결론적으로 여러분들에게 묻습니다. 여러분, 행복하십니까? 아니면 행복하지 않으십니까? 내가 행복한지 아닌지 묻게 되면 아, 내가 만큼 행복하구나, 하는 것을 떠올려 보십시오. 그래서 여러분들이 정말로 행복을 원하신다면 세상을 바른 관점으로 바라보아야 합니다. 존재 관점으로 본다면 최고로 좋고, 가치 관점으로 본다면 이분법에 떨어지지 말아야 합니다. 이분법이 아닌 다분법으로 보되, 거기에서 만큼 철학으로 세상을 바라볼 줄 알아야 합니다. 그렇게 되면 어떤 처지에 있더라도 그보다 못한 상황이 얼마든지 있을 수 있는 법이니 그것에 비하면 만큼 행복하다는 것입니다. 자, 만큼 철학으로 여러분들의 행복을 관리하시면서 만큼 더 행복해지시기를 빕니다.

OP100의 원리

관점이
행복을 만든다

여러분 반갑습니다. 그리고 감사합니다. 이 시간 공부 주제는 **OP100의 원리**입니다. OP100이 무슨 뜻인지 얼른 안 들어오지요? 이렇게 생각하면 됩니다. O는 제로, 영(0)입니다. 100은 완성된 자리를 말합니다. 우리들은 항상 0과 100 사이의 어떤 과정에 있습니다. 이 과정의 어떤 지점이 현실입니다. P는 이 현실 지점을 말합니다. 우선 이렇게 아시고 들어가 보십시다.

여러분들 행복하시기를 원하시지요? 인생은 결국 행복 지향입니다. 그러면 어떤 것이 행복입니까? 원하는 것이 실현될 때, 성취될 때 오는 긍정적인 느낌이 있어요. 원하는 것이 성취된다, 또는 소유된다고 할 때, 소유된다고 해도 좋고, 성취된다, 실현된다,

구현된다, 등등의 말을 쓸 수 있는데, 나는 대체로 소유라는 말을 많이 쓰고 있습니다. 원하는 것이 소유될 때 내 속에서 긍정적인 느낌이 일어나게 됩니다. 이 긍정적인 느낌을 행복이라고 합니다. 그러니까 여러분들은 그 긍정적인 느낌을 찾자고, 긍정적인 느낌을 더 긍정적이게 하자고 아침부터 저녁까지, 한 살부터 백 살까지 무엇인가 하게 됩니다. 잘 살펴보십시오. 이 말이 딱 맞을 것입니다. 자, 이때 우리들이 어떻게 하면 행복해질 것이냐, 어떻게 하면 보다 행복해질 것이냐 하는 것은 인생 일대의, 가장 본질적인 주제입니다. 이것에 부응해서 하나의 날카로운 답을 제시하는데 그것이 'OP100의 원리'입니다.

자, 그럼 이렇게 생각해 봅시다. 우리들은 100을 원합니다. 100을 원하는데 현실은 0과 100 사이 어느 지점, P에 있습니다. 예를 들어봅시다. 수학 시험에서 100점을 맞고 싶은데 60점을 맞았다, 이런 식입니다. 돈을 100만 원 벌고 싶은데 50만 원밖에 못 벌었다. 좋아하는 사이다가 컵에 가득 차있기를 바라는데 반 컵밖에 없다. 이런 상황입니다. 이것이 우리의 현실입니다. 그리고 모든 사람들의 현실은 비슷합니다. 똑같다고 할 정도로 비슷합니다. 이런 똑같은 현실 속에서 어떤 사람은 나는 행복하다, 하고 사는가 하면, 어떤 사람은 나는 불행하다, 하고 살고 있습니다. 현실상황은 똑같은데 어째서 어떤 사람은 행복하다고 하고, 어떤 사람은 불행하다고 합니까? 이것을 잘 들여다보면 행복이란 사실이나 현실의 문제가 아니고, 사실이나 현실이라고 하는 그것을 바라보는 관점이나 태도의 문제임을 알 수 있습니다. 이 부분에 각성도(覺醒度)가 낮은 사람은 보다 높은 행복을 얻을 수 없습니다.

이 OP100에서 여러분들이 깨달아야 할 것이 있습니다. OP100의 현실은 똑같은데 이 현실, 이 상황을 여러분들이 어떻게 바라보느냐가 행불행을 좌우한다는 사실입니다. 불행한 사람을 봅시다. 불행한 사람은 OP100에서 앞으로 이루어야 할 P-100에 집중하여 이루어야지, 이루어야지 하면서 이 부분에 집착합니다. 그리고 이미 이룬 O-P에 대해서는 현실적으로 이미 이루어져 있기 때문에 별로 관심을 두지 않습니다. 그러면서 앞으로 이루어야 할 것에만 집착을 하면서 스트레스를 받습니다. 바로 불행을 겪게 됩니다. 그런데 똑같은 이 OP100의 현실인데 행복한 사람은 어떠한 태도로 접할까요? OP100에서 P-100은 앞으로 지향해 가더라도, O-P라는 부분에 주목하면서 이미 나에게는 이만큼이나 확보되어 있지 않은가, 하고 생각합니다. 그래서 사이다가 반 컵 있다고 하면, 불행한 사람은 반 컵밖에 없다, 하면서 없다는 쪽의 관점을 갖습니다. 그래서 쌍! 하면서 불행을 겪습니다. 그런데 행복한 사람은 반 컵이나 있구나, 하면서 있다는 쪽의 관점을 갖고서 있는 부분을 확인합니다. 똑같은 현실을 두고서 불행한 사람은 있는 부분은 보지 않고 없는 부분에 집착하고, 행복한 사람은 없는 부분은 앞으로 성취해나가되 이미 성취한 부분을 주목한다는 말입니다.

그다음, 여기에서 하나 더 깨달아야 할 것이 있습니다. 이미 성취한 부분, O-P가 얼마나 되는가 하고 살펴보면 볼수록 P점이 점점 올라가서 O-P가 100에 가까워집니다. P점이 점점 올라가서 100에 접근된다는 것입니다. 그리고 제대로 깨달았다 하면 더 할 것도 없이 나는 이대로 100점 만점이다 하게 되는 것입니다.

그래서 여러분들은 이미 성취된 부분을 확인하는 작업을 해야 합니다. 이미 성취된 부분을 확인하는 작업을 늘 하다가 보면 점점 P점이 올라가게 됩니다. 여러분들이 나는 이 만큼은 되어 있지만, 이 만큼은 안 되어 있어, 하고 생각했는데, 자꾸 내 자신에 대해서 명상을 하다 보면 되어 있는 부분이 점점 많아집니다. 아, 이 점은 별로 유념해보지 않았는데 내가 노래를 상당히 잘하네? 나는 키가 제법 큰데 키가 커서 좋다는 것을 미처 생각 못해봤네? 아이고, 나는 내 부모에 대해서 굉장히 감사한 상황에 있고, 부모 없이는 내가 세상에 태어나지도 못했을 텐데 아버지 어머니한테 매일 불만만 가졌었네? 등등 이미 갖추고 있는 이 P점이 마구 올라갑니다. 그러니까 이 P점을 일단 99까지는 끌어올리는 것이 좋습니다. 그러면 왜 1퍼센트는 남겨두는 걸까요? 그 1퍼센트는 한 통을 크게 해야 얻어지기 때문입니다. 70억 인류 중에서 100에 이른 사람은 100명 안쪽일 것입니다. 그러나 99까지 올라가는 것은 70억 인류 전부에게 가능합니다. OP100의 원리를 활용해서 명상하는 것을 지족명상이라고 하는데, 그 지족명상을 하게 되었다 하면 누구나 99까지 올라갈 수 있습니다. 운 좋게 마지막 1까지 깨달았다 하면 100이 됩니다. 이것은 무한(無限)이 열리는 깨달음을 얻는 경우의 일입니다.

자, 여러분들 OP100의 원리를 유념하십시오. 모든 사람은 OP100이라고 하는 현실 속에 있고 그 현실을 어떻게 바라보느냐에 따라 행, 불행이 좌우된다는 것을 반드시 유념하십시오. 불행한 자는 아직 없는 부분을 집착합니다. 그러나 행복한 자는 이미 갖추어져 있는 부분을 유념하면서 '와, 내가 이미 넘치는 소유 속에 있구나.'를 깨닫는 것입니다. 현실은 같은데 어떤 사람은 행복을 살고, 어떤 사람은 지옥을 산다는 것은 참으로 중대한 주제가 아닙니까? 내가 보건대 여러분들의 현실은 넘치는 소유, 넘치는 행복 속에 있습니다. OP100이라고 하는 이 도구를 활용해서 조금 명상을 하셔서 여러분들이 이미 넘치는 소유, 넘치는 행복 속에 있음을 꼭 깨달으시기 바랍니다. 여러분들과 여러분들 가정의 행복을 빕니다. 감사합니다.

3 / 내 마음 관리하기

수심론

마음관리
어떻게 할까

여러분 진정 반갑고 감사합니다. 이 시간에 여러분들과 더불어 생각해보고 조금 공부해볼 것은 **수심(修心)**입니다. 여러분들, 수심이라고 하면 바로 개념이 잡히지요? 직역을 하면 마음을 닦는다는 뜻입니다. 또 마음을 관리한다는 뜻도 됩니다. 수심이라고 하는 것은 일단 가장 간단하게는 마음을 닦는다, 마음을 관리한다, 마음을 다룬다, 하는 개념입니다만 조금 더 구체적으로 정의를 내려 볼까요?

우리들에게는 행복에 도움이 되는 마음도 있고 또 행복에 장애가 되는 마음도 있는 법입니다. 그렇다면 행복에 도움이 되는 마음은 어찌해야 할까요? 행복에 도움이 되는 마음은 내 의식 공간에, 내 마음의 공간에, 설치해야 합니다. 장착을 해야 합니다. 불교식으로는 마음을 심소(心所)라고 하고 우리 수련장에서는 염체(念體)라고도 합니다. 염체가 됐든 심소가 됐든 넓은 의미로 모두 마음입니다. 그러니까 행복에 도움이 되는 심소, 행복에 도움이 되는 염체, 행복에 도움이 되는 그 마음은 내 의식 공간에 있어야 합니다. 그것이 없다면 어디서 다운(down)을 받아와서라도 내 의식 공간에 장착(裝着)을 해야 합니다. 내 의식공간에 행복에 도움이 되는 염체가, 심소가, 마음이 장착되어 있다고 한번 상상해 보세요. 그렇다면 틀림없이 현실이 그대로 일어나는 법입니다. 왜냐하면 현실은 항상 내 마음의 투영이기 때문입니다. 내 마음에 있는 것이 바깥에 현실로 드러나는 것입니다. 이것이 천하의 원리입니다. 인생을 엮어가는 사람이 이 원리를 모르고 있다면 그 사람은 인생을 잘못 살고 있는 겁니다. 원하는 현실이 있다면 먼저 내 마음속에 그 현실의 영상이 들어 있어야 합니다. 그러니까 행복해지려면 행복에 도움이 되는 마음, 그것을 장착하라는 것입니다. 그다음에 행복에 장애가 되는 마음이 있습니다. 욕심내는 마음이랄지, 마구 분노하는 마음이랄지, 어리석은 마음이랄지, 이런 것들은 행복에 장애가 되지 않겠습니까? 이렇게 행복에 장애가 되는 마음은 어찌하면 좋겠습니까? 그것은 씻어 내버려야 합니다. 정화해야 합니다. 그래서 행복에 도움이 되는 마음은 장착하고, 행복에 장애되는 마음은 지운다, 정화한다, 이것이 바로 수심입니다.

　얼핏 말씀 올렸습니다만, 수심에 있어서 여러분들이 필히 알아두어야 할 것이 있습니다. 그것은 나의 현실은, 나의 삶은, 내 마음의 투영이다 하는 원리입니다. 내 마음속에 없는 것은 현실로 나오지 않는다는 사실을 확실히 알아야 합니다. 이 원리를 소홀히 하게 되면 그 사람은 효과적인 인생을 살지 못하게 됩니다. 자, 그렇다면 마음이 허술하다고 하면 어떻게 되겠습니까? 내 마음이 밖으로 비추어 나오면서 현실이 된다고 했을 때 내 마음속이 허술하다고 하면 현실이 어떻겠습니까? 내 마음속에 돈을 벌 만한 염체가, 돈을 벌어들일 만한 마음이 없는 사람은 분명히 돈을 잘 벌지 못합니다. 내 마음속에 미인이 되고 미남이 될 만한 마음, 심보가 없다면 미인이나 미남이 되기 어렵습니다. 그래서 여러분이 반드시 알아두어야 할 원리는 현실은, 나의 삶은, 내 마음의 투영이다 하는 것입니다. 그러면 우리는 그 원리를 알고 무엇을 해야겠습니까? 당연히 해야 할 일은 수심 작업입니다. 수심 작업은 무엇일 것 같습니까? 필요한 것은 장착하고 불필요하고 해로운 것은 지우는 작업입니다.

　그러면 무엇을 장착해야 하겠습니까? 장착해야 할 것이 아주 많습니다. 요새 스마트 폰에 어플인가 하는 것이 있지요? 어플은 많고 많지만 그 중에서 나에게 필요한 것을 가져다가 장착해 놓습니다. 우리가 마음에 장착해야 할 것은 행복에 도움이 되는 바람직한 가치관, 바람직한 신념체계, 바람직한 프레임 입니다. 그런데 장착해야 할 가치관이 8만 4천 가지나 있는데 어찌해야 할까요? 세상에는 많은 신념체계, 많은 가치관, 많은 프레임이 있는데, 그 중에서 이것은 꼭 필요하다고 여겨지는 것을 나의 평생을 다 걸어서 뽑아내 권하고 있는 것이 동사섭 프로그램입니다. 이 프로그램은 다섯 가지의 가치관을 밑바탕으로 하고 있는데 일단 그것을 장착하십시오.

다섯 가지 중의 1번은 정체(正體)입니다. '나'란 무엇이냐 할 때 '나'란 여차저차 하다, 하는 것이 자아관(自我觀), 정체관입니다. 이 자아관, 정체관을 바람직한 것으로 잘 장착하라는 것입니다. 그다음으로는 그 내가 나아가야 할 방향 설정을 잘하는 것입니다. 그래서 우리 모두의 행복을 향해서 나아간다는 대원(大願)의 가치관을 마음에 장착하는 것입니다. 즉 이러저러한 내가, 천하의 주인인 내가, 무아(無我)인 내가, 우리 모두의 행복해탈을 위해서 나아가리라, 하는 가치관을 정립하라는 것입니다. 이것은 어느 누구라도 거부할 수 없는 좋은 가치관입니다. 그러면 그 내가 모두의 행복을 위해서 구체적으로 무엇을 해야 합니까? 그때는 세 가지의 가치관을 채택합니다. 첫째, 안으로 마음을 잘 다루어서 마음천국을 만든다는 차원의 가치관 정립을 하고, 둘째, 옆을 보면 사람들이 있으니 그 사람들과 좋은 관계를 맺어서 관계천국을 만든다는 차원의 가치관을 장착하는 것입니다. 그리고 마지막으로 자기가 맡은 바의 역할을 잘 한다는 가치관을 장착합니다. 이렇게 다섯 가지가 우리가 마음에 장착해야 하는 것들입니다.

그러면 정화해야 하는 것, 씻어버려야 할 것은 무엇이겠습니까? 참으로 1번이라고 할 수 있는 것은 바로 탐욕입니다. 여러분 속에 탐욕이 많다면 깜짝 놀라면서 얼른 정화할 생각을 하십시오. 그다음으로 정화해야 할 것은 무엇일까요? 분노입니다. 마음속의 분노도 신속히 정화하십시오. 그다음은 어리석은 마음입니다. 어리석은 마음을 어떻게든 개선하고 정화해야 합니다. 그래서 정화해야 할 것은 이 탐진치(貪瞋癡)입니다. 그러면 탐진치를 정화하는 구체적인 방법은 앞에서 장착해야 할 가치관으로 말했던 정체(正體), 대원(大願), 수심(修心), 화합(和合), 작선(作善) 중에서 수심 속에 들어 있습니다. 여러분들에게 무엇보다도 중요한 것은 여러분들이 정말로 수심을 잘 해서, 마음 관리를 잘 해서 진정으로 찬란한 인생을 살리라, 하는 마음을 갖는 일입니다. 그렇게 되면 이 시간의 이야기들이 활구(活句)로 다가올 것입니다. 감사합니다. 여러분들의 행복과 건강을 빕니다.

번뇌구조

번뇌가 생겨나는
경로 알기

여러분 감사합니다. 그리고 반갑습니다. 이 시간에 공부할 것은 **번뇌구조(煩惱構造)**입니다. 번뇌란 무엇입니까? 쉽게 생각해서 내 행복을 방해하는 심리적인 어떤 요소가 번뇌입니다. 눈에 보이지는 않지만 내 행복을 방해하는 심리적인 요소가 어떻게든 있을 것 아닙니까. 그 번뇌는 내 행복만을 방해하는 것이 아니고 급기야 전쟁까지도 끌어오게 됩니다. 그래서 세상을 망치는 것이 사람 마음속에 들어 있는 그 번뇌입니다. 그러므로 우리는 이 번뇌에 대해서 제대로 이해해야 됩니다. 나의 행복과 천하의 평화를 가로막는 이 번뇌를 명확히 알아야 내가 이것을 정화해 낼 수가 있는 것입니다. 적을 알아야 적을 이길 수 있지 않겠습니까?

그러면 이 번뇌라고 하는 것이 어떻게 생겼으며 어떤 경로를 밟아서 번뇌 세트를 만들고 있는가를 이해해 봅시다. 번뇌 구조라고 하니까 대단히 추상적인 것 같지만 모를 때 추상적이지 알고 보면 참 구체적인 것입니다. 자, 한번 생각해봅시다. 원래 마음은 어떠할 것 같습니까? 여러분들의 원래 마음은 어떠할까요? 고요하게 텅 빈 쪽일까요, 아니면 무엇이 덕지덕지 차있는 쪽일까요? 빈 쪽이겠지요. 그러니까 쉽게 말해서 갓 태어난 어린아이의 마음을 상상해 보면 됩니다. 어린아이는 깨끗한 마음으로 태어난다고 상상할 수 있습니다. 그렇게 깨끗하게 태어난 마음이 삶의 과정에서 수많은 경험을 하면서 뒤죽박죽되어 마구 망가지는 것입니다. 그래서 탐진치(貪瞋癡) 삼독(三毒)이 득실거릴 정도로 마음을 망쳐버린다는 말입니다. 쉽게 말해서 번뇌는 탐진치 삼독인 것입니다. 이 탐진치 삼독이 어떤 경위를 어떻게 밟아서 생기는가, 이것을 지금 살펴보면 됩니다. 자, 그러면 여러분 이렇게 생각해 보십시오. 무심하게 텅 비어있는 마음을 상상하시는 것입니다. 그런데 이 마음이 최초로 무슨 작업을 하느냐 하면 의식이 딱 깨어나면서 즉시 나다, 너다 합니다. 그러면서 주객(主客)을 실체로서 정립시키기 시작합니다. '나' 여기 있고 '너' 거기 있다는 것입니다. 그래서 이 '너'라고 하는 대상이 쪼개지고 쪼개져서, 그 남자, 그 여자, 이것, 저것… 등등으로 무량 무수한 세상이 되어버리지 않습니까.

사람은 눈을 뜨고 제일 첫 단계에서 '있다'고 합니다. 무엇이 있지요? 내가 있고 네가 있다고 합니다. 그러면서 허공과 같이 텅 빈 의식 공간에 '나'라고 하는 존재를 하나 덩실하게 만들고 '너'라고 하는 존재를 만듭니다. 물론 너는 점점 복수(複數)화 되어 갑니다. 그래서 천국으로 허심하게, 무심하게 탁 트여서 한없이 고요하고 한없이 평화로웠던 마음이 무엇이 있다고 하면서 첫 추락이 시작됩니다. 그다음에는 있다로 끝나지 않고 있는 그것에 대해 좋다, 나쁘다, 하고 가치부여를 합니다. 그리고 나서도 좋다에서 끝나는 게 아니라 늪은 더 깊어져서 '싶다' 합니다. 여기에 누런 돌멩이가 하나 있습니다. 어! 뭣이 있다! 하더니 아, 금이다!, 하고 흘러갑니다. 야- 이거 천만 원짜리 금덩어리는 되겠는데, 하면서 '좋다.' 하게 되고 좋으니까 그다음엔 그것이 갖고 싶어서 '싶다' 합니다. 그래서 '있다-좋다-싶다'가 됩니다. 돌멩이 하나를 두고 있다-좋다-싶다가 되기까지 몇 초나 걸리겠습니까? 빛과 같은 속도로 있다-좋다-싶다 하는 것입니다. 그런데 이 세상이 싶다 하면 내 것으로 쑥쑥 되는 세상입니까? 안 됩니다. 마음대로 안 됩니다. 싶다고 해서 돈 나와라, 뚝딱! 하면 돈이 탁 나오는 도깨비방망이 같은 세상이 아니지 않습니까? 그래서 싶다까지 간 다음에는 이제 수많은 갈등과 좌절이 그 자리에 일어나게 됩니다. 그러면서 내 마음은 어떻게 됩니까? 쌍! 하게 됩니다. 마음대로 안 되니까 속이 상한단 말입니다. 그래서 쌍! 하는 것입니다. 그러면 '있다-좋다-싶다-쌍' 하는데 몇 초나 걸리겠습니까? 억만 분의 일초 사이에 '있다-좋다-싶다-쌍'이 됩니다. 그것을 하루에 몇 번씩 할까요? 수없이 합니다. '있다-좋다-싶다-쌍'을 수없이 하면서 내 마음은 그런 쪽으로 길들여집니다. 그런 쪽으로 길들여진 '있다-좋다-싶다-쌍'과 같은 그런 마음을 번뇌라고 하는 것입니다.

'있다'는 정리된 말로 표현한다면 실체(實體)사고입니다. '좋다'는 가치(價値)사고입니다. '싶다'는 욕구입니다. '쌍'은 분노입니다. 그래서 무엇을 보고 '싶다-쌍', '싶다-쌍'을 거듭합니다. 거듭할 때마다 내 속에서는 아이고, 나는 안 돼, 어려워, 하는 불만사고가 발달하게 됩니다. 그래서 '있다-좋다-싶다-쌍-불만사고'라는 다섯 단계의 이 마음이 한 세트, 한 조, 한 다발, 한 시스템으로 딱 만들어집니다. '있다-좋다-싶다-쌍-불만사고'라는 이 세트가 한 번만 발동하겠습니까? 하고, 또 하고, 또 하고, 또 하고 하면서 눈덩이 커지듯 점점 커지고 묵어가는 것입니다. 더 탁해지고, 더 무거워지고, 더 커지고, 그래서 그런 번뇌 덩어리를 가지고 세상을 보고 삽니다. 그러니 어떻게 맑은 세상을 보고 살겠습니까? 그리고는 그것이 인생인양 그렇게 살아간다는 말입니다.

여기에서 장자(莊子)를 끌어오겠습니다. 장자께서 뭐라고 하였습니까? 최고로 지극한 경지에 이른 자는 세상은 없다고 한다 했습니다. 없다, 하는 상태가 되면 마음이 어떻게 되겠습니까? 아무 걸림 없이, 우주적으로 툭 트여 있게 됩니다. 그런 마음으로 사는 것입니다. 그리고 두 번째로 지극한 경지에 올라간 사람은 세상을 있다고 하지만 시비(是非)를 두지 않는다, 했습니다. 그다음에 만일 시비를 두었다 하면 그 사람은 구제불능이라는 것입니다. 그러면 우리는 어찌해야 되겠습니까? '있다-좋다-싶다-쌍-불만사고'식의 구조로 되어 있는 것이 번뇌라고 하면 이것을 각각 해결하는 해결의 길이 나와야 되지 않겠습니까? 그러면 이제 여기까지 들으신 여러분들은 아, '있다-좋다-싶다-쌍-불만사고'를 해결하는 길이 나와야 되겠는데…, 하시면서 그 방법론에 대해 생각해 보십시오. 다른 강의에서 그 방법론을 제시할 것입니다. 앞으로 그것을 만나셔서 여러분들은 이제 번뇌를 없애버리기만 하면 되겠습니다. 이 시간엔 우리의 번뇌가 이런 경위를 거쳐 실타래처럼 얽혀있다는 것을 여러분들이 직면하시는 데까지 공부하는 것으로 하겠습니다. 감사합니다.

수심체계

번뇌를 풀어내는
다섯 가지 방법

여러분 반갑습니다. 그리고 아주 감사합니다. 이런 공부시간에 자리를 함께 한다는 것은 보통 인연이 아닙니다. 자, 이 시간에는 아주 중요한 **수심체계(修心體系)**를 공부하겠습니다.

정치, 경제, 사회, 문화, 교육, 종교, 등등 이 모든 것의 목적은 결국 이 마음을 지극히 좋은 상태로 만들자는 것에 있습니다. 인류사의 모든 것은 결국 마음 좋게 하려고 하는 겁니다. 그렇게 마음이 좋은 것 중에서도 아주, 아주 좋은 것은 어떤 상태일까요? 마음이 일체의 것에 걸림 없는 탁 트인 자유감, 해탈감으로 살고 또 이 마음속에서 대자대비심이 봄 언덕에 아지랑이 피어나듯 한 없이 우러나오며 또 무엇인가 해야 할 일이 있을 때 민첩하게 착착 실행할 수 있는 그런 자재(自在)인품이 되는 것이 아주 이상적인 마음입니다. 즉 자유, 자비, 자재한 마음상태가 되는 것입니다. 그럼 그렇게 되려면 되는 방법론이 있어야 할 것입니다. 그 방법론이 바로 수심체계입니다.

지금 이 시간에 여러분들이 공부할 수심체계를 이런 관점으로 한 번 생각해 보십시오. 자, 탁 트인 허공에 구름이 끼어 있습니다. 그럼 이때의 마음공부란 무엇이겠습니까? 그 구름을 걷어내는 것이 마음공부의 하나입니다. 그런데 그보다 훨씬 중요한 마음공부가 있습니다. 구름이 좀 있다고 해도 구름을 빼면 모두 허공입니다. 이 구름과는 무관하게 이미 무한히 열려있는 허공이 99.9999%입니다. 그렇기 때문에 정말 중요한 마음공부는 구름을 제거하는 것보다 열려있는, 확 비어있는 허공을 확인하는 것입니다. 그것이 제대로의 공부입니다. 그래서 이 두 가지 축의 공부가 묘한 조화, 중도적 조화를 이루면서 나아가는 것이 마음공부입니다.

마음공부를 비유적으로 말씀드렸는데 그럼 이제는 우리들의 마음에 대해 생각해 봅시다. 우리들의 마음은 마치 허공과 같은 의식공간입니다. 여러분들이 이렇게 있으면 마음속에는 우주가 들어있습니다. 마음속에 우주가 부분집합으로 들어있을 만큼 이 마음이란 것은 그렇게 광활하게 큽니다. 그런 의식공간에 무엇인가 미성숙하게 살았다고 할지, 등등의 이유로 어두운 것. 부정적인 것이 조금씩 끼어 있습니다. 끼어있는 그것이 마치 허공에 구름이 끼어있는 것과 같다는 말입니다. 그러면 수심은 무엇입니까? 마음을 닦는다는 것은 무엇입니까? 그늘이나 구름 같은, 좀 어두운 것이 끼어있다 하더라도 내 마음속은 그런 어두운 것을 제외하고는 본래 비어있는 부분이 한없이 많습니다. 그러니까 그 많은 그것에 대해 아, 그것이 많구나, 하고 확인하는 작업이 마음공부 길의 하나인데 그것은 아주 중요합니다. 어찌 보면 절대적으로 중요합니다.

그리고 또 미성숙한 삶을 살다 보니 번뇌라고 하는 것이 좀 끼어있습니다. 그런데 우리들이 번뇌에 집중하고 번뇌에 코를 박고 있기 때문에 그 번뇌가 우리 마음속에 한없이 끼어있는 것처럼 여겨집니다. 그러나 사실은 그 번뇌가 아무리 많다고 해도 텅 비어있는 의식공간에 비하면 0.00001%에 불과하다는 것입니다. 그럼 이제 무엇이 마음공부라고 할 수 있겠습니까? 완전히 비어있는 그것을 확인하는 일이 공부의 하나요, 또 하나는 무엇인가 끼어있는 번뇌를 제거하는 것입니다. 그러면 번뇌란 무엇입니까? 간단히 예를 들어 봅시다. 앞에 돈이 있습니다. 그러면 돈이 있다! 하고 생각하는 것이 번뇌입니다. 돈, 그거 좋아 하고 생각하는 것이 번뇌요, 그것을 갖고 싶어 하는 욕심이 번뇌요. 마음대로 안 되니까 속이 꽉 상하고 화가 나는 것, 그것이 번뇌입니다. 이것을 우리말로 하면 있다-좋다-싶다-쌍 입니다. 텅 비어있는 허공에 있다-좋다-싫다-쌍이라고 하는 이 네 가지 번뇌가 끼어있는 것입니다. 그런데 거기에서 조금 더 나가게 되면 있다-좋다-싫다-쌍이 반복되면서 불만사고가 발달합니다. 이 불만사고까지 합한다면 일단 번뇌를 다섯 가지라고 생각하면 됩니다. 그런데 이 번뇌가 아무리 많다고 하더라도 오염되지 않고 열린 의식공간이 99.9999%라는 사실을 알고 이제부터 공부에 들어가는 겁니다.

자. 그래서 무한 허공을, 허공과 같은 이미 비어있는 그 공간을 확인하는 것을 공부 하나로 하는데 내가 가르치는 공부장에서는 그것을 주바라밀 이라고 해서 '돈망(頓忘)'이라고 합니다. 그래서 그것을 확실히 잡고 아이고, 내가 이 세상에 태어나서 그것을 잡게 되다니, 하고 기뻐서 춤을 추게 되면 내가 인정을 해줍니다. 네가 돈망을 제대로 잡았구나. 참으로 기특하다, 하고 인정해주게 됩니다. 그래서 여러분들도 그 돈망을 꼭 잡으십시오. 여러분은 이미 돈망으로 있습니다. 없는 돈망을 잡으려면 어렵겠지만 돈망은 이미 있는 것입니다.

그다음에 이제는 번뇌를 해결해야 합니다. 그런데 번뇌 중에서 제일 특수한 번뇌가 하나 있습니다. 그 특수한 번뇌는 바로 불만사고입니다. 있다-좋다-싫다-쌍을 반복하면 불만사고가 발달한다고 했습니다. 그런데 이 불만사고가 행, 불행의 99%를 좌우합니다. 그러니까 불만사고를 척결해 버려야 합니다. 그러면 불만사고를 척결하는 길은 무엇이겠습니까? 만족(滿足)사고, 지족(知

足)사고입니다. 그래서 지족명상을 하는 것입니다. 아, 나 자신이 감사하다. 코가 있어 감사하다. 눈이 있어 감사하다. 아직도 건강해서 감사하다. 아직도 우리 부모님 살아계셔서 감사하다. 내 가족들 건강하게 잘 있어 주어서 감사하다. 세상이 아직도 멀쩡하게 질서 지키고 있어 주어서 감사하다. 태양계 속에서 행성끼리, 유성끼리, 부딪히지 않고 제자리를 잘 유지해 주어서 감사하다. 감사거리가 지천으로 있다는 사실을 깨닫고 감사, 감사, 감사, 감사하고 지족, 지족, 지족, 지족하는 것입니다. 이 명상을 어느 임계선을 넘어설 만큼 하게 되면 불만사고가 딱 척결됩니다. 동사섭 중급과정 수련을 하면 차분히 논하겠지만 우선 개관을 하면 그런 식입니다.

그다음, 무엇이 있다, 있는 그것이 좋다, 하는 실체사고(實體思考)와 가치사고(價値思考)는 어리석음, 치(痴)입니다. 없는 것을 왜 있다고 합니까? 또 가치도 떠나 있는 것입니다. 가치라고 하는 것은 우리 인간이 볼 때 가치 운운 하는 것이지 알고 보면 가치 운운도 없는 것입니다. 없는 것을 있다고 하고 가치가 초월되어 있는데 가치가 있다고 여기는 이 어리석음을 해결하기 위해서 없다, 비었다, 공(空)하다 하는 공부가 있습니다. 그 공부가 비아명상(非我瞑想)입니다.

그리고 '있다'와 '좋다'가 '싶다'로 이어진다고 하였지요. 싶다, 싶다, 싶다. 무엇 갖고 싶다, 무엇 하고 싶다 하는 '싶다'가 많습니다. 이 싫음, 탐(貪)이야말로 참 골치 아픈 번뇌입니다. 그 싫음을 제거하기 위해서 죽음명상이라고 하는 명상을 합니다.

싫음 다음에는 그 싫음이 마음대로 되지 않아서 썅! 하고 분노가 생깁니다. 분노로 속상한 것, 진(瞋)을 다스리는 공부방법이 구나(나) 겠지(지) 감사(사) 명상, 곧 나지사명상입니다. 이 나지사명상을 연습하면 분노가 사라져 버립니다.

그래서 '돈망명상, 지족명상, 비아명상, 죽음명상, 나지사명상'이 마음공부길입니다. 여러분들이 이 다섯 가지를 손에 쥐게 되면 만금을 얻은 것이 됩니다. 여러분들, 이런 수심체계를 마음속에 잘 갖추셔서 허공과 같은 자유로움을 사시기 바랍니다. 감사합니다.

자, 어떠세요?

이 순간
최고의 마음 만들기

　안녕하세요. 이 시간 여러분들과 나눌 이야기는 **자, 어떠세요?** 입니다. 여러분들, 어떠세요? 이것은 하우 아 유(How are you)? 라는 영어 인사에 해당된다고 할 수도 있겠습니다. '자, 어떠세요?'는 그런 뜻입니다. 우리들이 일상사 생활을 하다 보면 어떠세요, 안녕하세요, 이런 식의 인사를 당연하게 무수히 합니다. 그것이 지금의 주제입니다.

　지금 내가 여러분에게 "자, 여러분, 어떠세요?" 이렇게 질문을 합니다. 그러면 여러분의 마음은 내가 지금 어떤 상태지, 하게 될 것 아닙니까. 그러면 자, 어떠세요? 하는 순간에 여러분들의 마음은 저절로 어디에 있게 되느냐 하면 지금 여기(here and now)로 딱 돌아오게 됩니다. 그리고 나의 어떤 것을 물었으니, 지금 여기에 있는 이 나의 그 어떤 쪽으로 마음이 가게 됩니다. 그러면 상대방은 나에게 무엇을 물었지요? 나의 상태를 물은 것입니다. 나의 상태를 물었으니 나는 어떻게 대답해야 하겠습니까? 나의 상태는 이러이러 합니다, 해야 될 것 아닙니까? 그리고 1초 전이나, 2초 전 상태가 문제가 아니고 바로 지금 상태를 묻고 있는 것입니다. 지금 여기에 있는 바로 이것은 내 실존의 전부입니다. 이것이야말로 내 간판이고 내 얼굴입니다. 그래서 바로 이것을 딱 보여주어야 할 것 아니냐 하는 문제입니다.

자, 이때 여러분들은 어떻습니까? 자, 어떠세요, 하는 물음에 대해서 지금 여기(here and now)의 자기 모습을 제대로 자연스럽게 좌악 보여줄 줄 아는 사람과 보여줄 줄 모르는 사람을 비교해 보십시오. 어떤 차이가 있습니까? 지금 여기의 자기 모습을 선선히 잘 표현하는 사람과 그렇지 못하는 사람 차이를 지금 따져보아라 하는 것입니다. 못하는 사람은 죽어있는 것입니다. 해내는 사람은 현재에 깨어있는 사람이지요. 현재에 깨어있는 자가 현재를 사는 사람입니다. 그리고 인생은 현재밖에 없는 것입니다. 그래서 지금 여기에 깨어있지 못하다면, 지금 여기의 나에 깨어있지 못하다면 그 삶은 무엇인가 혼이 빠진 삶이 되는 겁니다. 그래서 지금 여기로 돌아와서, 지금 나, 이렇습니다, 하고 비추어줄 수 있는 답이 참신하게 나와야 합니다. 여러분에게 자, 어떠세요, 하고 질문을 하면 저, 이렇습니다, 하고 어느 정도로, 몇 점짜리로 대답할 수 있는가 하는 것입니다. 여기에서 여러분들이 대답하는 비결을 말씀드리려고 합니다. 이 비결에 여러분들이 눈을 뜨게 되면 여러분들의 행복 수위는 몇 수위 올라가게 될 것입니다.

자, 답은 두 가지입니다. 내가 여기에서 정말로 노리는 것은 1번 답입니다. 그러나 우선 2번 답부터 말해보겠습니다. 상대방이 나에게 관심을 가지고 나의 상태를 묻습니다. 너 요새 어때? 너 요새 기분 좋게 살아? 요새 무슨 일로 근심 걱정 같은 건 없어? 식으로 실제로 나의 상태, 나의 희로애락을 물을 때가 있어요. 이 때 할 수 있는 대답은 나눔 차원의 대답입니다. 나눔 차원의 대답이 답의 하나가 된다는 것입니다. 그러면 나눔 차원의 답을 하려면 어떻게 해야 될까요? 현재, 내가 상장 받아서 기쁘다면 "아이고, 내가 어저께 무슨 일로 상장을 하나 받았는데, 그걸로 해서 지금 막 기쁘네." 하고 대답하면 상대가 듣고 싶어 하는 나눔 차원의 답을 잘 한 것입니다. "우리 남편이 어저께 엉뚱하게 돈을 많이 쓰고 들어왔더라고. 그래서 내가 속이 꽉 상했는데, 아직도 그것이 가시지 않고 있어." 이런다고 해 봅시다. 이것이 바로 지금 여기의 나의 모습, 실존적인 바로 현실의 모습입니다. 지금 그 모습을 산뜻하게 내놓고 공유하는 과정입니다. 이것이 인생에 있어서 대단히 중요합니다. 이러한 나눔 차원의 답을 엔카운터(encounter)적 답이라고 하는 겁니다. 그리고 이 나눔 차원의 답을 하실 때에는 가능하다면 느낌을 핵심적으로 내놓는 것이 좋습니다. 느낌을 빼놓고, 머리 쪽 답만 한다면 그것은 건조한 답이 되고 참만남이 못 됩니다. 엔카운터라는 말은 참만남이라는 뜻입니다. 참만남이 되려면 어찌해야 합니까? 나의 희로애락, 감정, 느낌이 표현되고 나누어질 때 참만남이 됩니다. '어떠세요?'에 대한 답 하나는 지금 여기의 나의 희로애락을 내놓는 것으로 그것이 2번째 답입니다.

그러면 1번답은 무엇일까요? 세상 사람들이 나에게 안녕하세요, 할 때는 대체로 나의 희로애락에 대해서 관심을 가지고 묻는 것은 아닙니다. 그래서 의례적으로 대답합니다. 미국에서는 아침에 How are you? 할 때 I'm so so. 그렇게 답하면 실례랍니다. 무조건 I'm fine. 해야 합니다. 이것이 정답이랍니다. 내가 너의 so so를 들을 시간도 없고, 관심도 없다는 식입니다. 친밀한 친구 사이에서는 차원이 달라지겠지만 보통은 그렇다는 말입니다. 우리나라도 비슷하겠지요. 누가 얼마나 상대방 가슴 속 사정을 알고 싶어 하겠습니까? 그냥 대충 인사하는 겁니다. 그러니까 대충 인사하는 그런 차원에서는 나의 희로애락을 내놓으려고 애쓰지 말고 살짝 감춰버리는 것도 좋다는 말입니다. 그런데 그때 내가 내놓을 답이 바로 1번답입니다.

당신이 어떤 차원으로 나의 상태를 물었든지 간에, 나는 나의 차원에서 최고의 답을 내놓겠다, 하는 것입니다. 그래서 '어떠세요?' 하는 순간에 정신을 바짝 차리고 나의 상태를 최고의 행복 차원으로 끌어올려서 '행복합니다!'가 답이 되도록 하라는 것입니다. 그래서 이 차원의 이야기는 상대방이 나에게 묻든지 안 묻든지 상관이 없습니다. 본인이 본인에게 늘 물어도 좋습니다. 어떤 선사께서는 지금 여기에 깨어있고 지금 여기 최고의 행복을 관리 관장하기 위해서 항상 자기 이름을 불렀습니다. 주인공~ 하면서 자신을 부르는 겁니다. 그리고는 어때? 하면 아, 나 행복하지, 하면서 정신을 차렸다는 것입니다. 그러니까 여러분들은 스스로가 어떠세요, 하고 묻기도 하고 상대방이 물었을 때는 이 순간에 나의 베스트 권으로 나의 행복 수위를 높여라 하는 것입니다.

  높이는 방법은 무엇일까요? 이것이 지금부터 여러분들의 화두입니다. 이 순간 나의 상태를 최고의 행복으로 누가 이끌어 주겠습니까? 바로 내 자신이 해야 합니다. 그래서 스스로가 행복 수준을 최고로 높이는 방법을 개발하는 것입니다. 어떤 분에게 물었더니 자기에게는 고명딸이 있는데 그 딸만 떠올리면 뿅~ 가게 행복해진다고 하더군요. 그것도 괜찮겠지요. 그런데 그것은 유위법(有爲法)의 답입니다. 답은 무위법(無爲法)일 수 있으면 좋습니다. 같은 값이면 영원히 하자(瑕疵)가 없는 답이 좋습니다. 사람이나 돈은 무상(無常) 합니다. 무상한 것이 아니라 영원한 것, 그 영원 차원의 것을 마음속에서 딱 떠올리면서 완벽한 행복을 확인하고 그 행복을 비추어주면 최고의 답이 되겠지요. 그 최고의 답이 여러분의 큰 과제입니다.

여러분, 이 순간 나의 마음을 최고 극락으로 바로 창출해버리는 비결이 무엇일까요? 여러분 스스로가 고민을 좀 하시면서 진정 지금 여기 최고의 행복 수준을 사시기를 빕니다. 감사합니다.

사물 지족명상

물건에
감사하기

여러분 참 반갑고 감사합니다. 이 시간에 여러분들과 함께 공부할 주제는 **사물 지족명상**입니다. 곧, 사물에 대한 감사명상입니다. 지족명상인데 그 대상에 따라 사물에 대한 지족명상, 사람에 대한 지족명상, 그리고 자기 자신에 대한 지족명상 등등이 있다고 하는 식으로 생각하시면 됩니다. 그 중에서 이 시간에는 사물에 대한 지족명상을 공부합니다.

지족(知足)이란 말씀을 아시고 계시겠지요. 이미 만족스러운 상태에 있음을 아는 것, 그것이 지족입니다. 명상(瞑想)이란 어떤 것을 조용히 사유해 보고, 사유해 보고, 또 사유해 보는 것입니다. 그러니까 사물 지족명상은 사물 차원에서도 이미 만족스러운 상태에 있음을 아는 명상입니다.

자, 이제 한번 생각해 봅시다. 사물 지족명상이 여러분들의 인생에 있어서 얼마나 중대한 의미가 있겠는가를 우선 사유해 보십시오. 우리는 눈만 떴다 하면 지천으로 널린 한없이 많은 사물을 접하게 됩니다. 눈에 보이는 것이 전부 사물입니다. 귀에 들리는 것이 전부 사물입니다. 또 눈에는 보이지 않습니다만, 우리들의 의식 공간 속에서, 상상 속에서 수없이 만나는 것이 사물들입니다. 그래서 나와 주변 사람 빼놓고는 나머지는 전부 사물입니다. 유형, 무형 모든 것이 사물입니다.

자, 그럼 내가 무엇인가와 딱 마주쳤을 때, 그것에 대한 긍정감이 떨어진다고 해봅시다. 내가 소를 보는데 긍정감이 떨어지고, 쥐를 보는데 긍정감이 떨어지고, 나무를 보는데 긍정감이 떨어지고, 땅을 보는데 긍정감이 떨어지고, 하늘을 보는데 긍정감이 떨어진다고 하면 어떻겠습니까? 그 자체가 불행인 것입니다. 행복이란 내 마음이 무엇인가와 마주쳤을 때 기쁨을 느끼는 것이 행복입니다. 그런데 마주치는 사물마다 긍정적으로 느껴져서 기분이 좋은 것이 아니라 부정적으로 느껴져서 기분이 나빠지고 쌩! 하게 된다면 어떻겠습니까? 많은 사람들의 삶을 관찰해 보면 수없는 사물을 대하면서 충분히 기쁨을 맛볼 수도 있는 상황인데 기쁨을 맛보지 못합니다. 그리고는 쌩!을 연발하면서 그냥 살고 있는 겁니다. 이것이 불행한 사람의 속성입니다.

여러분, 여러분이 접하고 있는 사물에 대해 얼마나 감사함을 느끼고 사시는지 한 번 돌아보십시오. 자신이 사물에 대해 지족감을 얼마나 느끼고 살고 있는가 하는 것입니다. 내가 지금 접하고 있는 것들, 눈에 보이고 귀에 들리는 무수한 사물들이 나의 행불행(幸不幸) 차원에서 볼 때 만족스러운 상태에 있음이 수긍되느냐 하는 말입니다. 이 부분에 관심을 기울이지 않고 대충대충 살게 되면 사물을 대해도 쌍!, 사람을 대해도 쌍!, 자기 자신을 떠올리면서도 쌍! 하면서 불행의 골을 파며 살다가 인생을 마치는 것입니다.

그러면 지금 여러분들이 사물 지족명상을 조금 해보기로 합시다. 지족이 어느 임계선을 살짝 넘을 정도로만 해놓으면 됩니다. 그러면 사물 지족명상을 이렇게 합시다. 사물을 놓고, 그 사물 속에 긍정적인 점이 있는가를 살펴보는 겁니다. 단순한 사물, 예를 들어 주전자 하나에 대해 상상해 보는 것입니다. 수련장에서는 이렇게 합니다. 주전자 하나를 가운데에 두고 전 수련생이 뻥 둘러앉아서 주전자에 대한 감사점을 찾습니다. 그러면 주전자 하나에 대해서 한 사람이 평균 40여 개 이상의 감사점을 찾아냅니다. 무심한 주전자 하나에 대해서 한 사람이 40여 개의 감사점을 찾아낸다는 것입니다. 하물며 주전자 같은 단순한 사물 하나에 40여 개의 감사점이 발견된다면 주전자보다 훨씬 귀한 많고 많은 것들은 또 어떠하겠습니까? 여러분들 집을 생각해 보십시오. 어떻습니까? 여러분들이 살고 있는 집, 단독 주택일 수도 있고 아파트일 수도 있는데 그 집은 어떻습니까? 주전자라는 물건 하나에 40개 정도의 긍정점, 감사점이 있다고 할 때, 여러분들이 살고 있는 집은 어떻겠느냐 하는 것입니다. 감사점이 40개만 되겠습니까? 400개나 4,000개도 훌쩍 넘을 것입니다. 하나하나 뜯어서 명상에 들어가게 되면 주택 하나를 놓고 무수한 감사점들이 쏟아져 나오게 될 겁니다. 여러분들이 쓰고 있는 가구들을 생각해 보십시오. 문을 열고 집 안으로 들어갑니다. 수많은 사물들을 만납니다. 냉장고를 만납니다. 냉장고 감사합니까? 주전자 하나에 40개의 감사점이 있었다면 냉장고는 감사점이 몇 개 정도가 되겠어요? 아마 400개 정도는 감사점이 나올 겁니다.

  이처럼 여러분들 눈앞에 보이는 모든 가구들 하나하나가 전부 감사한 것들입니다. 그래서 하나하나에 대해 감사하는 것입니다. TV는 이래서 감사하구나, 컴퓨터는 이래서 감사하구나, 숟가락은 그러하여 감사하구나, 젓가락은 그러해서 감사하구나, 하고 사물지족명상을 해보는 것입니다. 그렇게 하다가 보면 내 속에서, 몸에서 무엇인가 변화가 느껴집니다. 주변을 바라보는 내 속의 기분이 어떤 설레는 기쁨으로 변해가고 있는 것이 느껴집니다. 그것을 어느 정도 임계선이 넘도록 해 보아라 하는 것입니다. 그렇게 되면 그것은 횡재입니다. 그리고 또 자연을 생각해 보십시오. 자연을 한 번 떠올려 보십시오. 여러분들은 자연에 대한 감사 명상을 얼마나 해 보셨습니까? 우선 쉽게 공기를 생각해 보십시오. 공기가 얼마나 감사합니까. 혹시 공기가 감사한지 모르겠는데요 하는 생각이 든다면 공기가 있고 없음의 차이를 떠올려 보십시오. 만일 공기가 일시에 싹 빠져서 5분 동안 사라져 버렸다고 상상해 보십시오. 5분 안에 다 질식사 합니다. 지금 나의 이 찬란한 생존은 공기가 없이는 불가능합니다. 그렇게 생각한다면 공기에 대한 감사가 하느님에 대한 감사 정도로 커져 버릴 것입니다. 이와 같이 공기에 대해 감사하라는 것입니다. 공기, 정말 감사하구나. 공기가 있어준다는 건 참으로 고맙구나, 하고 생각하는 것이 바로 사물 지족명상입니다. 또 물이라고 하는 사물에 대해서도 감사하십시오. 이 물이라고 하는 것이 없다고 한다면 지구 위에서 어떤 생명이 버틸 수 있겠습니까? 지구 위에 살고 있는 어떤 생명이 공기와 물 없이 지탱하겠습니까? 당연히 감사할 수밖에 없습니다. 아! 공기 감사하구나. 물, 정말 감사하구나! 그렇게 명상하고 있으면 여러분들의 생체 리듬이 달라집니다. 생체에 흐르는 어떤 호르몬 시스템이 바뀌어져 버리는 것입니다.

   그리고 우리의 환경을 구성하고 있는 사물에 대해 좀 더 섬세하게 명상해 보십시오. 조금 전에 자연에 대해서 말씀드렸지요? 그러면 기온을 한 번 생각해 보십시오. 이 기온이 적당한 수준을 유지해주기 때문에 우리가 이렇게 존재할 수 있는 것입니다. 만일 기온이 갑자기 70도 이상으로 올라가 버린다면 어떻게 되겠습니까? 반대로 갑자기 마이너스 100도 정도로 뚝 떨어져 버린다면 어떻겠습니까? 우리들은 끝입니다. 그래서 우리들은 지상에 있는 생명들이 살 수 있을 만큼 적정한 온도로 유지되고 있는 이 기온에 대해, 온도라고 하는 이 사물에 대해 감사함을 느낄 수 있어야 합니다. 그리고 태양계의 질서, 은하계의 질서, 우주의 질서를 떠올려 보십시오. 이러한 것들을 전부 생각해보면 할수록, 명상해보면 볼수록 감사하게 됩니다. 정말로 감사하기 그지없구나. 정말로 나는 만족스러운 상태에 있구나. 내가 없는 것을 타령하고 있어서 그랬을 뿐이지, 이미 갖추고 있는 이 사물이라는 측면 하나만 생각하더라도 넘치는 행복 속에 내가 있지 않느냐, 하게 될 것입니다.

자, 여러분들의 눈앞에 전개되고, 귀에 들리는, 그리고 여러분들이 상상 속에서 잡아낼 수 있는 모든 사물들에 대해서 감사, 감사해 보십시오. 그 사물들이 기뻐서 여러분들을 마구 도울 것입니다. 여러분이 공기에게 감사하지 않는다고 해 보십시오. 그래서 공기가 살짝 토라진다면 정말 복잡하게 되겠지요. 그러니까 사물 지족명상을 조금만 하십시오. 조금만, 여러분들 몸에서 느껴질 만큼만 해 보십시오. 사물 지족명상으로 여러분들과 여러분들이 속한 공동체의 행복 수위가 높아지시기를 바랍니다. 감사합니다.

사람 지족명상

사람들에게
감사하기

여러분 반갑고 감사합니다. 이 시간에 여러분과 함께 생각하면서 공부해야 할 것은 **사람 지족명상(知足瞑想)**입니다. 여러분들 주변에는 수많은 사람들이 있습니다. 가까운 사람으로는 가족, 친척, 직장 동료들, 또 학교의 선생님, 급우, 등등 여러분들은 이렇게 사람들을 늘 만나고 있습니다. 멕시코 사람, 미국 사람까지는 들추지 않아도 됩니다. 우선 살아오면서 늘 마주치며 만나는 사람, 그 사람들에 대한 지족명상이 이 시간의 공부 주제가 됩니다.

자, 사람 지족명상이란 무슨 말일까요? 사람에 대해 지족하는 사람은, 곧 사람에 대해 만족감을 느끼는 사람은 사람을 대할 때 기분이 좋겠지요. 기분이 좋으니 사람을 접하면서 행복해 집니다. 그런데 사람을 접하면서 기분이 좋지 않다고 하면 어떻겠습니까? 매일 만나는 것이 사람이고 사람을 만나며 사는 것이 인생인데, 사람을 만날 때마다 기분이 좋지 않다면 그 사람은 그 정도로, 그만큼 불행하게 살고 있다는 것을 말합니다. 행복이라고 하는 것은 아주 여러 가지 것들이 복합적으로 합해져서 우리들 마음속에서 결정되는 것입니다. 그런데 사람들과 마주치면서 형성된 마음은 우리들의 전체 마음 중에서 무시할 수 없을 만큼 큰 부분입니다. 그래서 사람에 대한 긍정감을 얻어내느냐 못하느냐 하는 것이 곧 행복하냐, 못하냐를 결정하게 됩니다.

여러분들 스스로를 한 번 가만히 보십시오. 그리고 딱 이렇게 생각하도록 하십시오. 사람을 만나고 사는 것이 인생인데, 만나는 그 사람을 기분 나쁘게 생각한다는 것은 손해이고 불행이 아니냐. 지천으로 많은 사람을 만나고 사는데 사람을 만날 때마다 기분이 싹 좋아지고, 싹 좋아지고, 싹 좋아지면 이건 참 행복한 일 아니냐. 아, 그러므로 나는 사람에 대해 좋은 느낌을 느끼도록 해야겠다. 이렇게 생각해보세요. 좋은 느낌의 개발, 그것은 윈-윈(win-win)이 되는 길입니다. 그 자체가 내 행복이 되고, 그 마음으로 사람을 접하니 나를 대하는 그 사람도 그때마다 행복해 할 겁니다.

그러기 위해서는 어찌 해야 될까요? 연습을 하는 것입니다. 사람을 긍정적으로 생각하고 긍정적으로 느끼는 연습을 해야 합니다. 여러분들, 인류 역사를 한 번 상상해 보세요. 인간의 어리석음 중에서 최고의 어리석음 한두 가지를 든다고 하면, 나는 사람이 사람을 향해서 총을 겨누고 방아쇠를 당겨서 상대를 죽이는 일이라고 봅니다. 피비린내 나는 인류의 역사, 참으로 안타깝습니다. 한 무리의 사람이 또 한 무리의 사람과 만나서 서로 칼로 죽이고 활로 죽이고 총으로 죽이면서, 사람을 죽이는 별의별 기술을 개발해 왔습니다. 우습지 않습니까? 정말로 21세기까지 살아온 인간들을 보면, 참으로 인간으로서 자존심이 상합니다. 사람들은 왜 서로 죽이고 그랬을까요? 저 DNA 속에 사람에 대한 긍정감이 없었기 때문에 그렇습니다. 그런데 정말로 기가 막힌 상황이 있습니다. 제 몸뚱이를 낳아준 자기 아버지, 어머니를 원수처럼 생각하는 사람들이 제법 있다는 것입니다. 30년이 넘도록 수련장에서 많은 사람들을 접하고 상담역을 하고 살아왔는데, 자기 아버지, 어머니를 죽일 놈이라고 생각하는 사람이 적지 않습니다. 그래도 어머니에 대해서는 조금 덜 합니다. 아버지를 아주 그냥 미운 놈 취급하는 사람은 많이 보았습니다.

자, 우리의 주제입니다. 어떻게 하면 주변 사람에 대하여 긍정적으로 감사하게 느낄 것이냐, 하는 문제입니다. 어찌 하면 되겠습니까? 명상을 해야 합니다. 사람에 대한 감사명상, 사람에 대한 지족명상을 하는 것입니다. 어떻게 하면 될까요? 명상하는 법은 간단합니다. 부모에 대한 감사명상부터 하세요. 부모가 완전하게 긍정감으로 느껴지지 않는 상태에서 다른 사람에 대한 명상을 한다는 건 좀 우스운 일입니다. 내 생명의 뿌리가 되는 부모에 대해 한없는 감사함을 느껴야 그 사람의 인품 토대가 만들어지는 것입니다. 그래서 수련장에서 아버지를 죽일 놈, 살릴 놈 하는 사람에게 내가 간절히 호소합니다. "아버지가 너를 그렇게 괴롭혔던 것은 그 아버지도 어쩔 수 없어서 그런 것이다. 그것이 아버지의 한계였다. 그 한계를 네가 이해해주지 않으면 누가 이해해 줄 것이냐. 아버지를 받아들여라. 그 아버지, 어머니는 네 생명의 뿌리다. 네가 아버지를 정말 무시하고 정말 미워하려면 네 존재부터 없애버려야 된다. 네 존재는 그 아버지, 어머니 없이는 생겨나지를 않았을 것 아니냐. 윗대 조상까지는 나중에 천천히 하고 우선 아버지, 어머니에 대해서부터 감사 명상을 해야 한다."

  부모에 대한 유감이 있는 사람이 있다면 얼른 그 분들에 대한 명상을 하십시오. 사람 지족명상 차원에서 명상을 하십시오. 어떻게 하면 될까요? 그 두 분, 내 아버지, 내 어머니는 이 존재를 이 세상에 숨 쉬면서 살도록 해준 결정적인 뿌리이시다. 내가 내 생존을 거부하지 않는다면 내 부모를 거부할 수가 없다, 하고 부모에 대해서 명상하십시오. 그리고 내가 부모를 받아들이지 못하는 것은 부모가 여차저차 하게 행동을 했기 때문에 그럴 것입니다. 그러나 그런 행동을 일차적인 차원에서 비판하지 말고, 한 꺼풀 조금 더 제치면서 들어가 보십시오. 그러면 그 부모는 또 부모로서 그렇게 할 수밖에 없는 과거를 가지고 있습니다. 그러니 부모부터 받아들여라 하는 것입니다. 우선 부모에 대해서 훈훈하게 되어야 합니다. 그다음에 조금 더 올라가세요. 윗대 조상들로 가는 겁니다. 그렇게 내 부모와 내 조상들부터 감사해 들어가야 됩니다. 그리고 또 가족들에게 감사하십시오. 가족은 보통 인연이 아닙니다. 그리고 학교에서 여러분들을 가르치셨던 선생님들에 대해 감사 명상을 하는 겁니다. 우선 담임선생님만 생각하십시오. 초등학교, 중학교, 고등학교 해서 모두 12명의 담임선생님이 계십니다. 그 담임 선생님들을 한 분 한 분 떠올리면서 감사해 보세요. 또 수학 선생님, 영어 선생님, 국어 선생님이셨던 여러 선생님들께, 여러분들 속에 인문학적 교양을 심어주셨던 그 선생님들께 감사합니다, 감사합니다, 감사합니다, 하고 속에서 사유하는 것이 사람 지족명상입니다. 그리고 짝꿍이 되어 옆에 앉아 있던 급우들이 있습니다. 그 학우들이 여러분들을 오늘날 여기에 있게 만든 것입니다. 그 학우들 중에서 엉뚱한 아이가 있었다면 여러분들 지금 여기에 있지도 못합니다. 그 학우들에게 감사하십시오. 이것이 사람 지족명상입니다.

그리고 살아오면서 알게 모르게 은인이라고 이름 붙일 만한 분들이 계십니다. 그분들을 가만히 떠올리면서, 한 분 한 분 떠올리면서 감사해 보십시오. 아, 그때, 아무개가 나에게 한 마디 해준 것이 나에게는 큰 격려가 되어서 심리적으로 나락에 떨어져있던 내가 벌떡 일어났다. 아무개 그 분은 나에게 은인이다. 이런 식으로 은인을 찾아서 명상하십시오. 그렇게 되면 여러분들의 의식 공간이 사람 일반에 대한 긍정감으로 가득 차게 될 것입니다.

그리고 끝으로, 사람들 일반에 대한 인간관을 바로 하도록 하십시오. 인간관을 바로 하게 되면 인간 전부가 긍정적 대상이 됩니다. 나는 인간관이라고 하면 내 몸에서 어떤 전율을 느낍니다. 나는 그것이 참으로 행복합니다. 여러분들의 긍정적인 인간관을 위해서 조금만 더 말씀드려 보겠습니다. 우선 사람 속에 들어있는 혼을 생각해 보십시오. 아무개야, 하니까 예, 하고 대답하는 그 의식, 그 마음입니다. 아, 무엇이냐. 저 혼, 저 마음, 저 의식은. 얼마나 신비한가, 하고 느껴 보십시오. 게다가 그 혼이 또 몸을 가지고 있지 않습니까. 그 혼이 그 사람의 몸속에서 역할을 하는데, 몸이 없다고 하면 혼이 설 자리가 없는데, 그 몸을 보세요. 그 몸이 머리끝에서 발끝까지 하나하나가 모두 신비의 극치입니다. 사람의 몸을 보면서 한없는 신비감을 느껴 보십시오. 그리고 몸과 혼의 메커니즘은 또 어떻습니까? 묘하게 연결되어서 혼과 몸이 묘한 교류를 하면서, 한 생명체를 이룹니다. 그 위에 그 몸이 환경을 접하는 메커니즘도 또한 생각해 보십시오. 우주를 경험하는 이 메커니즘을 생각해 보세요. 인간이란 얼마나 신비한 존재냐 하는 것이 여러분들 속에 명상적으로 어느 정도 백그라운드가 생길 것 같으면, 마치 일출(日出)이나 일몰(日沒)에서 느낄 수 있는 아~!하는 그 경이감을 인간 일반에 대해서도 느낄 수 있게 됩니다. 해 뜨는 것 하나에 아~ 하는 사람이 그보다 억만 배 복합적으로 신비한 구조를 가진 인간에 대해서 아~ 하지 않는다는 것은 우습지 않습니까?

사람 지족명상입니다. 여러분들은 사람으로 살고 있고, 사람과 더불어 살고 있습니다. 지족명상을 통해서 더불어 사는 사람들에 대한 긍정감을 끌어올리십시오. 여러분들이 행복할 것이고, 여러분들 주변 또한 함께 행복해질 것입니다. 감사합니다.

의식의 전개과정

내 의식
관찰해 보기

안녕들 하세요. 반갑습니다. 이 시간 공부 주제는 **의식의 전개 과정**입니다. 의식이란 그냥 쉽게 마음이라고 알면 됩니다. 의식의 전개과정이란 이 마음이 고정되어 있지 않고 단계를 바꾸어 가면서 전개되어 간다는 뜻입니다. 여러분들이 자기 자신의 마음에 대해서, 의식에 대해서 잘 관찰해보셨다고 한다면, 오늘 이 강의를 들으시면서 아이고, 어쩌면 내가 평소에 문득문득 생각했던 말씀을 저렇게 해주시는고? 하실 겁니다.

자, 여러분들이 그것을 의식하든 안 하든 여러분들의 의식은 전개 과정이 있습니다. 그 전개 과정 단락 단락을 여러분들이 주시할 수 있고, 관찰할 수 있다고 하면 그 전개 과정 하나하나를 여러분들이 조정할 수 있게 됩니다. 그런데 의식에 대해 관심을 갖지 않는다면 여러분들은 그냥 습관적인 의식 회로를 밟아가면서 살게 될 것입니다. 습관화 된 삶이라고 하는 것은 대단히 위험합니다. 다행히 성자(聖者)의 차원으로 습관이 되어 있다면 그것은 좋은 일입니다. 그런데 거의 대부분의 사람들은 그 의식이 낮은 차원으로 패턴화 되어 있습니다. 그래서 우리의 의식을 보다 높은 차원으로 끌어올리기 위해서 의식을 관찰해보자 하는 것입니다. 의식을 관찰해보면 다섯 단계 정도로 정리할 수 있습니다. 다섯 단계로 정의가 되었다 하면 각 단계마다 그 의식을 어떻게 해서 보다 더 업그레이드 시킬 것인가 하는 것에 접근해 갈 수 있게 됩니다. 그 다섯 가지를 내가 '옴-나-지-사-눔'이라고 이름을 붙여 놓았습니다. '옴'은 그냥 옴이요, '나'는 구나를 줄여서, '지'는 겠지를 줄여서, '사'는 감사를 줄여서, 그리고 '눔'은 나눔을 줄여서 붙인 이름입니다.

그러면 '옴'부터 한번 생각해 봅시다. 옴이라는 의식 상태는 의식이 전개되기 이전이라고 해도 좋을 만한 의식의 첫 단계를 말합니다. 이 옴이라는 의식 상태는 여러분들의 의식이 무엇인가를 객체화하지 않고 그대로, 그냥 의식 자체로 있는 것입니다. 의식이라고 하는 것은 계속 대상을 끌어오게 되어 있습니다. 그런데 대상을 끌어오는 이 작업을 딱 멈추어버리게 되면 의식 자체로 있을 수 있다는 말입니다. 그래서 여러분들이 옴이라고 하는 의식 상태를 견지할 수 있게 되면, 즉 의식 자체를 그냥 견지할 수 있게 되면 여러분들은 이 세상에 태어나서 가장 궁극적으로 해야 할 일을 했다고 볼 수 있습니다. 아무튼 옴이란 나의 마음이 일체의 것에 대해 꿈틀대기 이전의 상태라고 우선 생각하십시오.

그다음, 의식이 드디어 꿈틀대면서 전개되기 시작합니다. 전개 1번은 의식이 무언가 객체를 끌어오는 것입니다. 눈에 무엇이 비쳐오게 되고, 귀에 소리가 들려오게 됩니다. 그러나 그때 정신을 잘 차리고 보면, 예를 들어 카메라가 내 앞에 딱 보일 때, '카메라'라고 이름 붙이기 이전의 순수 감각 상태가 있게 됩니다. 순수 감각 상태로 머물러 있으면서 개념을 붙이는 다음 단계로 건너가지 않는다는 것입니다. 이때의 의식 상태가 '구나'입니다. 의식이 드디어 꿈틀대면서 대상을 받아들이되, 받아들이는 그 대상에 대해서 이름을 붙이지 않는다는 것입니다. 그 상태는 무심한 상태이고, 여여(如如)한 상태입니다. 그것이 구나입니다. 그래서 우리의 의식은 제일 처음에 옴으로 있다가 구나로 전개됩니다.

구나에서는 카메라가 카메라라는 이름이 붙여지기 이전의 그 무엇으로 감각이 되었는데, 다음 단계는 카메라라는 이름이 붙여지게 됩니다. 그 이름이 붙여지게 되었다면 이미 지적(知的)인 작업이 시작된 것입니다. 다시 말해서 대상을 존재론적으로 살펴보는 과정입니다. 존재론적으로 살펴보면 그것은 종으로, 횡으로, 시간적으로나, 공간적으로나 연기적으로 되어 있습니다. 앞의 것이 있었기 때문에 지금의 것이 있고, 지금의 것이 있기 때문에 뒤의 것이 있게 된다 하는 것이 시간적인 연기입니다. 또 공간적인 연기는 저것이 있기 때문에 내가 있을 수 있다는 것입니다. 거울 앞에 내가 서있으니까 거울 안에 나의 모습이 동시에 비치는 것입니다. 거울 앞에 아무도 없는데 거울 안에 사람이 서 있을 수는 없습니다. 이처럼 존재하는 모든 것들은 주변의 다른 것들과 관계 맺음을 통해서만 존재하는 것입니다. 이것이 연기(緣起)입니다. 바로 어떤 존재가 존재하려면 그렇게 존재할 만한 조건이 있는 것입니다. 그러니까 여러분은 하나의 존재에만 집착하지 말고, 저 존재가 존재할 때는 다른 것들이 있기 때문에 저것이 존재한다고 보셔야 합니다. 저것이 저러할 때는 다른 것들이 있기 때문에 저러하겠지, 하고 이해하고 들어가야 됩니다. 그것이 '겠지' 단계입니다.

그래서 여러분들이 조용하게 옴이나 구나로 있다가 세상으로 딱 나가면서 지적인 작업을 하게 되는데, 그 지적인 작업이란 연기로 살피는 것입니다. 연기로 살피게 되면 묵직하던 마음이 풀리게 됩니다. 저 사람이 내 따귀를 때렸다고 할 때, 따귀를 때렸다는 그 부분만 생각하고 있게 되면 내가 괴롭습니다. 그런데 연기를 살피는 것입니다. 따귀를 때렸을 때는 여차저차 한 이유들이 있었을 거야, 하면서 연기를 살피면 따귀 맞은 것에만 초점을 맞추고 있던 마음이 해소되어 버립니다. 그것이 '겠지'입니다. 일체의 경계를 연기적으로 살피는 것이 기초입니다.

그리고 그다음 단계로 전개해 갑니다. 이 단계에서는 존재론적으로 보이던 것이 가치론적으로 보이게 됩니다. 우리들은 앞에 대상이 있으면 그것을 존재론적으로만 보는 것이 아니라 가치론적으로 보게 됩니다. 그 대상을 가치로 환산해서 밉다, 곱다, 옳다, 그르다, 선이다, 악이다, 하면서 이분법으로 나누어서 보게 됩니다. 그런데 가치 평가로 들어갔다 하게 되면 여기에서 중대한 기로에 서게 되는 것입니다. 가치 평가에 들어섰다 하면, 틀림없이 긍정적으로 보든지, 아니면 부정적으로 보든지 하는 것이 발달하게 됩니다. 그런데 불행한 사람일수록 부정적으로 봅니다. 부정적으로 보면서 상을 찡그리고 사람과 부딪치게 되면 싸움을 일으킬 확률이 높아집니다. 그런데 대상을 긍정적으로 보는 것이 깊고 넓어지게 되면 아, 좋다, 좋다, 좋다, 하게 됩니다. 그래서 여러분들의 의식이 굳이 가치론적으로 전개되었다 하면, 긍정과 부정의 기로에서 부정의 늪에 빠지지 말고 긍정으로 조정하라는 말입니다. 그 긍정적인 조정 과정을 '감사'라고 합니다. 좋으니까 자연히 감사하게 되는 것입니다.

그다음에는 이제 관조만 하는 것에서 끝나지 않고 교류를 하게 됩니다. 구체적인 인간관계, 구체적인 자연과 나와의 관계가 미구 맺어지게 되는 것입니다. 그래서 그것을 '나눔'이라고 하는 것입니다. 나눔이 있기 때문에 서로 얽혀 들면서 긍정적인 일도 일어나고 아픔도 일어나고 그렇게 되는 겁니다. 그래서 나눔 수준이 높아지게 되면 어떤 관계를 맺더라도 좋습니다. 관계를 맺어서 나눔이 되었다 하면 꼭 유념해야 될 것이 하나 있습니다. 그것은 상생(相生)적인 관계가 되어라 하는 것입니다. 요새 윈-윈(win-win)이라는 말이 있는데 상생이라는 말은 참 좋은 말입니다. 상생적으로 나눈다면 최상의 나눔이 되는 것입니다.

우리는 '옴-나-지-사-눔'이라고 하는 의식 전개 과정을 밟으면서 살게 되어 있습니다. 그러면서 여기에서 하나의 계명이 있다고 했습니다. 그것은 '옴'의 수준을 높이고, '구나'의 수준을 높이고 '겠지'의 수준을 높이고, '감사'의 수준을 높이고 또 '나눔'의 수준을 높여라 하는 것입니다. '옴-나-지-사-눔'이라고 하는 의식의 다섯 단계 전개 과정에서 각각의 수준을 높이도록 하는 겁니다. 여러분들의 의식을 단순하게만 생각하지 마십시오. 여러분의 의식은 '옴-나-지-사-눔'이라는 단계적인 전개선상에 있으며 그 각각이 업그레이드를 요청하고 있다는 것을 아셔야 됩니다. '옴-나-지-사-눔'이라고 하는 의식의 전개 과정이 여러분들의 삶 속에 어떤 활구(活句)로 드러나서 여러분들께서 보다 행복해지시고 여러분들 가정, 여러분들의 소속 공동체가 두루 평화로워지시기를 빕니다. 감사합니다.

의식의 무한성

무한의식
경험하기

여러분 진정 반갑고 감사합니다. 이 시간에 여러분들과 생각하면서 공부할 것은 **의식의 무한성**입니다. '의식의 무한성'이라고 하면 느낌이 어떻습니까? 의식은 마음일 것 같고, 의식의 무한성이라고 하면 그 마음이 무한하다 하는 것 같습니다.

사실 인생이라고 하는 것은 내 의식이, 식주체 기능이 (나는 의식 자체에 대해 식주체 기능이라는 표현을 많이 합니다) 내 속의 의식 과정을 통해 행복 해탈을 지향해 가는 경로라고 생각하면 됩니다. 의식 공간 속에서 움직이는 모든 것들이 다 의식 과정입니다. 인생이란 이 의식 과정을 어떻게 운영하느냐 하는 것이 전부입니다. 의식 과정이 A모드로 흐른다 하면 A모드에 상응하는 느껌을 느끼고, B모드로 흐른다 하면 B모드에 상응하는 어떤 느낌을 느끼는 것입니다.

그런데, 이 의식을 무한으로, 무한 모드로 전환할 수 있는 법입니다. 그럼 무한 모드로 전환을 하게 되면 어떻겠습니까? 느낌이, 행복감이 가히, 무한이 되는 것입니다. 그런다고 볼 때, 딱 떠오르는 생각은 무엇입니까? 아, 그럼 어떻게 해서 내 의식 과정을 무한 모드로 전환할까, 하게 되지요? 그러니까 의식의 무한성이라고 하면 한 번 도전해봄직한 것입니다.

먼저 간단히 개념 정리를 해봅시다. 의식이라는 말은 그냥 우리들이 평소에 생각하는 마음입니다. 또는 정신이나 혼이라고 해도 상관없습니다. 그리고 의식이라고 하는 것을 여러분들이 조금 더 뜯어보면 좋습니다. 의식에 대해서, 내 마음에 대해서 관심을 기울이면 기울일수록 그것은 한없이 경이롭고 신비롭기만 합니다. 야, 이 우주가 흙덩이였다고 하면 이 흙덩이 속에서 도대체 어떻게 해서 인간이 생기고 또 어떻게 해서 그 속에 의식이란 것이 생겼을까? 이렇게 궁금해지고 궁금해 하다 보면 한없는 신비함을 느끼게 된다는 말입니다. 이 의식을 뜯어보면 세 가지 정도로 생각할 수 있습니다. 이 의식은 꼭 점과 같은 그런 식으로 생각할 수 있습니다. 그런데 의식을 가만히 느끼고 있으면 어떤 공간처럼 느껴지기도 합니다. 그리고 의식은 죽어서 딱 굳어있는 것이 아니라 꾸준히 운동하고 있음을 느끼게 됩니다. 그래서 그 의식의 무한성 운운을 논하는 것입니다.

　자, 그러면 이 의식의 무한성에 대한 여러분들의 관심은 어떠합니까? 아, 정말 의식의 무한성을 한번 경험해봤으면 하십니까? 하고 싶어야 그다음에 방법론이 나올 때 그 방법론이 의미가 있습니다. 여러분들의 혼은, 여러분들 속에서 무엇인가 가장 주체적인 기능을 하고 있는 그것은 여러분들에게 나는 영원히, 무한히 행복 해탈하고 싶소! 하고 절규하고 있습니다. 그런데 내가 게을러서 내 혼의 절규에 대해, 그 요청에 대해 책임 유기를 범하고 있는 것입니다. 여러분들은 어떻게 생각하십니까? 여러분들의 혼은, 여러분들의 마음은 무한히 열려서 무한 행복을 누리기를 원하고 있다는 말입니다. 그런데 지금 여러분들은 무엇을 하고 계십니까? 이 주제가 왜 이토록 중요한가 하면 나의 의식은, 내 혼은 무한 해탈, 무한 행복, 완벽하게 열려진 그 상태를 간절히 원하고 있기 때문입니다. 여러분들은 그 원(願)에 부응해야 합니다. 내 혼의 소리에 대한 책임을 회피해서는 안 됩니다.

　자, 그러면 어떻게 해서 무한 의식, 의식의 무한성을 경험할 것이냐 하는 문제입니다. 굉장히 어려울 것 같지요? 그런데 사실은 그렇게 어렵지 않습니다. 지금 내가 여기서 말씀드리는 방법을 여러분들이 거듭거듭 씹고 있다 보면 누구라도 의식의 무한성을 경험할 수 있습니다. 그럼 이제 방법론으로 들어갑시다. 우선 여러분들은 의식의 무한성을 경험하기 위해서 조금 번거로운 일들은 살짝 제쳐놓을 필요가 있습니다. 그리고 막 움직이면서 하는 것보다는 한군데 가만히 앉아있거나, 잠이 들지만 않는다면 누워도 상관없습니다. 그러나 누우면 잠이 오니까 앉는 것이 적당합니다. 가장 편안한 자세로 앉으세요. 앉은 다음에 이 세 가지를 하는 겁니다.

한 가지. 우선 숨을 쉬는 것입니다. 숨을 쉬되, 평소의 숨보다는 조금 더 심(深), 장(長), 세(細), 균(均)하게 쉬는 겁니다. 숨을 조금 더 깊게 하고, 길게 하고, 가늘게 하고 균등하게 하면 좋다는 것입니다. 그래서 숨을 '심장세균(深長細均)' 쪽으로 접근하게 하리라, 마음을 먹으면서 시간을 보냅니다.

두 번째는 심장세균(深長細均)의 호흡을 하면서 심신의 느낌을 그대로 느껴준다는 것입니다. 머리에 열기에 있는 것 같으면 그 열을 그대로 음~ 하고 느껴주고, 배가 혹시 조금 안 좋은 듯하면 아픈 것을 그대로 느껴주고. 그렇게 느껴주다 보면, 점점 느끼고 있으면, 마음속은 허공처럼 비어버리는 법입니다. 몸은 느낌이 있어요. 몸의 느낌, 예를 들어 팔이 저리다 하면 저린 그것을 느끼고만 있으면 놀랍게도 저린 것이 사라져 버리게 됩니다. 심지어 중대한 몸의 병도 그대로 느껴주고만 있으면 치유가 일어나는 법입니다. 그렇게 그대로 느껴주는 것을 '수관(受觀)'이라고 합니다. 이 두 번째 하는 일이 수관을 하는 것입니다.

세 번째는 심리적인 작업을 하나 더 합니다. 이 세상은 본래 텅 비어있는 것입니다. 본래 비어있는데, 우리들이 거친 눈으로 보기 때문에 산하대지가 있는 것 같이 보이는 것입니다. 여러분들이 전자현미경적인 정밀한 도구를 통해서 저 산과 바다와 모든 존재하는 것들을 본다고 상상해 보십시오. 그러면 존재하는 모든 것들이 어떻게 보이겠습니까? 입자 내지 소립자로 보일 것 아닙니까? 소립자(素粒子)는 사실상 존재하지 않는 것입니다. 실제로 소립자는 파동(波動: 에너지)과 제자리에서 교호(交互)합니다. 입자가 파동과 교호한다는 것은 입자가 완전 에너지로, 없음으로, 거의 순수 무(無)와 같은 상태로 돌아가 버린다는 말입니다. 그리고 있더라도 입자입니다. 입자라는 것은 도저히 있다고 할 수 없는 정도로 미세해서 공기보다도 훨씬 미세한 것입니다. 공기도 없는 것처럼 느껴지지 않습니까? 그래서 본래 비었다고 하는 것을 받아들이는 것입니다. 심장세균 호흡을 하며 심신을 수관하면서 안팎으로 나도 없고, 세상도 없다, 하고 방하(放下)하는 것입니다. 나도 놓아버리고, 우주도 놓아버리십시오. 우주를 그냥 놓는다는 것입니다. 왜? 놓아버릴 필요도 없이 본래 없는 것입니다. 본래 없다고 하는 것을 수긍하면서, 그냥 있는 것입니다.

그렇게 시간이 흘러가다 보면 숨이 딱 끊기는 느낌이 듭니다. 숨이 딱 끊기면서 무한 우주가 완전히 텅 빈 상태로, 내 의식이 무한히 열린 상태로 느껴집니다. 이때, 의식의 무한성을 감지하게 되는 겁니다. 그래서 한번 딱 감지했다 하게 되면 어떻겠습니까?

아, 우주가 확실히 텅 비어있구나. 내 의식이 온전히 텅 비어 버리는구나. 텅 빈 그 의식이야말로 나의 본래 자성(自性)이로구나 하는 것이 수긍됩니다. 그런 경험을 하게 되면 어떻게 되겠습니까? 아하, 내가 사는 것은 완전히 허깨비 놀음이요. 우주는 텅텅 비었구나. 허허허허, 하면서 걸림 없이 자유롭게 살게 됩니다.

자, 여러분들, 여러분들의 의식(意識)입니다. 여러분들의 것입니다. 무한히 열릴 수 있는 의식의 무한성이 여러분들 속에 있습니다. 그것을 내가 말한 세 가지 방법론을 통해서 10초 동안만 경험해 보십시오. 그렇게 되면 아, 내가 무슨 복이 있어서 이 경험을 하게 되었나. 내가 갈 곳은 끝내 이곳이로구나, 하게 될 것입니다. 감사합니다.

돈망

지금 여기
그냥 깨어 있기

여러분 반갑고 감사합니다. 이 시간에 여러분과 함께 공부할 주제는 **돈망(頓忘)**입니다. 돈망. 아마 많은 분들이 처음 듣는 개념일 것입니다. 국어사전에 돈망이라는 말이 나오는지 어쩐지도 잘 모르겠습니다. 실은 돈망은 내가 지은 이름입니다. 내가 어떤 체험을 하면서 이 체험 상태에 무엇이라고 이름을 붙여야 되겠는데, 이 이름, 저 이름 찾다가 돈망이라고 하게 됐습니다. 그러면 내 속에 있는 돈망의 뜻이 무엇인지 말씀 드리겠습니다.

'돈(頓)'이라는 말은 시간 초월 개념입니다. '망'은 '잊어버릴 망(忘)'자인데, 잊는다는 뜻도 해당되지만 이것은 없다는 뜻입니다. 잊는다는 뜻도 좋으나, 없다는 뜻을 더 강조하면서 쓴 개념입니다. '돈(頓)'은 시간 초월 개념이기 때문에 돈망(頓忘)이란 시간을 초월해서 이미 없다는 의미입니다. 또 시간적인 차원에서 우리들은 수없는 것을 기억하게 됩니다만 기억하는 그 모든 것들은 허상입니다. 허상이기 때문에 기억되는 모든 것을 순간에 다 놓아 버린다, 잊어버린다, 하는 개념이 돈망입니다. 이제 설명을 들으면서 더 이해하게 되리라 봅니다. 내가 개최하고 있는 수련은 일반 과정과 중급 과정이 있고 고급 과정이 있는데, 돈망이라고 하는 그 의식(意識)을 체험시키기 위한 과정이 고급과정입니다.

자, 여러분들 한 번 생각해 봅시다. 인생을 가만히 살펴볼 것 같으면 정말로 다양한 의식(意識) 차원을 넘나들면서 살고 있습니다. 아버지를 대할 때는 딸 혹은 아들이라는 차원에서 삽니다. 아들이나 딸이 앞에 있을 때는 아버지라는 차원, 어머니라는 차원에서 살게 됩니다. 학교 교장이라면 교장 차원이 있게 됩니다. 또 누구의 제자라면 제자 차원이 있게 됩니다. 등등 여러 차원이 있고, 그 여러 차원을 넘나들면서 사는 것이 인생인 것입니다.

돈망도 차원의 하나입니다. 그런데 내가 어떤 차원을 선택할 것이냐 하는 것이 문제입니다. 내가 어떤 차원을 선택할 때는 그 차원으로 사는 것입니다. 행복하기를 바란다면 행복을 끌어오는 차원을 선택합니다. 억만 가지 차원 중에서 어떤 차원을 한 번 선택해서 그 차원으로 들어갔더니 불덩어리를 손에 쥔 것과 같은 고통이 느껴졌다면 다시는 그 차원을 선택하지 않으려고 할 것입니다. 그런데 어떤 차원을 선택했더니 아주 행복해졌다면 다시 그쪽 차원을 선택할 겁니다. 마약을 한두 번 해봤더니 그 차원이 괜찮아서 세 번, 네 번, 다섯 번, 마약 차원을 선택하게 됩니다. 하지만 선택을 잘 못하게 되면 어떻게 되겠습니까? 그만 망하고 맙니다. 좋지 않은 것을 몸에 익어들게 했다 하면 그 중독(中毒)으로 인하여 일파만파, 자신을 죽이고 자기 주변을 다 죽이는 사태가 벌어집니다. 그래서 다양한 차원이 있다고 해서 어느 차원이고 다 선택해서 살라는 말은 아닙니다.

그래서 참으로 다양한 차원이 있고, 그 차원은 내가 선택할 수 있는 법이야, 하고 생각하면 됩니다. 자, 돈망도 하나의 차원입니다. 그러면 돈망은 무엇인가. 여기에 A라고 하는 차원이 있다고 생각해 봅시다. 그 A라고 하는 차원을 선택해서, 그 A 차원에 있을 때 무한 행복이라면 그 A 차원은 선택할 만합니다. 그런데 돈망이 바로 그 A입니다. 돈망이라고 하는 차원을 여러분들이 선택하게 되었다 하면 무한 행복을 확연하게 체험하게 되는 것입니다. 그러면 돈망이란 정말 무엇이냐, 하고 묻게 되겠지요?

이렇게 생각하십시오. 인생은 무엇인가를 하는 과정입니다. 사람들은 태어나서 죽을 때까지 계속 무엇인가를 합니다. 그런데 돈망이라고 하는 차원은, 그렇게 하고 있는 모든 것을 딱 하지 않고 있는 차원을 말한다고 이해하면 됩니다. 모두들 무엇인가를 하고 있는 차원으로 살고 있는데, 돈망은 아무 것도 하지 않고 있는 차원이라는 것입니다. 그런데 만일 아무 것도 하지 않는 차원을 경험해낼 수만 있다면 무한 행복이 이루어진다고 했지 않습니까? 그러면 여러분들, 어찌 하면 좋겠습니까? 만만한 일은 아닐 것 같지 않습니까? 그래서 고급 과정이라고 하는 과정을 만들어서 수련비 백만 원까지 받아가면서 공부를 시켜서 돈망을 경험하게 만듭니다. 그런데, 내가 항상 하는 이야기는, 준비만 되었다면 5분 안에 다 해결할 수 있다 하는 것 입니다. 그래서 내가 5분 안에 해결해 버리려고 마음을 먹고 있습니다. 아니, 더 빠른 사람은 1분이면 됩니다. 아니, 더 빠른 사람은 1분도 걸리지 않습니다. 내가 한두 마디 하면 그것을 들으면서, 무릎을 딱 치고, 잡았어! 그럴 수가 있습니다. 그러니 지금 딱 잡아 보십시오. 돈망 3관이라고 하는 것이 돈망을 체험하게 하는 안내문의 마지막 버전입니다. 그 마지막 버전을 말씀드릴 테니, 듣고 계합(契合)이 되는가 보십시오.

'돈망 3관'의 제1관입니다. 제1관은 '그냥 있는다.'입니다. 그냥 있어 보세요. 그냥 있어 보라는 것입니다. 만일 여러분들이 그냥 있음을 어느 레벨 이상으로 향상될 때까지 관행(觀行)했다고 하면, 그 무한 OK가 이 마음에서 바로 느낌으로 일어날 겁니다. '그냥 있는다.'가 돈망의 제1관입니다.

다음은 제2관, '기초수를 그대로 수용한다.'입니다. 기초수란 지금 여기(here and now) 내 심신에 흐르고 있는 느낌입니다. 여러분들은 그 느낌이 좋을 때는 헤헤~ 하지만 느낌이 좋지 않을 때는 내가 왜 이렇게 컨디션이 안 좋지? 하면서 푸념합니다. 그 느낌이 기초수란 말입니다. 기초수가 좋을 때는 헤헤~ 하면서 탐닉(耽溺)하려고 합니다. 그리고 좋지 않을 때는 쌍! 하면서 배척하려고 합니다. 탐닉하려고 하는 것이나 배척하려고 하는 것이나 모두 바람직하지 않습니다. 바람직한 것은 탐닉하지도 않고 배척하지도 않고 그대로 수용하는 것입니다. 술을 한 잔 마셔서 기분 좋은 상태가 되었다 하면 그 좋음을 탐닉하려고 하지 말고 그냥 그대로 딱, '음~' 하고 느껴줍니다. 그것이 수용입니다. 또 무엇인가를 해서 기분이 팍 상하고 감기로 해서 몸이 너무 좋지 않는 경우에도 그것을 배척하려 말고, 그대로 음~ 하고 느껴주면서 수용합니다. 물론 기초수를 그대로 수용하려면 조금 잔손질이 필요합니다. 그러나 짧은 시간에 다 이야기 할 수는 없고, 기초수를 그대로 수용한다는 정도로만 우선 이해해 두십시오.

그리고 마지막으로 '아공법공(我空法空)이니 걸림 없이 그냥 깨어있는 것이 할 일 전부이다.'입니다. 이것이 제3관입니다. 이 말은 알고 보면 대단히 상식적이고 호흡처럼 간단한 것인데, 모를 때는 히말라야를 넘어야 할 정도로 노고가 필요할 수 있는 대목입니다. 여러분들, 이 세상이 있어 보입니까? 있어 보이지요? 있어 보이는 정도만큼 여러분들이 넘어야 할 산은 높은 것입니다. 그런데 여러분들이 딱 깨닫고 보면 세상은 없는 것 입니다. 여러분들이 보고 듣고 느끼는 그대로 이 세상이 있다고 하는 것은 완전히 착각에 속고 있는 것입니다. 자, 앞으로 잘 살펴보십시오. 세상은 아예 없는 것입니다. 없다고 하게 되면 허무하게 느껴집니까? 그런데 없음도 없는 것입니다. 없음도 없다. 그것이 이 세상의 참모습입니다. 그 참모습을 깨달아야 합니다.

그래서 그냥 있고, 기초수를 그대로 수용하고, 아공법공이기 때문에 내 마음이 일체의 벡터 놀음을 그냥 끊어버리고 그냥 있을 때 오는, 체험되는 의식 상태가 있습니다. 이 의식 상태를 여러분들이 잡으셨다 하면 이 세상에 태어나서 마지막 해야 할 일을 마친 것과 같은 상황이 되는 것입니다.

자, 여러분들 정말로 열심히 사십시오. 그런데 그것을 일체 하지 않고 있을 때의 이 무한성을 깨달으시기를 빕니다. 내 마지막 선물이기도 합니다. 이 세상에 태어나서 세상을 위해서 무엇인가 하다 간다고 할 때, 나는 돈망을 마지막 선물이라고 생각하고 이것을 꾸준히 전하고 있습니다. 감사합니다.

기초수 수용

좋아도 사랑하고
나빠도 사랑한다

　　여러분 반갑고 감사합니다. 이 시간 여러분들에게 나누어드리고 싶은 이야기 거리는 **기초수(基礎受) 수용**입니다. 기초수(基礎受), 처음 들어보시는 말씀이지요? 말이라고 하는 것은 참 불완전합니다. 나는 내 속에 있는 뜻을 전달하려고 할 때 국어사전에 있는 말만으로는 부족하다는 것을 늘 느낍니다. 그래서 이 기초수라는 말도 내가 만들었습니다. 우선, 기초수(基礎受)라 할 때의 수(受)는 불교 용어입니다. 수(受)는 느낌이라고 아시면 됩니다. 괴로운 느낌, 즐거운 느낌, 담담한 느낌 등등의 느낌입니다. 기초수란 기초가 되는 느낌을 말합니다. 지금 여기, 내 심신에 흐르고 있는 느낌이 있습니다. 지금 컨디션이 어떠세요, 할 때의 컨디션과 같은 것으로 느낌 중에서 가장 현재적이고 가장 생생하게 살아있어서 심신의 기초가 되는 느낌을 말합니다. 지금 여기(here and now), 자신의 심신에 흐르는 느낌, 그것이 기초수입니다. 그럼 기초수에 대해 조금 더 생각해 보도록 합시다.

자, '기초수 수용'이라고 했습니다. 수용(受容)은 무엇일까요? 저항하지 않고 그대로 받아들이는 것입니다. 지금 나의 컨디션은 좋을 수도 있고, 좋지 않을 수도 있습니다. 좋을 때는 그나마 괜찮습니다. 그런데 좋지 않을 때는 거의가 스스로 불행하다고 느끼게 되고, 그다음에는 그 불행에서 빨리 벗어나고 싶다는 욕구가 일어나게 됩니다. 즉 기초수가 담담하다거나 좋다거나 할 때는 큰 문제가 없지만, 좋지 않을 때는 수용(受容)이 아니라 저항(抵抗)을 하게 됩니다.

여러분들이 지금 기초수가 좋지 않다고 봅시다. 방금 누구에게 '이놈아!' 하는 소리를 듣고 속이 상해 있습니다. 그렇게 속이 상해 있을 때 스스로를 관찰해보면 무엇을 하고 있을까요? 그 놈 새끼가 나한테 이놈아 해, 하면서 막 복수할 생각까지 할 수 있습니다. 이런 사람은 자기 관리를 지나치게 소홀히 하고 있는 것입니다. 그러면 그 사람이 진짜 해야 할 일은 무엇일까요? 바로 수용입니다. 수용이란 가치 판단을 하지 않고 그대로 느껴주는 것입니다. 여러분들이 감기에 걸려 있다고 합시다. 그러면 그때 기초수는 어떻겠어요? 좋지 않습니다. 몸에서 열이 느껴지고 머리가 욱신거립니다. 그러면 이때 이 기초수를 어떻게 해야 된다고 했지요? 수용해야 한다는 것입니다.

그럼 어떻게 하는 것이 수용일까요? 여러분들은 자신의 기초수를 함부로 대하지 말고 수용 방법론을 이해하고 그 방법론대로 해야 합니다. 자, 우선 감기로 머리가 욱신거리고 아프다고 가정해 봅시다. 이때 일단 세 단계로 수용을 생각하면 좋습니다. 첫 단계는 현재 느껴지는 느낌을 그대로 관조(觀照)하는 것입니다. 느낌을 그대로 느껴주는 것입니다. 느낌을 그대로 점두(點頭)한다, 고개를 끄덕인다, 다 같은 말입니다. 그대로 느껴주면 음, 어떤 느낌이, 어떤 강도로, 어떻게 흐르고 있구나, 하는 식으로 자신의 느낌을 환히 알게 됩니다. 그런데 그 기초수를 수용하지 않고 기초수에 대해 쌩! 한다면 이것이 바로 이중화살을 쏘는 것입니다. 아픈 것만으로도 고통스러운데 쌩! 하면서 독한 감정까지 일으켰으니 어떻겠습니까? 감기로 인해서 기초수가 좋지 않은데다 쌩! 하고 독소까지 뿜었으니 쌩! 하는 에너지의 피해를 곧바로 자신이 입게 됩니다. 그렇게 해서 이중 화살이 아니라 삼중, 사중, 오중 화살을 쏘면서 사는 것들이 인간들입니다. 수용이란 이중 화살을 쏘지 않고 그대로 느껴주는 것을 말합니다.

그러면 기초수 수용을 어떻게 하면 될까요? 감기로 인하여 몸이 욱신거리고 좋지 않다면 그것을 그대로 "음~" 하고 맛보듯이 수용을 합니다. 그리고 이렇게 감기에 걸린 것은 이러저러한 이유들 때문이 아니냐, 하면서 그 원인을 살펴보면 대체로 자신이 몸 관리를 잘못해서 그렇게 되었다는 것을 알게 됩니다. 내가 잘못 했지. 어젯밤에 이불을 제대로 덮고 잤으면 좋았을 텐데, 조금 덥다고 이부자리 차버리고 잤는데 새벽에 추워져서 감기에 걸린 거야, 하게 됩니다. 지금 느껴지는 느낌은 그 느낌이 생기게 된 조건이 있어서 그러한 것인데 그 조건을 바로 내가 만들었다 하는 것입니다. 온전히 내 책임이지, 하는 식으로 기초수의 배경이 되는 조건을 살피는 것입니다. 그리고 내가 지었으니 내가 달게 받아야 되는 거야, 하는 자세로 기초수를 그대로 받아들이라는 것입니다.

감기뿐만 아니라 가정에 우환이 생겼을 때도 마찬가지입니다. 가정에 우환이 생겼습니다. 남편이 일을 저지르고, 아들이 일을 저지르고, 아내가 일을 저지르고 하는 사건이 막 일어났습니다. 그럴 때도 그때의 곤혹스러운 느낌을 그대로 느끼면서 이렇게 생각해 봅니다. 저것이 저러할 때는 여차저차 한 사정 때문에 그러할 것이 아니냐. 그 과정에서 나는 무엇을 했느냐. 나는 그것을 방관했을 수도 있고, 내 책임을 다하지 못해서 이러한 일이 일어날 수 있다고 생각해 보면 어떨까요? 그러면 우환도 그대로 수용이 됩니다. 그리고 그 우환에 대한 대응은 그렇게 수용한 상태에서 차분히 생각하고 행동하면 됩니다.

그리고 이번에는 또 다른 방법으로 수용할 수도 있습니다. 내 몸은 우주의 일부분입니다. 그래서 내 몸에서 일어나는 일은 내가 혼자서 이러고저러고 한 것뿐만 아니라, 우주와의 관계에서 생긴 일이기도 합니다. 우주의 책임도 크다는 말입니다. 그러니까 우주에게 그 책임을 살짝 밀어주어 보십시오. 나에게 우환이 일어나고 이러고저러고 해서 몸에 병이 들었습니다. 그러면, 우주님, 이것은 당신 탓이기도 해요. 그러니 당신이 책임 좀 지세요, 하고 살짝 밀어주어 보라 하는 말입니다. 첫 번째는 내 책임으로 받아들여서 좋습니다. 그리고 두 번째로 우주에게 살짝 밀어주면 내 책임만으로 느낄 때 일어날 수 있는 부담감이 해소가 됩니다. 이것은 중도적인 대응법이 됩니다.

그리고는 세 번째는 이렇게 생각하는 것입니다. 나에게 일어난 나의 우환, 나의 느낌, 이것을 내가 스스로 다 용해하게 되면, 이것은 내가 우주의 어느 부분을 정화하는 것이다. 이렇게 생각하는 것입니다. 이렇게 생각하게 되면 이것은 다시 첫 번째로 가서 기초수를 나의 문제로 놓고 내가 수용하는 방법입니다.

아무튼 정말로 중요한 사안은 지금 여기(here and now)의 자기 느낌입니다. 이 느낌을 그대로 수용해 주어라 하는 것입니다. 그 느낌이 좋든 나쁘든, 자신이 다 따뜻하게 수용해 주어라 하는 것입니다. 그것은 행복 수위를 높이는 데 있어서 참으로 중대한 요인의 하나가 됩니다. 기초수 수용으로 여러분들 행복 수위가 쑥 높아지시기를 빕니다.

비아명상 이론

'나'
따져보기

여러분 감사합니다. 그리고 반갑습니다. 이 시간 여러분들과 공부할 주제는 **비아명상(非我瞑想)**입니다. 비아명상은 이론적인 쪽으로도 공부를 해야 하고, 또 실제로 명상을 실습해 보아야 됩니다. 이 시간은 비아명상에 대한 이론편이라고 알면 되겠습니다.

자, 우선, 비아(非我)라고 하면 내가 아니다 하는 뜻인데 이 말은 내가 없다 하는 무아(無我)와 똑같은 개념으로 아시면 됩니다. 불교 쪽에서 처음에 썼던 개념은 무아(無我)입니다. 그리고 후에 비아(非我)라는 개념도 쓰이게 되었습니다. 더 뒷날로 가면서 이 개념들은 공(空)으로 정리가 됩니다. 그래서 긍정논리가 아니라 부정논리와 같은 논리성을 띤 것이 바로 무아다, 비아다, 공이다 하는 것입니다. 여기에서 긍정이다, 부정이다 하는 말은 좋다 나쁘다가 아니고, 유위(有爲)냐 무위(無爲)냐를 의미하는 것입니다. 비아(非我, 내가 아니다)와 무아(無我, 내가 없다)는 같은 개념이고 공(空)도 같은 개념입니다. 여기에 이렇게 분명히 손이 있는데 비아 철학으로는 손이 아니다 하는 겁니다. 손이라고 하는 실체가 있는데 무아라는 단어를 쓴다면 무실아(無實我)라고 해서 손이 없다고 하는 논리입니다. 이 논리가 어떻게 느껴집니까? 무언가 이해가 됩니까?

 무아나 비아를 이해하기 전에 먼저 따져 볼 일이 있습니다. 자, 이 세상 사람들이 사는 모습을 가만히 보십시오. 그리고 인류사를 한번 보십시오. 인류사를 가만히 볼 때 무엇이 잡힙니까? 물론, 관점을 어느 쪽으로 하느냐에 따라 달라지겠지만 저는 그냥 인류사라고 하면 자연스럽게 싸움의 역사로 보입니다. 그래서 이 좁은 지구 위에서 사람들이 살면서 어째서 그렇게도 서로 치고 받고 죽이고 하는 그런 역사를 살고 있는가 하게 됩니다. 그때마다 참 아픕니다. 이 일을 어찌해야 됩니까. 그리고 서로 싸우는 것은 제외시킨다 해도 세상 사람들이 행복하게 사는지 살펴보면 죄다 아침부터 저녁까지 초조하게 근심걱정을 하며 살고 있는 것으로 보입니다. 물론 이것은 저의 해석이기는 합니다. 사실의 문제가 아니라 해석의 문제라는 말입니다. 그렇지만 그렇게 해석이 된다는 것입니다. 오죽하면 사성제(四聖諦)에서 일체개고(一切皆

苦), 존재하는 모든 것은 고통이라고 하였겠습니까.

개인적으로 보면 한없는 고통이고 관계적으로 보면 한없는 갈등과 싸움이 일렁이고 있는 곳이 이 사바세계입니다. 그러면 우리는 어찌 해야 되겠습니까? 이 대내적인 고통과 관계적인 갈등, 싸움, 이것에서 벗어나야 되겠습니까, 아니면 그 늪에 그냥 빠져서 그것이 인생이라고 하며 살아야 되겠습니까? 물론 벗어나야 합니다. 벗어나려면 그 방법론이 있어야 할 것 아니겠습니까? 그렇지요? 당연히 방법론이 있어야 합니다.

자, 그러면 이제 조금 더 구체적으로 집요하게 파고 들어가 봅시다. 자, 우선 내가 지금 괴롭다고 합시다. 그런데, 괴롭다, 내가 괴롭다 할 때는 대전제가 있습니다. 그 대전제는 괴로운 '나'가 있다는 것입니다. '나'라고 하는 것이 있다는 것입니다. '나'가 있으니까 그 '나'가 괴로운 것입니다. 그다음에 내가 괴롭다는 것은 꼭 '무엇으로' 괴롭다는 말입니다. 돈이 없어서 괴롭다, 권력이 없어서 괴롭다, 명예가 없어서 괴롭다, 하면서 그 돈, 권력, 명예로 괴로워하는 것입니다. 그래서 나라고 하는 존재가 있고, 무엇이라고 하는 존재가 있어서 그 '있음' 때문에 괴로움이 진행이 된다는 말입니다. 관계도 마찬가집니다. 내가 있고 네가 있기 때문에 관계가 맺어지고, 내가 이기적으로 나오고 네가 이기적으로 나오니까 싸움이 일어납니다. 그래서 대내적인 고통으로 보나 대외적인 갈등으로 보나 '내가 있다' 하는 전제를 깔고 그 일이 다 일어나는 것입니다.

　그래서 이 '나'를 작업해야 합니다. 석가모니에게도 이 '나'가 있었습니다. 그런데 이 몸이 조금 살다가 죽는다는 것이 너무도 고민스러웠습니다. 아, 이것이 무슨 일일까. 내가, 이 살기 좋은 이 세상에서 영원히 살지 못하고 죽게 되어 있단 말이야. 나는 죽는 것이 싫다, 싫어. 이것이 어린 석가모니, 싯다르타 태자의 고민이었습니다. 이래서 그것을 해결하려고 산 속으로 나가게 됩니다. 자, 여러분들은 어떻습니까. 여러분들은 그런 고민이 좀 있으십니까, 아니면 없으십니까? 사람들은 아이고, 그런 고민하기로는 내가 다른 일로 너무 바쁩니다, 하고들 살고 있습니다. 예, 그것이 이해도 됩니다. 참으로 불쌍한 일입니다. 아무튼 무슨 일을 해서든지 이 존재가 근본적으로 해탈 구원될 수 있는 길은 있어야 합니다. 그런 길을 한 번 가보자고 마음먹지 않은 사람에게는 이런 법문은 별 의미가 없습니다. 그런데 여러분들이 살아가면서 끝내 내 혼이 우주적인 평화로움, 우주적인 고요함, 탁 트여버린 자유를 좀 살게 하고 싶소, 하는 마음이 든다면 지금 하고 있는 이 법문 쪽에 다가와야 됩니다.

　자, 나라고 하는 것이 있기 때문에 괴롭다고 한다면 그러면 내가 도대체 어떤 존재인가 하고 그 나를 좀 바로 보아라, 하는 말입니다. 나를 바로 보면 어떻습니까? '나'라고 하는 존재를 가만히 보았더니 이 '나'라고 하는 존재는 어머니 아버지 없이는 존재하지 못합니다. 할아버지 할머니 없이는 존재하지 못합니다. 외할아버지 외할머니 없이도 존재하지 못합니다. 그러니까 나라고 하는 존재를 더 제대로 뜯어보면 볼수록 이 '나'는 다른 모든 것과 관계됨으로써 존재하는 것이지 혼자 존재할 수 없다는 사실이 점점 고개 끄덕여집니다. 그러면서 아, 내가 나, 나, 나, 나, 하면서 이 몸뚱이 이것을 나, 나 했는데 이것을 '나'라고 제대로 하려면 다른 것까지를 합해서 '나'라고 해야 되겠구나, 하는 자각에 이르는 겁니다. 또 내 속으로 따지고 들어가도 마찬가집니다. 속으로 따지고 들어가도 심장과 폐와 위장, 대장, 세포, 근육, 뼈대 등등이 서로 얼개를, 관계를 맺음으로써 이 몸이 성립된 것이지 어느 것 하나만 딱 끊어서 무엇이라고 할 수가 없겠구나, 하는 것이 다 드러납니다. 우주 전부를 뜯어보면 뜯어볼수록 존재하는 모든 것들은 다른 모든 것들과 관계를 맺음으로써만 존재한다는 자각(自覺)이 깊어지고 깊어지는 법입니다. 이 자각이 깊어지게 되면 결론적으로 내가 나, 나, 나, 나, 하고 집중하며 살았으나 참으로 '나'라고 할 만한 것은 없구나, 하는 것이 점점 확연해져 버립니다. '나'라 할 만한 것이 없다는 것이 확연해지면 절로 나, 나, 하면서 고뇌했던 고뇌가 사라져 버리게 되는 법입니다. 이 고뇌의 사라짐을 깨달음이니, 해탈이니 하는 것입니다.

어떻습니까? 이것이 비아명상의 실제입니다. 여러분, 여러분들이 진정 자유로워지시고 싶다면 자아(自我)를 바로 관찰하십시오. 그러면 '나'라고 할 만한 것이 없다는 깨달음에 이를 것입니다. 꼭 그러하시기를 빕니다. 감사합니다.

비아명상 실습

'나없음'의 자유 누리기

여러분 반갑고 감사합니다. 이 시간에는 비아명상을 구체적으로 어떻게 관행할 것이냐 하는 **비아명상(非我瞑想) 실습**을 공부하기로 합시다. 비아(非我), 무아(無我), 공(空)은 다 같은 개념입니다. 그 말은 세상에 존재하는 것은 그것이 아니다, 세상에 존재하는 것은 없다, 세상에 존재하는 것은 다 공하다, 공도 공하다 하는 그런 철학입니다. 이런 철학이 우리 인간의 절대적인 행복에 도움을 주기 때문에 저 같은 사람은 참으로 진지하게 매달리고 있는 것입니다.

자, 비아다. 내가 아니다. 이것을 '나'라고 했는데 '나'가 아니다. 이것을 '나'라고 했는데 무아(無我)라고 한다는 말입니다. 이것이 받아들여지십니까? 받아들여진다고 하면 그것이 하나의 도통(道通)입니다. 얼른 받아들여지지 않지요? 그래서 조금 공을 들여야 되는 겁니다. 아무튼 결론적으로 이 몸뚱이, 이 존재, 내가 평생 나, 나, 나, 나, 나, 나, 하고 살던 그 '나'라고 하는 것은 '나'가 아니다. 평생 나, 나, 나, 나, 나라고 하던 그 나는 없다고 하는 것을 아직은 모르기는 하나, 성자들이 거짓말을 했을 리는 없고 그러니까 일단 믿음으로 받아들여 버리십시오. 그것도 괜찮습니다. 내가 모르기는 해도 없다고 하니까 내가 한번 없음 쪽으로 서 보아야겠다, 하는 그런 식입니다. 그러면 내가 없다, 내가 아니다, 공하다, 하는 이것이 왜 그토록 필요하겠습니까? 그것은 내가 있다고 여기면 그 있다고 하는 그 점에서 일파만파로 한없는 고통과 전쟁이 따라오기 때문입니다. 그렇기 때문에 모든 존재의 고통과 그 관계에서 일어나는 모든 전쟁을 원천봉쇄(源泉封鎖)하고 발본색원(拔本塞源)할 수 있는 그런 길이 없겠느냐, 하고 묻게 되는 것입니다.

그렇다면 그런 길이 쉽겠느냐고 할 때, 어렵다고 해도 크게 틀린 말은 아니지만 쉽다고 해도 또한 틀린 말은 아닙니다. 나다, 하는 이 한 생각 때문에 안으로는 지옥이 생기고 관계에서 전쟁이 생긴다고 하면 그 '나다'고 하는 이 부분을 어찌해야 하겠습니까. 그러면 '나'를 바로 보아라. 바로 볼 것 같으면 '나'는 없는 것이다, 하는 것이 위에서 한 말입니다. 그러면 이때 어떻게 바로 볼 것이냐 하는 문제입니다. 길은 일단 두 가집니다. 먼저 없음의 이치를 깨달아라, 하는 것입니다. 비아를, 무아를, 공을 깨달아라, 하는 것입니다. 그것이 '오(悟)'입니다. 그리고 '오'한 다음에는, '수(修)', 닦아라, 하는 것입니다. 닦는다는 말은 무슨 말일까요? 운 좋게 오(悟)를 했습니다. 와-! 역시 나라고 하는 것 없어! 하고 깨달았습니다. 오(悟)했습니다. 그렇게 깨달았으면 이제 누가 "이 새끼야!" 하고 욕을 하면 "이 새끼야!"의 대상인 '나'가 없으니까 그냥 음, 음 하면 됩니다. 그런데 사실은 어떻습니까? 속이 확 상해버립니다. 왜 상할까요? 없다고 분명히 선언을 하고 없는 이치를 알았는데 "이 새끼야!" 하니까 왜 속이 확 상해버릴까요? 왜 그러겠습니까? 여러분들, 왜 그럴 것 같습니까? 그것은 과거에 나, 나, 나, 나, 나, 나, 하고 살았던 삶의 관성, 습성, 그런 것들이 심신에 배어 있기 때문입니다. 머리로는 나란 없구나 하는 것을 좀 깨달았다 하더라도 그 깨달음의 인격화가 아직 덜 되었다는 뜻입니다. 그래서 먼저 깨닫고, 머리로 깨닫고 그다음에 이 깨달음이 인품화 되도록 닦아라, 하는 것입니다. 답은 너무도 환하지 않습니까?

그러면 여러분들이 깨달을 일도 중요하고 닦을 일도 중요합니다. 자, 우선 깨달았다고 치고, 여러분들이 나 없음을 깨달았다고 치고, 닦을 때는 무엇을 닦으면 되겠습니까? 바로 그 깨달음을 반복해주는 것이 닦음입니다. 그리고 등등, 닦을 것들이 또 있습니다. 몸도 건강해야 닦을 수 있으니까 운동하는 것도 닦음이고 아플 때는 약을 먹는 것도 닦음입니다. 그래서 닦을 것들이 많지만 그 중에서도 깨달았던 것을 반복해서 또 깨닫고, 또 깨닫고 해서 깨달은 것을 반복하는 것이 닦음 1호입니다. 그래서 천재란 반복이 낳는다, 하는 것은 닦음을 강조하는 말입니다. 천재는 어떤 것을 반복할 때 탄생되는 것입니다. 한국의 1인자 피아니스트가 되려고 한다면 어찌해야 합니까? 이론만 가지고는 안 됩니다. 이론을 환히 알더라도 이론에 맞추어서 실제로 연습을 해야 합니다. 반복, 반복, 반복해서 건반을 치고, 치고, 치고, 치고, 쳐야 피아니스트 대가가 됩니다. 모든 것이 다 그렇습니다. 피아니스트만이 아닙니다. 하다못해 주먹꾼이 된다고 하더라도 똑같습니다. 주먹의 이치를 알았습니다. 그렇지만 주먹은 아직 약합니다. 그럼 알고 있는 이치대로 반복, 반복, 반복하며 주먹 단련을 해야 합니다. 마찬가지로 내가 없음을 알았습니다. 아, 이러이러하므로 없구나! 하고 알았습니다. 그것을 안 다음에는 무엇을 해야 합니까? 알고 있는 그것을 반복하라는 것입니다. 과거에 내가 나, 나, 나, 나, 나를 만 번 해서 나다 하는 것이 익어져 있다면, 익어져 있는 이 '나'로부터 해방되려면 없음의 이치를 알고 이러이러하므로 역시 내가 없구나, 하면서 또 한 번 생각하고, 역시 없네, 하면서 두 번 생각하고, 어허, 역시 나라고 하는 것 없어, 하고 세 번 생각해 봅니다. 이렇게 해서 나라고 하는 것이 없어 하는 것을 만 번 생각하고 있으면 과거에 만 번을 나, 나 하면서 익어졌던 자아(自我)는 깨끗해져 버리는 것입니다.

또 여기에 굉장히 효과적인 방법도 있습니다. 조용하게 마음을 가라앉힌 선정(禪定)상태에서 이러이러 하므로 나라는 것은 아니네, 이러이러 하므로 나라는 것은 없네, 하고 심도 있게 한 번 딱 생각하게 되면 과거에 수천 번 생각해서 길러졌던 습이 한 몫에, 그 한두 번의 비아관(非我觀)으로 확 사라져 버리게 됩니다. 그래서 삼매(三昧)라고 하는 닦음도 요청되는 것입니다. 그러나 무엇보다도 먼저 선행해야 할 것은 깨달음입니다. 참고적으로 말씀드립니다만 그 깨닫기 위한 방편은 내가 쓴 《공(空) : 공을 깨닫는 27가지의 길》이라는 책에 27가지가 소개되어 있습니다. 27가지 방편을 한번 읽어가다 보면 그 중에서도 더 마음에 닿는 것이 있을 것입니다. 마음에 와 닿는 방편을 더 집중적으로 반복하는 것도 한 요령입니다. 그 중 한두 개만 예를 들어 봅시다.

영시고공(永時故空)이라고 하는 법이 있어요. 자, 생각해 봅시다. 영원한 시간 차원에서 볼 때 지구의 역사는 있을까요, 없을까요? 영원이라고 하는 시간 차원에서 볼 때 지구의 역사가 있겠습니까? 없는 법입니다. 무한분의 1이 제로(0)이듯 무한분의 백만도 제로(0)입니다. 그래서 아, 영원한 시간 차원에서 보니까 지구 뿐만이 아니라 138억 년이라고 하는 우주의 역사도 한 순간에 일어났다 사라지는 것에 불과하구나, 하고 관념 속에서 확연해집니다. 그러면서 우주가 고요해집니다. 하물며 지구의 역사는 더 말할 것도 없습니다. 우주가 홍로점설(紅爐點雪)인데 어떻게 지구가 존재 의미를 내세울 수 있겠습니까? 게다가 지구 속에 존재하는, 백 년도 못 사는 이 몸뚱이를 가지고 '나'이노라, 하고 '나'라고 하는 명함을 내밀 자리가 없습니다. 그래서 영시고공이라고 하는 그 깨달음이 수긍이 된다고 하면 그것을 한 번 생각하고, 두 번 생각하고, 세 번 생각하는 과정에 자아(自我) 뿐만 아니라 일체의 경계에 대해 집착하던 마음이 사라져 해탈감을 향유하게 됩니다. 우주라고 하는 것이 붙어 있을 순간도 없음을 확연하게 느끼게 되는 것이지요. 그래서 인간의 상상력이 참으로 복(福) 중의 복임을 거듭 느끼게 됩니다.

 다시 한번 이릅니다만, 여러분들의 고통과 싸움의 뿌리는 여러분들이 '나다!'라고 여기는 그 알량한 마음가짐 하나에서 다 나온 것입니다. 진정으로 대자유를 얻고 싶으면 그 '나다!'라고 하는 그 부분을 바로 보십시오. 바로 보게 되면 나라고 할 만한 것이 진정 없구나, 하는 것이 고개 끄덕여질 것입니다. 그리고 그렇게 고개가 끄덕여지는 순간 느껴오는 대자유감이 있을 것입니다. 그 대자유감을 한 번 경험하고, 두 번 경험하고, 세 번 경험합니다. 그렇게 경험하다 보면 어느 임계선을 몇 차례 넘습니다. 그때, 와! 이 정도 되면 괜찮지 않은가! 할 정도로 자유로워집니다. 느낌에 눈을 뜨십시오. 인생에서, 깨달음에서 느낌에 눈뜬다는 것이 얼마나 중요한가를 안다는 것 자체가 중대 깨달음 하나가 됨을 거듭 강조합니다.

거듭, 거듭 강조합니다. 여러분들이 한 세상을 실뱀 같은 상태로 살지 않고 진정 우주적인 대자유로 살아 보신다면 얼마나 좋겠습니까. 그 길은 오직이라 할 만큼 '자아(自我)'라는 구획의식(區劃意識)에서 벗어나는 것입니다. 이를 위해 비아명상(非我瞑想)이 획기적(劃期的)인 방편임을 천번 만번 강조해도 넘칠 수 없습니다. 오늘 말씀이 여러분의 대자유에 조금이라도 보탬이 되었으면 좋겠습니다. 감사합니다.

나지사 명상

분노
다스리기

여러분 반갑습니다. 그리고 아주 감사합니다. 내가 세상에 내보내고자 하는 메시지가 있는데 여러분들이 계시기 때문에 이 메시지를 내놓을 수 있지 않겠습니까? 메시지를 내보낸다는 것은 세상을 위해서도 좋겠지만, 우선은 저를 행복하게 하기에 좋습니다. 내 속에 좋은 것이 있는데 혼자만 가지고 있으려면 좀 아깝습니다. 그런데 그것을 나누어 줄 수 있는 사람이 있다는 것은 참 행복한 일입니다. 그런 의미에서 여러분들 진정 감사합니다.

오늘 이 시간에 나눌 공부 주제는 **나지사 명상**입니다. 나지사 명상이란 구나-겠지-감사 명상의 뒤 글자를 따서 만든 말입니다. 나지사 명상이라고 하는 것도 행복을 위한 하나의 도구입니다.

사람과 동물의 다른 점은 물론 여러 측면으로 나누어 볼 수 있습니다. 그 중에서도 단적인 측면 하나를 든다면 사람은 도구를 활용한다는 것입니다. 동물들은 거의 도구 활용을 못합니다. 동물 중에서 영장류 쪽은 다소 도구 활용을 한다고 합니다. 그런데 인간의 삶이야말로 완전히 도구의 역사입니다. 모든 문화 문명을 전부 도구의 이름으로 다시 써도 될 것입니다. 사람은 왜 도구를 활용할까요? 그 답은 바로 '더 행복하려고'입니다. 인간들이 삶의 모든 측면에서 보다 더 편리하고, 보다 더 행복하려고 개발하고 또 개발한 것이 도구입니다. 나지사 명상도 하나의 도구입니다. 그러면 지금부터 마음의 큰 평화를 위해서 나지사 명상이라고 하는 도구가 어떻게 활용되는지 한번 생각해보기로 합시다.

그냥 이렇게 있다가 환경과 딱 마주치는 것이 인생입니다. 환경은 단적으로 두 차원밖에 없습니다. 물론 복합적으로 표현할 수도 있지만 단적으로 표현하면 순경(順境)과 역경(逆境) 두 차원뿐입니다. 어떤 환경을 접하면 기분이 좋아집니다. 그 환경을 순경이라고 합니다. 그런데 어떤 환경을 접하면 괴로워집니다. 그것은 역경이라고 합니다. 물론 순경이냐, 역경이냐 하는 것은 객관적인 사실이라고 할 수 있는 측면도 있겠지만 실은 전부가 주관적입니다. 뱀이라고 하는 똑같은 대상(환경)을 보고 '헉!' 하고 소름이 끼치고 괴로워지는 사람도 있지만, 뱀을 보고 군침이 싹 도는 사람도 있습니다. 즉 뱀이 순경일 수 있는 사람도 있다는 말입니다.

아무튼 주관적이기는 하나, 결국은 순경과 역경이라는 두 차원뿐입니다.

순경을 접했을 때는 기뻐지고 행복해지니 그것은 일단 괜찮습니다. 인생에서 그렇게 순경만 접하고 산다면야 그저 즐겁겠지요. 그런데 인생에는 순경보다 역경이 더 많습니다. 여러분들은 어떻습니까? 순경이 더 많습니까, 아니면 역경이 더 많습니까? 순경이 더 많은 사람은 그냥 알 수 있습니다. 그런 사람은 얼굴이 살짝 웃고 있습니다. 그 사람은 순경을 많이 만나다 보니 늘 웃는 얼굴이 된 것입니다. 늘 웃다 보면 웃음 근육이 발달해서 그렇게 웃는 얼굴이 되는 법입니다. 그런데, 나의 경우는 그렇지 않았습니다. 나는 스스로가 내 얼굴을 보면 참 한심스러웠습니다. 왜냐하면 역경을 너무 많이 경험하면서 우울하고, 우울하고, 또 우울해서 얼굴에 막 우울 근육이 생기는 그런 상황으로 살아왔습니다. 나는 거울을 세 번이나 깼습니다. 그래서 얼굴을 보면 아하, 저 양반은 역경을 많이 경험했구나, 할 수가 있다는 말입니다. 물론 단적인 이야기는 아닙니다. 그렇기 때문에 그 역경 극복을 어떻게 할 것인가에 대해서 어느 누구보다도 많이 머무르면서 사색을 하게 되었다는 말입니다. 그 결과 내가 구나, 겠지, 감사, 즉 나지사 명상이라고 하는 도구를 개발해서 그것을 잘 활용하여 지금은 역경이라고 할 것이 없게 되었습니다. 남들이 보건데 용타스님 역경에 걸려 있네, 할 수 있겠지만 나에게는 역경이 아닙니다.

그냥 군침이 납니다. 역경이 괴로운 것이 아니라 그냥 흥미로워진 다는 말입니다.

  그러면 나지사 명상을 한 번 해 봅시다. 우선 '구나' 하는 것입니다. 누군가가 나에게 "이놈아!" 하였다면 그것은 역경이라고 볼 수 있겠지요? 그런데 내 속에서는 역경이 아니라 순경입니다. 그것은 아무개가 나에게 "이놈아!" 하는 구나, 하고 사진을 딱 찍기 때문입니다. 그렇게 사진을 딱 찍게 되면 그냥 한줄기 바람이 내 몸을 스치고 지나간 것과 같이 그것이 그대로 수용됩니다. 아무개가 나에게 "이놈아!" 한 상황이 역경을 넘어서서 순경이 되는 것입니다.

  그다음이 '겠지'입니다. 저 사람이 나에게 이놈아 할 때는 이놈아 할 만한 사정이 있겠지, 하는 것입니다. 어떤 사정이 없는 상황은 없는 법입니다. 어떤 경우나 사정이 있겠지, 하게 되면 어떻습니까? 그렇게 되면 역경에 걸려서 허우적대지 않고 빙그레 미소가 지어지면서 고개가 끄덕여집니다. 그 사정 중에 이런 것이 있을 수 있습니다. 내 인품이 공기처럼 고요하고 맑은 인품이라고 한다면 저 사람이 이놈아 하게 되겠습니까? 그러니까 그럴 때 나는 이렇게 생각합니다. 그래, 내가 공기처럼 고요하고 밝고 맑지 못하지 않느냐. 그렇기 때문에 이놈아 하게 될 수 있다. 내 부덕이 문제다. 내 부덕으로 내가 지금 이놈아 하는 소리를 듣는 것이다. 그렇게 되면 저 사람에게 '쌩!'하는 마음이 일어나지 않습니다. 오히려, 내 모습을 직면시켜 주셔서 감사합니다, 하는 식으로 전환하게 됩니다. 그래서 역경이라고 하는 것은 내가 어리석을 때 생기는 것입니다. 그 역경계라고 하는 것은 도구를 조금만 활용하면 사라져 버리는 것입니다.

또, 방금 감사 이야기도 나왔습니다만, 그만 하니 감사한 것입니다. 저 사람이 아주 나쁘다면 "이놈아!"로 끝내지 않습니다. 저 사람이 더 나쁘다고 하면 내가 가만히 앉아 있는데 그냥 몽둥이로 뒤통수를 쳐서 졸도시킬 수도 있는 것 입니다. 그런데 내 앞에서 "이놈아!" 정도로 끝내준 것은 확실히 그만하니 감사한 것입니다. 그래서 그 어떤 역경에도 '구나'일 뿐이고 '겠지'일 뿐이고 '감사'일 뿐입니다.

그래서 내가 '구나, 겠지, 감사'로 한 번 생각해 보고 두 번 생각해 보고 세 번, 네 번 하면서 한 백여 번만 '구나, 겠지, 감사'라고 하는 이 도구를 활용하다 보면 내 몸에 '구나, 겠지, 감사'가 익어들게 됩니다. 그렇게 익어드는 그것을 인품이라고 하는 것입니다. 그래서 '구나, 겠지, 감사'와 같은 지혜의 신념 체계가 내 몸에 익어들면 그것은 나의 덕성이 되는 것입니다. 나는 온 천하의 사람들이 역경계에 얽매이지 않았으면 좋겠습니다. 어떤 역경계라도 빙그레 미소 지으면서, 음, 여차저차 하는구나. 그럴 만한 사성이 있겠지. 그만 하니 감사하지 않느냐, 할 수 있다면 정말 좋겠습니다. 여러분들, 순경계는 즐기세요, 그리고 역경계를 만나면 일단 '구나, 겠지, 감사' 명상을 하는 것입니다. 자, 여러분들의 가슴에서 행복의 향기가 뿜어져 나오기를 빕니다. 그리고 여러분들 가정에서도 '구나, 겠지, 감사'로 평화의 향기가 가득히 피어나시기를 빕니다. 감사합니다.

죽음명상

탐심을 놓고
잘 죽는 법

　이 시간 공부 주제는 **죽음 명상**입니다. 죽음 명상이라는 말이 듣기에 괜찮습니까? 괜찮아야 합니다. 누구나 한 번은 맞이해야 할 죽음입니다. 죽음 명상! 지금 죽음이 와서 간다고 상상해보면 쉽게 가지 못하게 하는 것들이 잡힐 것입니다. 그것이 무엇인가 하면 바로 '걸림'입니다. 현실 생활 속에는 내가 의식하든 못하든 간에 걸려있는 사안들이 있습니다. 그러면 걸려있는 사안들이 있는 정도만큼 나는 부자유를 살고 있는 것입니다. 걸려있는 정도만큼 나는 무엇인가 탐욕하고 집착하고 있다는 뜻입니다. 그런데 죽음 명상을 통해서 그런 걸림들을 정리해버린다면 어떻겠습니까? 깨끗이 정리하고 "아, 지금 가도 돼." 하는 마음상태가 된다면 어떻겠습니까? 죽음이 와서 가자! 할 때, 음? 그래, 그러면 가자, 하고 아무 걸림 없는 마음상태가 된다고 하면 참으로 좋겠지요.

죽음의 사자가 와서 가자고 할 때 이것 때문에, 저것 때문에, 또 그것 때문에, 아이고, 안 되겠어, 안 되겠어, 하는 상황이 된다면 그 이것, 저것, 그것들은 나의 걸림입니다. 이 걸림을 가지고 있다고 하면 어떻겠습니까? 그 첫 번째 불이익은 그런 걸림을 가지고 있는 정도만큼 지금 여기 내가 온전한 자유를 살지 못하게 된다는 것입니다. 두 번째 불이익은 그런 마음을 가지고 죽었다 하면 다음 세상에 태어날 때 걸려 있는 이 염체(念體)들 때문에 자신이 태어나고 싶은 곳에 자유스럽게 태어나지 못하고 걸려있는 염체가 이끄는 쪽으로 가게 된다는 것입니다. 그런 사람은 살았을 때도 자유롭지 못하고 죽어서도 마음대로 못하는 유감스런 삶을 살아야 하는 것이다. 그렇다면 어찌 해야 하겠습니까? 지금 죽음의 사자가 와서 가자! 할 때 오케이, 갑시다, 하는 마음이 될 필요가 있다는 것 입니다. 어떻게 하면 그렇게 될까요? 그렇게 되기 위해서 바로 죽음 명상을 하는 것입니다. 죽음 명상은 특별한 요령이 필요 없습니다. 본인이 죽음 명상을 해보면 자기 속에서 요령이 생깁니다. 그렇지만 여기에서 조금 힌트를 드릴까 합니다.

자, 죽음 명상의 첫 유념점(留念點)은 실감(實感)입니다. 정말로 죽음의 사자가 와서 지금 바로 가자고 한다는 상상을 해보는 것입니다. 사실처럼 아주 실감나도록 상상하는 것입니다. 실감(實感)이 나는 정도만큼 진정성 어린 죽음 명상이 됩니다. 사실은 죽게 되어 있는 게 아니고 지금 그냥 명상 삼아서 한 번 해보는 거야. 죽음이 와서 가자고 한다고? 그래? 그럼 가지, 뭐. 이런 정도로는 안 된다는 말입니다. 진짜 죽음이 닥쳐와서 '가!'라고 할 때 어떻겠는가? 죽음의 실감도를 높이면 높일수록 무엇이 나를 가로막고 있는가가 선명히 보입니다. 지금 죽음이 딱 와서 가자! 한다고 상상하면 이때 죽음을 선뜻 수용하지 못하게 하는 나의 탐욕과 직면하게 됩니다.

그래서 죽음 명상의 두 번째 유념점은 직면(直面)입니다. 수련장에서 보면 나는 노모(老母) 때문에 못 간다, 하는 사람이 있습니다. 그러나 그것도 책임감이라고 하는 탐욕입니다. 늙으신 어머니, 늙으신 아버지가 아니라 그 무엇을 놓고 가야 한다 해도 지금 죽게 되었다고 하면 자신의 몫은 거기까지이고 지금은 가게 되어 있는 것뿐입니다. 노모 찾고 아들 찾고, 뭐 찾고 할 수가 없습니다. 무엇 때문에 안 돼, 할 때의 그 무엇은 끝내 자기 속에 들어있는 세상에 대한 탐욕입니다. 책임감도 역시 탐욕입니다. 석가모니가 태자의 지위를 버리고 산 속으로 확 가버렸을 때 나라에 대한 책임감이라고 하는 탐욕을 놓고 갔던 것입니다. 어떻습니까? 죽음이 와서 기지고 한다면 여러분들은 어떻겠습니까? 실감 있게 죽음 명상을 해보십시오. 그리고 그다음에는 무엇이 죽음의 수용을 가로막는지, 그 무엇, 무엇, 무엇들을 직면해 보십시오. 수련장에서는 다양한 걸림들이 나타납니다. 어린 딸 때문에 못 죽는다. 80세 넘은 어머님을 모시고 있는데 내가 죽게 되면 그 노모님이 어떻게 되겠는가, 아, 그 노모님 때문에 도저히 죽을 수 없다. 또 어떤 사람은, 사실은 내가 돈을 아끼고, 아끼고, 아껴서 어느 정도 모아 두었는데 그 돈을 하나도 못쓰고 죽는 것이 억울해서 못 죽겠다, 하기도 합니다. 또는, 서울에서 제일가는 미인과 지금 연애 중으로 며칠날 결혼하게 되어 있습니다. 그러니 나는 절대로 못 죽습니다. 그렇게 나오기도 합니다. 그래서 내가 그 사람에게 무엇이라 했을까요? 네가 제대로 사랑을 한다면, 제대로 연애를 한다면 지금 딱 죽을 수 있는 그 마음을 가지고 해라, 그랬습니다.

첫째는 실감(實感)도를 높이는 것, 둘째는 직면(直面)해서 무엇이 나를 가로막는가를 정확히 읽어내는 것입니다. 그다음, 세 번째 단계가 있습니다. 걸림은 일곱 개, 여덟 개가 있는 것이 아닙니다. 대개 두 세 개이고 많아야 다섯 개 정도입니다. 그래서 세 번째 단계는 읽어낸 그 세 개, 네 개의 걸림을 생각의 전환(轉換)을 통해서 해결하는 것입니다. 나를 가로막고 있는 것은 어떤 '사실'이 아니라 사실이라고 여기는 내 '생각'입니다. 그 생각은 문장으로 되어 있습니다. 예를 들면, 내가 죽게 되면 노모님이 비참하게 될 터이니 나는 죽음을 받아들이기 어렵다, 하는 문장으로 되어 있습니다. 이런 문장이 나를 가로막고 있는 것입니다. 그러니까 세 번째로 해야 될 일은 그 문장을 전환시키는 것입니다. 어떻게 전환시킬 수 있겠습니까? 우리 어머니가 어찌어찌 해서 죽을 수 없다, 하는 것을 전환시켜서 이렇게 생각해볼 수도 있습니다. 내가 죽으면 어머니는 거리를 헤매게 될 것이다. 그런데 어디어디를 헤매다가 용케도 용타 스님을 만나게 되든지 자비로운 목사님을 만날 수 있을 것이다. 어머니가 목사님을 따라가면 천국에 갈 것이고 스님을 따라가면 극락에 갈 수 있을 것 아니냐. 천국에 가든지 극락에 갈 수 있는 내 어머니의 길을 내가 지금 꽉 막고 있는지도 모르겠다. 이렇게 생각을 전환시킬 수 있으면 됩니다.

네 번째 단계는 전환이 되는 순간에 해탈감(解脫感)을 느끼는 것입니다. 생각이 전환되면 시원해진 느낌이 오게 됩니다. 이 해탈감이 죽음 명상의 완료입니다. 그러나 명상이 완료되지 못하여 해탈감을 느끼지는 못했더라도 죽음을 직면하면서 명상을 하고 나면 다양한 의미가 발견됩니다. 아, 내가 가족들을 대단히 사랑하고 있구나, 내가 죽음 명상을 뚫지는 못했으나 내 가정을 이토록 사랑하고 있음을 제대로 알았다, 하는 식으로 의미를 발견하게 됩니다. 그래서 실감, 직면, 전환, 해탈 그리고 의미(意味), 이 다섯 가지 정도를 유념하면서 죽음 명상을 하면 좋습니다.

그러면 명상을 얼마나 많이 하면 좋을까요? 아무리 못 해도 하루에 한 번 하십시오. 아이고, 나는 그렇게 못 합니다, 하면 일주일에 한 번은 하십시오. 그것도 못 합니다, 하면 한 달에 한 번은 하십시오. 그것도 못 합니다, 한다면 그런 사람은 공부하는 사람이 아닙니다. 한 달에 한 번도 죽음 명상을 못하겠다 하는 것은 말이 안 됩니다. 일주일에 한 번도 안 된다 하는 사람도 명상을 하지 않는 사람입니다. 천주교인인 어떤 수련생이 죽음 명상을 하면서 5분도 안 되서 죽을 수 있다고 선언했습니다. 어떻게 그렇게 빠르게 되느냐고 물었더니 그 사람은 매일 죽음 명상을 한다는 것입니다. 매일 하기 때문에 지금은 죽음이 온다고 상상을 하면 환희로워진다는 것입니다. 그러니까 아무리 못해도 일주일에 한 번은 해야 하고 하루에 한 번씩 한다면 대단히 좋을 것입니다. 나는 하루에도 몇 번씩 합니다. 참으로 좋습니다. 이 죽음 명상을 온전히 뚫을 것 같으면 다만 죽을 수 있는 마음 상태로 끝나는 것이 아니라 마음이 걸림 없는 상태가 되어서 툭 트여지게 됩니다. 단순한 죽음 명상이 큰 자유를 가져다 줄 것입니다. 감사합니다.

수행 4위

마음공부의
단계

    여러분 반갑고 감사합니다. 이 자리에 함께 하시는 인연공덕으로 몸 건강하시고, 마음속에 원하시는 일들 두루두루 성취되시고, 마음이 허공처럼 자유로워지시고, 그리고 여러분들 가족뿐만 아니라 여러분들 주변 모든 분들 참으로 행복해지시기를 빕니다.
    자, 이 시간에 다룰 공부 주제는 **수행 4위(修行四位)**입니다. 불교에는 수도위차(修道位次)라는 말이 있습니다. 수행 4위는 수도위차와 같은 말입니다. 수도, 수행, 같은 말입니다. 위차는 여러 단계라는 말입니다. 수행 4위란 그 단계를 넷으로 말하고 있는 것입니다. 수행의 단계에는 여러 가지 단계법이 있습니다. 복잡하게 나눈다면 56위로도 나눕니다. 선정 중심으로 나뉜 것은 명득정

(明得定)에서부터 멸진정(滅盡定)까지 13단계로 나누어서 이야기합니다. 그런데 단계가 많을수록 복잡해지고, 복잡해질수록 어려워집니다. 그러나 수행을 그렇게까지 복잡하게 이해할 필요는 없습니다. 서너 단계로 이해하면 좋습니다. 그래서 동사섭에서 그 모든 수행의 위차들을 전부 통합해서 가치관 정립, 체해탈, 용해탈, 무의식 해탈의 네 단계로 나누었습니다. 이것이 수행 4위입니다.

무엇인가 노력해서 이루려고 하면 자연히 단계가 필요합니다. 수행도 마찬가지입니다. 자, 여러분들, 수행에 관심이 있으신지요? 수행에 관심이 없다고 한다면 그것은 인품에 있어서 중대한 결손사항입니다. 왜 그럴까요? 마음을 가지고 있는 자는 마음이 보다 더 행복해지도록 마음공부를 해야 합니다. 그런데 마음을 가지고 사는 자가 마음에 대해서 어떤 작업도 하지 않는다는 것은 인생을 크게 잘못 사는 것입니다. 그래서 이 순간부터라도 여러분들께서는 마음에 관심을 가지시고, 내 마음이 보다 행복하게, 보다 해탈스럽게, 보다 고상하게 되도록 꼭 관리를 하시기 빕니다.

자, 그렇다면 여러분들이 수행을 해 간다고 할 때, 해야 할 일 1번은 수행에 관계되는 인문학 공부입니다. 수행에 관계되는 인문학이라고 하면 대단히 방대하게 될 수도 있습니다. 그런데 좁히고, 좁히고, 또 좁히게 되면 수행에 필요한 중대한 신념 체계 몇 개 정도를 딱 잡게 됩니다. 이것을 가치관이라고 합니다. 불교에서는 정견(正見)이라고 합니다. 수행에 상응하는 가치관을 정립하는 것입니다. 수행에 상응하는 가치관 정립. 그 말은 무슨 뜻일까요? 수행이란 무엇이며, 수행이란 왜 해야 하며, 수행이란 어떠어떠하게 하는 것이다, 등등을 정리하는 것이 가치관 정립입니다.

그러면 가치관 정립이 딱 되었다고 하면 그다음 단계는 무엇이겠습니까? 자연히 가치관대로 삶이 살아지게 됩니다. 가치관이 있다면 그것은 선반에 얹어놓는 것이 아니라, 내가 생활 속에서 그 삶을 살아야 됩니다. 삶으로 살다보면 가치관과 내 마음이 점점 일치가 되어갑니다. 그래서 어느 정도 일치가 되어가는 순간에 가치관에 상응하는 체험이 가슴 속에서 느껴지게 됩니다. 그 체험이란 단적으로 표현하면 해탈입니다. 마음이 자유로워지는 것입니다. 전에는 무엇으로 자꾸 걸리던 삶을 살았습니다. 걸리게 되면 마음이 불편하고 그것이 지옥입니다. 그런데 그렇게 걸리던 마음이 놓이는 것입니다. 그것을 해탈이라고 합니다. 가치관을 가만히 명상하고 있으면 가치관에 상응하는 마음이 되면서 마음이 자유로워집니다. 마음이 자유로워지면 이 상태를 체해탈(體解脫)이라고 합니다. 기초가 해탈되었다, 기본이 해탈되었다, 하는 말입니다. 체해탈이 되었다 하면 어떻겠습니까? 자연히, 내가 무슨 복이 있어서 이런 커다란 자유로움을 경험할 수 있게 되었는고. 아이고, 내 인생 성공했다! 그렇게 되는 것입니다.

그렇게 되면 그런 삶을 거듭 살 것 아닙니까? 그러면 자연히 따라오는 단계가 있습니다. 그것이 용해탈(用解脫)입니다. 삶 전반에서 걸리던 마음이 뚝뚝 끊어집니다. 과거에는 열심히 살기는 해도 여기 저기 걸리면서 살았는데 체해탈이 안에서 익어지게 되면 생활 전반에 걸쳐서 걸리던 마음들이 점점 걸리지 않게 됩니다. 그래서 자유로워집니다. 자유로움을 가지고 살게 됩니다. 이것이 용해탈입니다. 그래서 용해탈을 살게 되면 안으로 명상을 해도 환희롭기 그지없고. 움직이며 살더라도 걸림이 없이 자유로우니 이제 다 된 것입니다.

 그 정도면 더 나갈 필요가 없을 정도입니다. 체해탈과 용해탈이 깊어지다 보면 점점 깊은 무의식까지 정화되어 갑니다. 그 단계가 무의식 해탈입니다. 네가 꿈속에서도 그렇게 자유로우냐, 무의식까지도 그렇게 자유로울 수 있느냐, 하고 묻는다면 아무도 예, 그렇습니다, 하지는 못하는 법입니다. 그러나 궁극적으로는 무의식 해탈이 되어야 합니다. 그래서 용해탈이 정말로 잘 된 사람은 꿈속에서도 걸리지 않습니다. 또, 꿈보다 더 깊은 단계의 의식 차원에서도 걸리지 않고 열려져 있습니다. 그 상태를 무의식 해탈이라고 합니다. 그래서 내 의식 전체가, 여기 의식권에서부터 저 심층 전체가 일체 걸림 없이 허공처럼 자유로워질 때 그것을 구경각(究竟覺)이라고 할 것입니다.

 자, 여러분들이 마음공부를 하시려면 먼저 마음공부에 관계되는 가치관 정립부터 하십시오. 그리고 가치관 정립이 되었다면 가치관대로 실천을 해보십시오. 실천을 하다가 보면 자연히 자유로워져가고, 자비로워지며, 자재로워지는 마음을 경험하게 됩니다. 이렇게 경험하는 것을 체해탈이라 한다고 했습니다. 그리고 그러한 상태를 안으로 거듭 씹고, 씹고, 또 씹고 하면 체해탈이 깊어집니다. 체해탈이 깊어지면 생활 전반에서 걸림 없이 해탈스러운 삶을 살게 됩니다. 그것이 용해탈이라고 했습니다. 자, 용해탈로 익어져서 오늘도 명상을 하니 우주적인 자유로움을 느끼고 생활 속에서도 걸림이 없습니다. 그래서 가만히 있어도 자유롭고, 움직여도 자유로운 상태가 되었습니다. 그것이 용해탈인데 용해탈이 심화되고 심화되면 저 무의식까지 해탈되어서 구경각에 이르게 된다는 것입니다.

자, 여러분들이 세상에 태어났다 하면 궁극적으로 할 일은 여러분들의 마음 관리입니다. 여러분의 그 소중한 마음을 적당히 던져놓아서는 안 됩니다. 여러분께서 가치관 정립, 체해탈, 용해탈, 무의식 해탈이라는 수행 4위를 유념하면서 참으로 우주적인 자유로움과 우주적인 자비로움으로 사시길 빕니다. 감사합니다.

행동 명상 이론편

행동하라!
정화되고 평화가 온다 1

여러분 진정 반갑고 감사합니다. 이 시간에 여러분과 공부해야 할 주제는 **행동 명상**입니다. 행동 명상을 이론과 실습으로 나눌 수 있다면, 이 시간엔 이론 쪽을 공부하겠습니다. 자, 행동 명상. 어떻습니까? 행동이 명상인가? 그렇습니다. 어떤 행동이 명상적 성과를 가져오면 그 행동을 행동 명상이라고 하는 겁니다. 예를 들면, 노래를 불렀더니 가슴이 시원해지면서 뚫린다, 하게 되면 노래 부르기가 명상입니다. '노래 명상'이지요. 춤을 추었더니 시원하다, 하면 '춤 명상'입니다. 그래서 요새는 명상이라는 이름이 붙은 것이 무척 많습니다. 어떤 행동을 해서 명상적인 성과를 얻는다면 그 행동을 해보아야 할 것 아닙니까? 그래서 그 행동을 해보아야겠는데 여러분들이 무엇인가 에너지가 딸린다고 생각되면 그 에너지에 동기를 팍 불어넣어주기 위해서 두 가지만 유념하십시오.

첫째는 정화와 평화라는 행동명상의 공덕입니다. 정화는 내 마음을 씻어주는 것입니다. 내 마음속에 있는 먹구름을 증발시켜 버리는 것입니다. 산에 확 올라갔다가 내려왔더니 가슴이 시원해졌다. 그러면 그 산행이 '등산 명상'이 되는 것입니다. 그다음은 평화입니다. 내 아들과 무엇이 서로 잘 맞지 않습니다. 자꾸 지글지글합니다. 그래서 아들과 함께 행동 명상을 해 봅니다. 아들아, 우리 춤 한번 추자, 하고는 아들과 함께 춤을 한번 신나게 추는 것입니다. 아들에게 아빠는 '아유~ 싫어'였는데 춤 한번 추고 났더니 갑자기 아빠를 끌어안게 됩니다. 춤이 평화를 가져온 것입니다. 그래서 정화와 평화입니다. 정화는 대내적인 것이고 평화는 대외적인 것, 관계적 차원의 공덕입니다. 이 두 가지를 떠올리면서, 이 행동을 통해서 내가 정화되고, 이 행동을 통해서 관계에 평화가 온다고 생각을 해보십시오. 그러면 누가 그 행동 명상을 하지 않겠느냐 하는 것입니다.

그리고 두 번째는 행동 명상을 구체적으로 어떻게 해야 할 것이냐에 대한 이론을 조금 이해하는 것이 좋습니다. 행동명상의 네 가지 원리를 이해하고 그 네 가지 원리대로 실천을 하리라, 이렇게 마음을 먹는 것이 좋습니다. 그리고 또 하나는 촌철을 기억하고 그것으로 자기가 행동명상을 실천하도록 부채질 해주는 것입니다. 그것은 저질러라, 하는 촌철입니다. 근엄한 사람에게 행동 명상을 하자고 하면 영 잘하지 못합니다. 그러니까 저질러라, 저질러라, 하는 촌철을 유념하십시오.

그러면 네 가지 원리 중에서 1번부터 이해해 봅시다. 행동 명상 4대 원리 중에서 1번은 행동주의(行動主義)의 원리입니다. 이 말은 심리주의에 대응되는 말로서 직접적으로 어떤 행동을 하면 문제가 해결된다 하는 원리입니다. 예를 들어 봅시다. 고양이 공포증이 있는 사람이 고양이에게 적응하는 행동을 해보는 것입니다. 처음에는 고양이를 100m 앞에 놓고 적응을 시작합니다. 차차 그 간격을 좁히면서 90m, 80m, 70m 하는 식으로 적응을 해나가면서 고양이 공포증에서 벗어나는 것입니다. 이런 것들이 행동주의 원리입니다.

두 번째는 단행정화(斷行淨化)의 원리입니다. 행동을 저질러서 단행을 하면 정화가 된다는 것입니다. 예를 들면 꺼이꺼이 울어버렸더니 정화가 되었다. 그러면 울음을 단행했더니 정화가 되었다는 것 아닙니까? 울어버렸더니, 분노를 터뜨려버렸더니 시원해지고 미웠던 놈을 마음으로 안게 되는 것입니다.

세 번째 원리는 동행친화(同行親和)의 원리입니다. 동행, 행동을 같이 하는 것입니다. 예를 들어 함께 술을 좀 마셨더니 친해졌다 하는 것입니다. 세상 사람들이 친해지는 방법이 그 동행친화의 원리입니다. 술을 함께 마시면서 친해지고, 함께 그냥 춤을 추고 친해지고, 함께 등산을 하며 친해지고, 함께 목욕탕에 가서 친해집니다. 이렇게 이런저런 것을 함께 하게 되면 친해집니다. 내가 교사였을 때의 이야기입니다. 내가 약간 근엄하게 생겼지 않습니까. 또 동사섭으로 많이 풀려서 그렇지 교사였을 때는 참 답답했습니다. 그러니까 학생들이 따를 확률이 낮았습니다. 그런데 수학여행을 갔습니다. 학생들에게 술을 절대 마시지 말라고 했는데, 아이들이 술을 마시고 춤을 추고 있었습니다. 나는 네놈들 술 마셨구나! 하고 단호하게 다룰까 몇 번을 갈등하다가, 에이, 내가 져줘 버리자, 하고 아이들과 함께 춤을 추었습니다. 그리고는 학교에 돌아갔는데 어땠을 것 같습니까? 함께 춤 한번 추었을 뿐인데 관계가 딱 풀려있는 겁니다. 그래서 그 경험은 잊어버릴 수 없는 기억으로 남았고 인간관계에 있어 이 동행친화가 정말 중요함을 실감하였습니다.

 그다음은 파격선도(破格鮮度)의 원리입니다. 파격, 격을 파하게 되면 신선도가, 신선하게 보이는 정도가 높아진다는 말입니다. 어떤 사람이 고정된 행동을 계속 하게 되면 지루하고 보기 싫습니다. 가끔은 고정된 행동에서 약간 벗어나야 됩니다. 절대로 넘어지지 않고 똑바로만 걷던 사람이 한번 탁 쓰러지면 주위에서 와~ 하면서 좋아합니다. 이것이 파격선도입니다. 파격선도라고 하면 언제나 떠오르는 기억이 하나 있습니다. 수련생 하나가 수련에 매번 오는데 그 사람 행동이 언제나 고정되어 있었습니다. 걸음도 점잖게 걷고, 말을 해도 음성의 볼륨에 변화가 없이 볼륨 1부터 9 사이 중에서 딱 2나 3을 유지합니다. 또, 글을 썼다 하면 단문도 쓰고 장문도 써야 되는데 전부 장문입니다. 이러고저러고 그러고저러고 해서 어찌 하고 어찌 합니다. 목소리는 2볼륨이나 3볼륨으로 계속 됩니다. 그다음에도 그 패턴으로 계속, 그다음 것도 똑같이 계속. 그래서 그 사람이 출현만 하면 다 질려버립니다. 다들 '오메, 오메 싫어~'인데 이 사람이 늘 수련에 옵니다. 그래서 아무개 수련생 좀 안 오면 안 되나 할 정도였습니다. 그렇게 싫어진 사람이 어느 때 수련이 막 끝나는데, 손을 들더니 "저, 제가 노래 하나 하고 싶은데요." 하는 것이었습니다. 아무튼 그런 행동 자체가 파격이었습니다. 깜짝 놀라서 "응? 노래를 한다고? 하라고!" 했는데 세상에, 내가 그때 또 한 건 건졌습니다. 아! 파격이다! 격을 파해라! 인간관계에서 신선한 대접을 받으려면 격을 파해라! 하는 것을 사무치게 건진 것입니다. 아, 그 수련생이 노래를 하는데, "노~란 샤쓰 입은~ 샤쓰 입은, 샤쓰 입은! 말없는 그 싸람이~ 그 싸람이, 그 싸람이!' 볼륨 있는 손짓 몸짓까지 하면서 노래를 부르는데 수련장에 있던 사람들이 모두 데굴데굴 굴렀습니다. 그러고 나서 그 사람을 보았더니, 그 답답하던 분위기가 깨끗이 가셔 있는 겁니다. 이것이 파격선도입니다.

그런데 아, 원리대로 실천하면 참 좋겠다, 하지만 실은 잘되지 않습니다. 그럴 때는 위에서 말한 촌철을 딱 장착하는 겁니다. 저질러라! 하는 것입니다. 아, 내가 파격선도를 하면 좋겠는데, 안 된단 말이야, 안 된단 말이야. 그럴 때 어떻게 하면 되겠습니까? 속으로, 저질러라, 저질러라, 하면서 저지름 버튼을 탁 누르는 것입니다. 저질러라, 저질러라, 하면서 탁 저질러 보는 것입니다. 그렇게 한 번 저지르고, 두 번 저지르면 점점 자유로워집니다. 자유로워져서, 이때 이 행동을 하게 되면 나도 좋고 관계에도 좋겠다, 하는 것이 있으면 척척 해낼 수 있게 됩니다.

 그리고 끝으로 거듭 강조합니다. '정화와 평화'라는 공덕이 우리에게 동기를 준다고 했습니다. 그러니까 그 부분을 이렇게 유념하십시오. '내적인 정화와 외적인 평화'를 가져다 줄 수 있는 행동은 모두 다 행동 명상이라고 딱 각인을 해두십시오. 그렇게 각인되면 여러분들이 곳곳에서 이 행동이 나를 정화시키고 관계 평화에 도움이 되겠구나, 하고 여겨지는 행동을 착착 잘 저지를 수가 있을 것입니다. 감사합니다.

행동명상 실습편

행동하라!
정화되고 평화가 온다 2

여러분 진정 반갑고 감사합니다. 이 시간에 여러분들과 공부할 것은 **행동 명상 실습편**입니다. 조금 후에 여러분들과 행동 명상 실습을 함께 하게 되겠네요. 자, 우선, 행동 명상 이라고 하면 얼른 짐작이 되시겠지요? 명상적인 성과를 가져오는 행동들은 전부 행동 명상입니다. 걸음을 걸으면 많은 것이 해소됩니다. 걷게 되면 마음도 정화가 되고 몸도 건강해집니다. 바로 '걷기 명상'입니다. 또 춤을 추게 되면 어때요? 많은 정화를 가져옵니다. 또 서로 서로 친해집니다. 역시 '춤 명상'입니다. 노래, 그림, 웃기, 울기, 분노, 봉사, 심지어는 관광하는 것도 정화를 가져옵니다. 그래서 관광도 명상적인 성과를 가져오는 것이기 때문에 '관광 명상'이다,

이렇게 보면 됩니다. 여행도 마찬가지입니다. 등등 수 없는 것들이 명상이 될 수가 있습니다.

자, 그런 행동들은 명상적인 성과를 가져오니까 필요하다고 했습니다. 그런데 여기에서 여러분들은 꿰어야 구슬이다, 하는 말을 기억해 두십시오. 명상적인 성과를 가져오는 행동을 행동명상이라고 한단다, 그런 행동을 하면 명상 효과가 있단다, 하고 이론적으로 알고 있어 보아야 무슨 소용이 있겠습니까? 있단다, 하는 지식을 어디에 쓸 것입니까? 그런 신념을 가지고 있다면 본인이 그 행동 명상을 실제로 생활 속에서 해야 되는 겁니다. 행동을 해서 실제로 명상적인 성과가, 내 인품에서, 내 가정에서, 내 직장에서 일어나야 합니다. 그러니까 꿰어야 구슬이라고 생각 하십시오. 꿰지 못한 구슬 어디다 쓸 것이냐. 나는 꿸 것이다. 딱 그렇게 생각하십시오.

그러면 우리들은 바로 이 자리에서 행동 명상을 함께 해 봅시다. 자, 행동 명상은 명상적인 성과를 가져오는 모든 행동들이라고 했습니다. 그러면 행동 명상은 아마 백 가지, 천 가지, 만 가지일 수가 있습니다. 여기서 그 중 몇 가지를 선택해서 해 봅시다.

우선, 웃는 것입니다. 그럼 '웃기 명상'이 됩니다. 그것을 가가대소(呵呵大笑)라고 해도 좋습니다. 그다음에 분노 노출 같은 것이 있습니다. 분노 노출이 이상합니까? 분노를 의도적으로 터뜨릴 때는 문제가 없습니다. 분노 노출을 습관적으로 하게 되면 분노하는 인품이 길러지게 되어서 그것은 좋지 않습니다. 그러니까 여러분들이 혹시 분노를 할 때는, 내가 지금부터 몇 초간 분노한다, 하고 선언하고 할 수 있고, 속으로 약속을 하면서 할 수 있습니다. 그래서 분노 노출 같은 부정적인 행동을 하실 때는 의도적으로 하라는 것입니다. 대성통곡, 우는 것도 의도적으로 하는 것이 좋습니다. 웃는 것도 의도적으로 하지 않으면 습관이 됩니다. 그래서 약간 부정적인 시각으로 바라볼 수 있는 것들일수록 더 의도적으로 할 필요가 있습니다. 물론 긍정적인 것도 다 의도적으로 해야 학습이 되는 것입니다. 그래서 대성통곡 같은 것도 내가 지금부터 1분 정도 울리라, 5분 정도 울리라. 해놓고 울어 젖히는 것입니다. 그렇게 하고 대성통곡을 확 해버리면 정화가 됩니다. 시원해집니다. 춤도 마찬가지입니다. 춤도 습관적으로 추지 마세요. 나 지금부터 몇 분 정도 춤을 추겠다. 누구랑 더불어, 몇 분간 추겠다, 하고 춤을 신나게 추는 것입니다. 그다음에 '무개념 스피치 명상'입니다. 개념 없이 스피치를 하는 것입니다. 또 노래를 하는 것입니다. 오늘은 노래까지만 실습해 봅시다.

자, 내가 지금부터 가가대소 시작! 하면 여러분들이 한번 온전하게 웃음이 되어 보십시오. 5초 정도만 실습해도 되겠습니다. 가가대소입니다. 그다음에 분노 노출, 대성통곡, 춤, 무개념 스피치. 노래까지만 실습을 해 보는 것입니다. 가가대소 시작! ~~~ 좋습니다. 훌륭했습니다. 또, 분노 노출을 해봐요. 아주 원수를 만난 것처럼. 나는 원수가 없는데요, 그러지 말고 상상 속에 원수라고 하는 허수아비를 만들어 놓고, 의도된 마음으로 완전히 분노를 잠시, 몇 초만 터뜨려보는 것입니다. 자, 분노 노출 시작! ~~~ 좋습니다. 대성통곡. 이제 한번 울어 젖혀 보십시오. 이 우주에, 오직 나의 울음밖에 없다는 마음으로 5초 동안 온전한 울음이 되는 것입니다. 시작! ~~~ 훌륭합니다. 그다음, 춤은 노래에 살짝 맞추어 보십시오. 가사는 '방구석도 네 구석, 정지구석도 네 구석'으로 하면서, 4분의 4박자 노래에 맞추어 춤을 춥니다. 앉은 자리에서 해도 좋고, 서서 해도 좋습니다. 자, 춤 시작! ~~~.

다음, 무개념 스피치입니다. 여러분들이 목소리는 내는데, 아무 의미가 없어야 합니다. 무개념 스피치를 시키면 많은 사람이 한참 하다가 쇠새끼, 개새끼, 상놈 새끼, 막 그러는데, 그것은 추락한 것입니다. 그러니까 마구 지껄여대되 본인 속에 개념이 들어가지 않도록 해야 합니다. 자, 무개념 스피치 시작. 화성에서 온 사람처럼 무개념 스피치, 시작! ~~~.

그다음에 노래입니다. 노래야말로 좋은 명상입니다. 많은 사람이 노래를 확 부르면 한없이 정화가 됩니다. 함께 노래를 부르면 아주 친해집니다. 노래 명상이야말로 참으로 권하고 또 권해야 됩니다. 우리 노래 명상을 함께 해보는데 '아침 이슬'이라는 노래를 해봅시다. 자, 시작! ~~~.

이러한 식으로, 모든 행동이 아마도 활용만 잘하면 전부 명상

일 수가 있을 것입니다. 그러니까 여러분들이 명상적인 성과만 가져올 수 있다고 하면 자유롭게 어떤 행동이든 선택해서 하십시오. 그때 저질러라를 유념하십시오. 잘 안 되려 할 때는 저질러라, 그러면서 그 행동 명상을 하는 것입니다. 여러분들이 행동 명상을 하게 되면, 여러분들 스스로 마음이 정화될 뿐 아니라, 여러분들 가족들까지 굉장히 평화로워질 것입니다. 특히 가족들 간에 무엇인가 좋지 않을 때는 막걸리를 한 잔 해도 좋아요. 함께 마시고 함께 노래를 불러 보세요. 노래하고 또 춤 명상까지 겸해서 해보십시오. 자, 행동 명상을 생활 속에서 잘 활용하셔서 여러분들의 대내적인 행복 수위가 높아지고, 관계 평화 수위도 높아지시기를 빕니다. 여기까지 함께 해주셔서 감사합니다.

지인 삼박자

행동으로
행복을 선언하라

여러분 반갑습니다. 그리고 감사합니다. 이 시간에 여러분과 공부할 주제는 **지인 3박자(至人三拍子)**입니다. 여러분들, '지인(至人)'이라고 하면 뜻이 이해됩니까? 지인은 지극한 경지에 이른 자, 말하자면 성자를 의미합니다. 예수님, 부처님, 마호메트, 공자, 노자, 장자 등등, 우리들이 성자 내지는 현자라고 지칭할 수 있는 모든 분들을 일단 지인이라고 알면 됩니다. 여기서는 종교 색깔을 내려놓기 위해서 지인이라고 했습니다. 불교인들만 모여 있는 경우에는 '활불(活佛)'이라는 말을 써서 '활불 3박자'라고 합니다.

지인 3박자가 무엇일까요? 부처님이든, 예수님이든, 공자, 노자, 장자든, 또는 어떤 현자 내지는 성자라고 하면 그 분들의 행동이

나 사는 모습을 관찰하게 되면 몇 가지 상당히 공통된 점이 있을 것입니다. 그 몇 가지를 내가 3박자로 끌어온 것입니다. 그럼 그 몇 가지가 무엇일까요? 우선 그 분들은 행복하겠지요. 그러니까 굳이 그 분들이 자신의 마음을 표현한다면, 나는 행복하다, 하는 상태에 있을 것입니다. 또 그 분들은 항상 웃고 있을 겁니다. 빙그레 미소를 짓고 있을 거란 말입니다. 그다음에 그 분들이 현자요, 성자라고 하면 이기적인 주체인 이 나라고 하는 관념에서 벗어나 있을 것입니다. 나다, 라고 하는 이기적인 주체의식 속에 있다고 하면 현자나 성자라고 할 수 없지요. 이 세 가지를 지인 3박자라고 하는 것입니다.

자, 지인 3박자의 1박자는 나는 행복하다, 하고 외치는 것이고, 2박자는 가가대소, 큰 소리로 하하하, 하고 웃는 겁니다. 그리고 3박자는 나 없다, 하고 무아(無我)를 선언합니다. 이것이 지인 3박자입니다. 그렇다면 우리들이 성자처럼 행복하려면 어찌하면 되겠습니까? 성자가 가진 인격 특성인 행복, 웃음, 그리고 나 없음, 이것을 행동주의로 접근하면 됩니다. 물론 접근한다고 해서 100퍼센트 오케이다 하는 뜻은 아닙니다. 행동주의로 접근해보면 상당히 접근된다는 것을 나는 알고 있고, 믿고 있습니다. 행복하면 웃음이 나오지요. 그렇다면 행복하기 위해서 어떻게 하면 되겠어요? 행복한 사람은 웃습니다. 그런데 지금 나는 행복하지는 않습니다. 그렇지만 웃음을 웃는 것입니다. 하하하, 하고 웃는 것입니다. 그렇게 되면 마음이 행복해진다는 것입니다. 또 행복한 사람은 나는 행복하다, 하는 것이 마음에서 우러나오겠지요. 그런데 나는 행복하지 않아. 그러면 행동으로 나는 행복하다, 행복하다, 행복하다, 하고 선언을 하고 있다 보면 행복해지는 것입니다. 또, 성자는 인격의 핵심 특색이 나 없다 하는 무아(無我)입니다. 중생인 우리가 성자가 되기 위해서는 여러 가지 방편이 있지만, 행동주의적으로 접근할 수도 있다는 말입니다. 나 없다 하는 무아(無我)도 마찬가지로 행동주의로 접근하여 나 없다, 나 없다, 나 없다, 하고 선언하다 보면, 점점 내가 없는 쪽으로, 무아 쪽으로, 내 인격 관념의 흐름이 그쪽으로 바뀌게 된다는 것입니다.

그래서 행복하면 웃음이 나오지만, 웃으면 행복해진다, 하는 것이 촌철의 하나입니다. 그것은 행동주의를 드러내는 촌철입니다. 그러니까 여러분들은 행복해질 때까지 나는 웃지 않으리라, 하는 그런 자세로 살지 말고, 행복해지기 위해서 먼저 웃어버리면 되는 것입니다. 그처럼, 나는 지인이 되기 전까지는 행복 선언도 안 할 것이고, 웃지도 않을 것이고, 나 없다고도 하지 않으련다, 하지 말고 성자가 되기 위해서 성자가 갖추고 있는 인격 모드인 그 세 가지를 행동주의로 접근하면 된다는 말입니다.

방법은 무엇일까요? 행동주의의 방법은 반복해서 그 행동을 하는 것입니다. 천재란 반복이 낳는다고 합니다. 그래서 여러분들이 정말로 성자와 같이, 현자와 같이, 어느 정도 그러한 쪽의 삶을 살고 싶다고 하면 여러 수행을 해야겠지요. 더 집중적인 수행법들로 수행을 해야 될 것입니다. 그런데 행동주의로 접근하는 것도 좋은 수행법의 하나라는 말입니다. 지인 3박자야말로 행동주의 접근으로 해서 대단히 좋은 방편 중의 하나입니다.

그렇다면 지금 우리도 실습을 해 봅시다. 그러면 어떻게 하느냐? 성자의 특성 세 개가 무엇이라고 했지요? 1번은 나는 행복하다, 2번은 가가대소, 웃는 거예요. 그다음, 마지막으로 나 없다, 하는 것입니다. 그러면 나와 함께 해봅시다. 지인 3박자 시작! 하면, 제1박자, '나는 행복하다'를 세 번 외치는 겁니다. '지인인 나는 행복하다, 행복하다, 행복하다' 이렇게 강렬하게 외치는 것입니다. 그렇게 세 번 선언하고 그다음에는 그 행복 선언이 끝나자마자 온전한 웃음이 되는 것입니다. 머리끝에서 발끝까지, 골수까지 웃음이 되는 것입니다. 머리 위에서 천정이 쏟아질 정도로 큰 소리로 웃어젖히는 것입니다. 그렇게 10초 웃고 있으면 엔도르핀이 나오게 되어 있습니다. 그런데 좀 둔한 사람은 15초를 넘겨야 된답니다. 그러니까 여러분들이 조금 둔한 쪽 사람일지도 모르니까 웃음을 웃었다 하면 15초를 꼭 넘겨야 합니다. 아셨지요? 그리고 여러분들이 방에서 혼자 연습하면서 딱 15초 됐으니까 끝낸다 하지 말고 좀 더 웃는 것입니다. 무엇 때문에 인색하게 15초에 딱 끊어버리겠습니까? 그리고 15초 만에 엔도르핀 한 방울이 나왔는데 다시 15초를 웃어댔다 하면 엔도르핀이 기하급수적으로 늘어나게 되어 있답니다. 자, 그러면 여러분들이 생활 속에서 이 지인 3박자를 실습하는 것을 돕기 위해서 이 자리에서 연습을 하는 겁니다. 자, 내가 지인 3박자 시작!이라고 하면 세 가지를 하는 겁니다. 자, 지인 3박자 시작!

"지인인 나는 행복하다, 행복하다, 행복하다!"
"하하하! 하하하! 하하하!……"
"나 없다, 나 없다, 나 없다."

좋지요? 이처럼 여러분들이 생활공간 속에서, 가족들 전부가 하면 더 좋을 것입니다. 또 직장에 나가서 동료들과 함께 지인 3박자를 해보십시오. 만일 일주일에 한 번 정도 가족들이 모여서 지인 3박자를 한다면 여지없이 가정 평화가 올 것입니다. 또 직장은 어떻겠어요? 참으로 천국과 같은 직장살이를 하게 될 겁니다. 그다음, 일주일에 한 번만 하더라도 얼마나 좋겠습니까? 하루에 한 번이 혹시 좀 어렵다면 일주일에 한 번은 하리라, 하십시오. 자, 지인 3박자가 여러분들의 행복에 좋은 도구가 되어주기를 빕니다. 감사합니다.

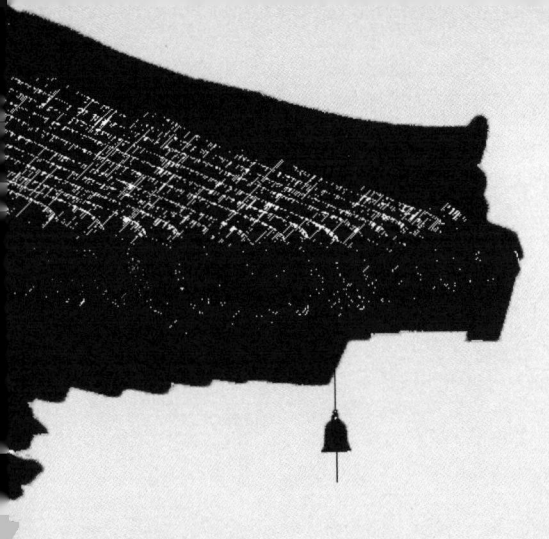

4 / 주변과 관계 맺기

표현

표현하지 않으면
귀신도 모른다

이 시간에 여러분들과 나눌 공부 주제는 **표현(表現)**입니다. 자, 표현이라고 하면 어떤 생각이 드십니까? 틀림없이 '표현하고 살아라.' 꼭 그럴 것 같지요? 그렇습니다. 우리들은 표현하고 살아야 합니다.

표현에 대해서 한번 생각해 봅시다. 표현이라고 하면 그 정의가 어떻게 떠오릅니까? 표현은 '무엇을 표현한다.'입니다. 그러면 그 '무엇'은 무엇이겠어요? 우리 마음속에 있는 무엇입니다. 마음속에 무엇이 있습니까? 오직이라고 해도 좋을 만큼 두 가지밖에 없습니다. 그것은 '뜻과 감정'입니다. 뜻은 머리 쪽 개념이라면 감정, 느낌은 가슴 쪽입니다. 우리들 마음속은 대단히 복잡할 것 같지만 그냥 일단 두 축으로만 생각하면 됩니다. 그 두 축은 머리 마음과 가슴 마음입니다. 머리든 가슴이든, 그때 그 자리에서 표현하는 것이 바람직하다고 여겨지면 그것을 표현하고 사는 것이 좋다 하는 것이 이 시간에 공부할 것 전부입니다.

왜 그것을 표현하고 드러내야 될까요? 뜻과 감정을 언어로든 문자로든 드러내는 일이 왜 그토록 중요할까요? 너무 자명한 것을 물으면 대답이 막힙니다. 그러나 너무 당연한 것을 왜 물어, 하지 말고 그 당연한 것을 한번 가만히 생각해 봅시다. 뜻이나 감정은 살아있는 동물의 속성을 지니고 있습니다. 선천적으로 그 속에 강렬한 욕구가 들어 있다는 것입니다. 뜻이든 감정이든 어느 한 곳에 박혀있고 싶어 하지 않습니다. 세상으로 나가서 공유되고 싶어 하는 것이 그 물건입니다. 그래서 내 가슴은, 내 뜻은 세상과 소통하면서 공유되고 싶어 한다고 알면 딱 맞습니다. 공유되고 싶어 하는 그것을 소홀히 대해서 표현하지 않고 그냥 속에 가지고 있다고 하면 어떨까요? 아마 그것들이 벌레라면 데모를 할 겁니다. '이놈의 주인, 나는 너무너무 나가고 싶은데 표현해주지 않으니 한번 혼내주자.' 그래서 혼나는 것, 그것이 무엇일까요? 그것이 바로 스트레스입니다. 그것들이 데모를 하니까 스트레스를 받습니다. 아무튼 뜻이나 감정은 공유되고 싶어 하는 속성을 가지고 있다고 보면 딱 맞는 말입니다.

그런데 이 뜻과 감정을 표현하면 그것들이 밖으로 나오게 됩니다. 그러면 '나'라고 하는 생체가 그 과정에서 정화됩니다. 정화가 되면 마음이 시원해져서 좋을 뿐만 아니라, 몸까지 건강해집니다. 그러니까 어찌 하는 것이 좋겠습니까? 속에 가지고만 있어야 되겠습니까 아니면 출력을 해야 하겠습니까? 출력을 해야 합니다. 또 출력을 하게 되면 내 주변 사람들이 어떻게 될까요? 그 사람들도 시원해집니다. 저 사람이 침묵을 지키고 있을 때는 답답했는데, 나는 이런 생각을 한다, 나는 이런 느낌이 있다, 하고 무엇인가 표현해주면 주변 사람들이 그냥 시원해집니다. 아이고, 이제야 숨통이 열리네, 하는 것입니다. 그래서 관계 형성에 결정적인 도움을 주는 것이 바로 표현(表現)입니다.

특히 감정은 표현될 때 정화되면서 무엇인가 시원해집니다. 그 감정이 덩어리로 있다가 그것이 표현되면 쫙~악 퍼지게 됩니다. 감정이 덩어리로 뭉쳐지면 스트레스권에 들어가게 됩니다. 그런데 이것이 표현되어 공기처럼 확 흩어질 때는 정화가 되면서 우리 마음은 환희로워지는 법입니다.

그다음에 뜻이라고 하는 것은 그것을 표현하면 그 뜻이 진화를 합니다. 뜻의 진화입니다. 표현하지 않고 그냥 정체(停滯)되어 있으면 그 뜻이 성숙하지 못합니다. 뜻을 표현하면 내 속에서 그 뜻이 변화되고 있음을, 진화되고 있음을 "아~!" 하면서 본인이 알게 됩니다. 또 상대방이 내 뜻을 전달받으면서 한마디 해주기도 합니다. 그러면 아이쿠, 나는 미처 그 생각 못했는데, 하면서 내 뜻이 또 진화되는 법입니다. 그래서 내 뜻과 감정은 속에 가지고만 있을 것이 아니라 밖으로 출력을 해서 나누어야 되는 것 입니다. 그러면 여러분들이 어떻게 나누어야 되겠습니까?

먼저 내 안에서 뜻과 감정이 선명해져야 합니다. 아, 내가 이런 생각을 하고 있구나, 하고 선명히 정리하는 것 입니다. 내 속에 이런 느낌이 있구나. 어떤 질의 느낌이, 어떤 양 정도로, 어떤 진폭으로 있구나, 하고 선명히 아는 것이 표현 방법론의 제 1번입니다. 그다음에는 그것을 표현해서 공유(共有)하는 것입니다. 표현 할 때는 명료(明瞭), 간단(簡單), 적절(適切), 세 가지를 유념하십시오. 명료하게 표현하고, 되도록이면 간단하게 표현합니다. 몇 마디 정도면 될 것을 장황하게 이야기하는 버릇이 있는 사람들이 있습니다. 그러면 주위에서 답답해합니다. 그래서 명료, 간단, 그리고 적절하게 표현해야 합니다. 그 상황에 가장 맞는 적절한 말로, 사투리를 좀 쓰면 좋을 자리는 사투리도 적절히 쓰는 것입니다. 표준어를 써야 할 자리에서는 사투리를 쓰면 안 되겠지요. 그러나 경상도에 갔으면 경상도 사투리를 살짝 써주면 그 장이 훨씬 환호할 텐데 깍쟁이처럼 또박또박 표준말만 쓴다면 그 적절성이 떨어지게 됩니다. 상황마다 그것에 맞는 적절성이 있습니다. 그래서 명료, 간단, 적절이라는 세 가지를 유념해야 합니다.

그다음에 하나 더 말씀 드릴 것이 있습니다. 잘 표현되는 말을 보면 어떤 형식이 지켜지고 있다는 것을 알 수 있습니다. 지켜지고 있는 그 형식을 잡으면 참 좋습니다. 그래서 내가 열고 있는 수련장에서는 표현 형식을 가르칩니다. 동사섭(同事攝) 수련장에서 가르치는 형식이 무엇인지 궁금하십니까? 그것은 간단합니다. '관심의 지평 위에 감지 표현하고 공감 반응 한다'라고 형식화 되어 있습니다. 그것을 동사섭에서는 '나눔 공식'이라고 합니다. 이 나눔 공식은 다른 강의에서 다시 한 번 공부할 시간이 있을 것입니다.

여기에서 유념해야 할 것이 있습니다. 표현하라고 한다 해도 표현을 능사로 여겨서는 안 된다는 것입니다. 표현을 하지 않는, 비표현(非表現)이 최고일 때가 얼마든지 있습니다. 비표현이 최고인 시간인데 입으로, 몸짓으로 막 표현하고 있으면 그것은 적절성이 뚝 떨어진 표현이 됩니다. '이 순간에는 침묵이 베스트다.' 하고 여겨지는 순간에는 침묵을 지키고, 정말로 표현해야 할 때는 깨어 있는 마음으로 표현하십시오.

그리고 여러분들이 표현을 유념한다면 또 하나 중요한 촌철(寸鐵)을 기억해야 합니다. '표현이 활로다.' 하는 촌철과 함께 '표현의 부재(不在)는 실체(實體)의 부재다.' 하는 촌철도 기억하십시오. 이 두 가지 촌철에 '비표현이 최고의 표현일 때가 있다.' 하는 촌철까지 합하여 촌철 몇 가지를 딱 마음에 지니고 산다면 여러분들은 상황에 맞추어서 표현을 잘하게 될 것입니다. 여러분들은 뜻과 감정을 머리와 가슴 속에 지니고 있을 수도 있지만 표현해야 될 순간에는 표현하면서 사시기를 빕니다. 감사합니다.

화3요

관계 평화를 부르는
3가지 원리

여러분 반갑습니다. 그리고 감사합니다. 이 시간에 여러분들과 공부할 주제는 **화삼요(和三要)**, 곧 화합(和合)의 세 가지 요소입니다. 결론부터 이야기하자면 화합에는 세 가지 길이 있는데 그 길을 '화3요(和三要)'라고 합니다. 어떻습니까? 화합이라고 하면 여러분들 마음속에 어떤 것이 떠오릅니까? 나는 주변사람들과 화합을 잘 한다. 우리 가족들은 참 화기애애하게 화합하며 잘 산다. 그런 것들이 떠오르지요? 바로 그 화합입니다

화합이라는 이름으로 이 세상 사람들의 인간관계를 살펴보십시오. 화합을 잘하는 것 같습니까? 아니면 잘 못하는 것 같습니까? 보는 관점의 문제겠지만, 화합을 한다고 보면 제법 하는 때

도 있습니다. 그런데 화합을 잘 못하는 상황을 보면 위태위태합니다. 곧 전쟁이 터질 것 같습니다. 아무튼, 인간이 더불어서 산다 하게 되면 가족단위든지, 직장단위든지, 사회단위, 국민단위든지, 국제사회단위든지 간에 모두 화합해야 됩니다.

그럼 화합이란 무엇일까요? 양자 사이의 우호감의 총화, 그것이 화합입니다. 양자 사이에, 이 사람은 저 사람에 대해서 우호감이 높고 저 사람은 또 이 사람에 대해서 우호감이 높습니다. 그러면 서로 그렇게 높은 우호감을 가질 때 화합하는 관계가 되는 것입니다. 그래서 우호감의 총화, 합계만큼이 화합이라고 보면 됩니다.

그러면 여러분들은 그 화합의 필요성을 얼마나 느끼십니까? 필요성을 느껴야 화합하려고 하지 않겠습니까? 그 필요성은 대체로 느낀다고들 합니다. 그런데 깊게 느끼면 화합을 잘하겠는데 대충 느끼면 화합을 잘하지 않습니다. 그러니까 이렇게 생각하십시오. 화합이 없으면 고통과 싸움이 온다. 그러면 딱 맞는 말입니다. 화합이 있으면 대내적으로 기쁨이 있고 대외적으로는 평화가 있다. 그런데 화합이 없으면 고통과 싸움이 있다, 그렇게 생각하십시오. 우리는 진정 기쁨과 평화를 원합니다. 기쁨과 평화를 얻으려면 화합을 해야 합니다.

불교 문턱을 들어서면 불법승(佛法僧) 삼보(三寶)에 귀의하라고 합니다. 불(佛). 법(法). 승(僧)이라는 세 가지 보배에 귀의하라, 머리를 숙이고 경배하라, 그런 뜻입니다. 불은 부처님이고 법은 부처님의 가르침인데 승은 무엇인가 알아보았더니 '승(僧)이란 화합하는 무리'라는 것입니다. 화합 중, 화합하는 무리. 그러니까 승이 되려면 화합하는 무리가 되어야 하는 것입니다. 그런데 내가 가만히 살펴보니까 승들이 화합을 안 하는 것입니다. 화합하는 무리가 되어야 승인데 승이라는 이름은 가지고 있으면서 화합을 잘 못하는 상황이 많이 보였습니다. 그래서 내가 머리 깎고 스님까지 됐는데, 우리 스님들이 화합하지 않으면 승이 아니지 않은가. 천하가 귀의하는 승이 되려면 화합하는 무리가 되어야 되는데, 화합이 안 되니 이거 문제로구나, 했습니다.

그런 연유로 화합에 관심을 갖고, 어떻게 하면 화합 수위를 확 높아지게 할 것인가, 하고 고심했습니다. 그렇게 화합의 길이 무엇이냐 하는 것이 하나의 화두가 되어서 화합의 길을 늘 생각해보곤 했습니다. 그렇게 화합이라는 화두를 들고 10년 정도 되었을 때 아, 이 셋이면 된다, 하는 세 가지 원리가 딱 잡혔습니다. 이 세 가지를 딱 잡아 놓고는 속으로 이 세 가지는 노벨 평화상감이다. 너무 좋다. 이제 화합의 길은 이것으로 오케이다. 이것을 실천만 하면 된다, 하고 생각하고 또 생각했습니다. 여러분들도 마구 궁금해지지요? 모를 때는 나도 화합의 길이 과연 무엇인지 막연했습니다. 그렇게 막연한 마음으로 1년 가고, 2년 가고, 3년 가고, 막연한 마음으로 1, 2, 3, 4, 5, 6, 7, 8년이 갑니다. 그런데 10년 가까이 있다가 보니까 어느 순간에 화합의 원리가 환히 보이는 겁니다. 그것이 무엇이었느냐? 이렇게 생각하면 됩니다. 나와 너 사이에 화합이 되려면 우호감이 높아져야 되겠는데 우호감이 높아지려면 어찌해야 되겠어요? 내가 저 사람을 바라볼 때 우호감이 높으려면 어떻게 하면 되겠습니까? 그것은 바로 내가 저 사람을 예쁘게 보면 된다 하는 것입니다. 그럼 우호감이 높아지게 됩니다. 그렇게 예쁘게 보려면 어찌해야 합니까? 내 눈이 좋아지면 됩니다. 보는 눈을 바르게 하면 상대가 다 예쁘게 보일 것입니다. 내가 불교공부를 하면서 눈 공부를 제대로 해서 눈이 제법 떠지고 보니까, 이 천하에 진리 아닌 것이 하나도 없더라, 부처 아닌 것이 하나도 없더라, 하는 상황이었습니다. 그러니까 보는 눈을 바르게 한다는 것이 화합의 원리 하나다, 하는 것이었습니다. 그래서 옳지, 다 됐다! 나는 이제 보는 눈을 바로 해서 상대방에 대해서 우호감이 껑충 높아지게 하리라! 하였습니다. 아닌 게 아니라 실제로 눈에 대해 관심을 가지니까 상대방이 마구 예뻐 보이면서 좋아지는 것입니다.

그런데 문제는 저 사람도 나를 좀 예쁘게 봐주면 되겠는데, 하는 것이었습니다. 상대에게 "너, 눈 좀 바르게 해서 나 좀 예쁘게 봐주라!" 이래야 될 것인데 이것은 상당히 어려운 일이었습니다. 난관이었습니다. 어떻게 하면 저 사람 속에서도 나에 대한 우호감이 높아질 수 있겠는가? 상대에게 "너, 눈 바로 해!" 하는 것은 가치관 폭력일 수 있고 심한 교육일 수 있습니다. 너무 복잡한 문제였습니다. 그래서 교육할 필요 없이, 저 사람은 가만히 두고, 저 사람 속에서 나에 대한 우호감이 높아지는 길은 없겠느냐, 하는 것이었습니다. 그때 내속에서 번쩍 떠오른 것이 있었습니다. 아, 간단하구나! 내가 예쁘게 단장을 하면 된다. 그래서 내 표정이나, 말하는 것이나, 행동하는 것이 일반적으로 세상 사람들 보기에 좋도록 노력을 하면 나에 대해서 예쁘게 볼 것이 아닌가? 내가 내 눈을 바르게 해서 상대방을 예쁘게 보고 내 우호감을 높이는 것이 첫째였습니다. 그리고 내가 내 모습을 방정하게 하고 마음도 깨끗하게 쓰고 겉모습도 깨끗하게 해서, 즉 내 모습을 바르게 하면 상대방이 나를 좋게 보아서 상대방 속에서 나에 대한 우호감이 높아진다 하는 것이었습니다. 아, 그러고 보니까 '보는 눈을 바르게 한다.'와 '보이는 모습을 바르게 한다.'가 화합을 결정하는 것이었습니다.

그래서 이 두 가지면 됐다! 했는데 이 두 가지라고 하는 것이 말은 좋은데 실제로는 만만한 일이 아니라는 것이 점점 드러났습니다. 그래서 이 두 개가 원리는 좋은데 쉬운 일이 아니다. 이 두 개만을 가지고 화합론으로 내놓기로는 좀 부실하다. 무엇이 좀 더 있어야겠다고 고심하고 있었는데 너무너무 흔해빠진 원리가 이미 있었습니다. 내 주변에 있고, 내 속에도 이미 있었던 그것이 무엇이었을까요? 바로 교류였습니다. 상대방과 내가 말을 통해서, 몸을 통해서 나누는 것입니다. 나누다 보면 친해집니다. 그래서

'보는 눈을 바르게 한다. 보이는 모습을 바르게 한다. 잘 교류한다.'라는 세 원리가 정립된 것입니다. 잘 교류한다는 잘 나눈다고 해도 좋습니다. 이렇게 해서 '눈, 모습, 교류' 이 세 가지의 원리를 딱 뽑아놓고 보니까 참으로 좋았습니다. 이것을 교육프로그램으로 채택해서 구체적인 교육안을 만들어서 실행해보니까 정말로 좋다는 것을 수없이 느껴왔습니다.

사람들과 관계를 맺고 살 바에야 싸울 필요가 없습니다. 화3요를 유념해 보십시오. 여러분들 가정에서, 여러분들 공동체에서, 여러분들이 사람들과 만나는 곳마다 화합 수위가 쑥쑥 높아질 것입니다. 감사합니다.

나눔공식

소통의 달인이
되는 요령

여러분 안녕하세요. 반갑고 감사합니다. 이 시간 공부 주제는 **나눔 공식**입니다. 이런 공식, 처음 들어보시지요? 나눔 공식이라 하였는데, 나눔이란 너하고 나 사이의 교류입니다. 소통입니다. 그런데 나눔에 공식이 있다는 것입니다. 이 나눔 공식에 관심이 가십니까? 우선 나눔 공식이 무엇인가 하기 전에 나눔이란 것을 한 번 생각해 봅시다. 사람들이 만났다 하면 그냥 서로 뻔히 바라보아야 할까요, 아니면 소통해야 할까요? 물론 소통해야 합니다. 서로 나누어야 합니다. 교류를 해야 합니다. 나눈다, 교류한다, 소통한다. 다 같은 개념으로 생각하시면 됩니다.

그러면 왜 나누어야 될까요? 왜 소통을 해야 할까요? 철학적으로 따지고 들어가자면 본래 너와 나는 하나입니다. 우주는 그냥 하나입니다. 그런데 그 하나가 서로 떨어져 있으니 어떻겠습니까? 조상 대대로 하나였습니다. 그래서 내 무의식은 하나로 열려있습니다. 그런데 나는 추락해서 의식권에만 머물러 있습니다. 그렇다면 더 추락하려는 경향을 갖겠습니까, 아니면 하나로 돌아가려는 경향을 갖겠습니까? 본래는 하나이고 밑에서는 이미 하나이기 때문에, 당연히 위에서도 하나가 되려고 하겠지요.

그러면 어찌 해야 하나가 되겠습니까? 우선 모르니까 서로 알아야 됩니다. 서로 아는 것이 하나됨이요, 서로 아는 것이 소통입니다. 그래서 나눔을 어떻게 할 것이냐를 묻게 되고, 묻다 보면 연역적으로든 귀납적으로든 답을 찾게 됩니다. 그래서 답을 딱 찾았더니 공식이 하나 만들어진 것입니다. 다시 말해서 교류를, 소통을 어떻게 할 것인가에 대한 답이 바로 그 나눔 공식이라는 말입니다.

나눔 공식이라고 하면 여러분들이 유별나게 생각 할 수도 있겠는데 사실은 대단히 당연하고 상식적인 것입니다. 생각해 보십시오. 예를 들어 부부간에 서로 나눈다고 할 때, 가장 일차적으로 무엇이 필요하겠습니까? 소통한다고 할 때 1번으로 필요한 것, 그것은 관심입니다. 남편은 아내에게, 아내는 남편에게 서로 관심을 기울여야 합니다. 나눔 공식에 있어서 관심이라고 하는 것은 절대적으로 필요합니다. 이 관심의 지평 위에서 무엇인가가 되는 것입니다. 나눔 공식에서 제 1번으로 떠올려야 할 개념이 바로 관심입니다. 관심의 다른 이름은 사랑입니다. 사랑보다는 관심이 더 큰 개념입니다. 사랑은 관심의 부분집합입니다. 관심이라고 하는 것은 그렇게 널찍하게 좋은 개념입니다.

그러면 관심을 가지고 그다음에 무엇을 해야 되겠습니까? 서로서로 자기 마음을 열어서 상대방에게 그 마음을 보여주는 표현을 해야 됩니다. 내외간이라고 하면, 아내는 남편에게 남편은 아내에게 서로 표현을 하는 것입니다. 그렇게 표현을 한다면 그 내용물은 무엇일까요? 바로 마음입니다. 그 마음을 표현해 주면 남편은 '아, 내 아내 속에 이런 마음이 있었구나.' 하고, 아내는 '내 남편 속에 그런 마음이 있었구나.' 하고 서로 소통하게 되는 것입니다. 자, 그래서 서로 자기 마음을 표현해 주어야 한다는 말입니다.

그다음에 또 필요한 것은 무엇이겠습니까? 자, 가만히 상상을 해보십시오. 관심을 가졌습니다. 내가 표현을 했습니다. 상대방이 그것을 들었습니다. 그다음에 딱 필요한 것이 무엇일까요? 한 쪽이 표현을 하면 상대방은 그것을 받아주어야 한다는 것입니다. 남편이 표현을 했다 하면 아내가 받아주고, 아내가 표현했다 하면 남편이 받아주는 것입니다. 그러니까 처음엔 서로 표현하는 것이 중요하고 표현된 후에는 서로 받아주어야 한다는 말입니다. 서로 표현해야 되고 서로 받아주어야 한다는 것입니다. 이렇게 서로 표현하고 서로 받아주면 벌써 소통이 완료되는 것입니다. 그래서 관심의 지평 위에 표현하고 받아주는 것. 사실은 이것이 나눔 공식 전부입니다.

 그런데 이 나눔 공식을 조금 더 정밀하게 하기 위해서, 다음을 생각해 보아야 합니다. 표현을 하기 전에 선행되어야 할 것이 있습니다. 표현을 하려면 그 이전에 자기 마음을 자기가 알아야 합니다. 자기 마음을 자기가 감지해야 된다는 것입니다. 먼저 내 속에 무엇이 있는가 하는 것을 감지해서 그것을 표현해야 합니다. 그래서 이 과정을 '감지, 표현'이라고 합니다. 그리고 받아준다고 했습니다. 예를 들어 '네 말 잘 들었어.' 하고 받아주었다고 해봅시다. 그런데 '네 말 잘 들었어.'라고 받아주는 표현을 하기 전에 선행되어야 할 것이 있습니다. 상대방 마음속에 들어가서 그 마음을 이해하는, 공감하는 과정이 선행되어야 한다는 것입니다. 그래서 상호간의 소통 방법을 공식으로 정리한다면 '관심의 지평 위에 감지 표현하고, 공감 반응한다.'입니다. 이 공식은 어느 일방에게만 해당되는 것이 아닙니다. 쌍방이 서로서로 상대방을 향해서 관심의 지평 위에 감지 표현, 공감 반응을 해주는 것입니다. 이쪽에서도 감지 표현, 공감 반응하고, 저쪽에서도 감지 표현, 공감 반응 하는 것입니다.

 여러분들이 나눔 공식을 잘 이해하고 그 공식에 맞추어서 한 번 소통하고, 두 번 소통해 보십시오. 그렇게 소통하다 보면 처음에는 공식이 딱딱하고 불안하게 느껴질지 모르나 그것이 익어지면 굉장한 기적들을 가져올 것입니다. 자, 인간관계는 어떠해야 합니까? 소통해야 되겠지요? 그런데 그냥 "어디 한 번 소통들 해 보세요." 하면 그것이 되지 않습니다. 그래서 전문가가 소통 공식까지 만들어서 권하는 것입니다. 앞으로 여러분들의 만남의 자리가 관심의 지평 위에 감지 표현, 공감 반응하는 나눔 공식에 상응하기를 바랍니다. 그리하여 여러분들이 계신 곳마다 진정 행복과 평화가 가득하기를 빕니다. 감사합니다.

촛대-불꽃

생각보다는 느낌을 나누어라

여러분 반갑고 감사합니다. 오늘 공부해야 할 주제는 **촛대-불꽃**입니다. 이것은 사람 사이의 소통과 관련된 '표현'에 대한 이야기입니다.

자, 인간관계가 맺어졌다 하면 서로 떨어져 있는 것이 좋겠습니까, 아니면 일화(一和)로, 하나로 통합되고, 화합되는 것이 좋겠습니까? 물론 후자입니다. 그러기 위해서는 소통을 해야 됩니다. 만나야 되고 나누어야 합니다. 교류하여야 합니다. 이때 필요한 도구가 무엇이냐 하면 바로 표현입니다. 각자가 자기의 마음을 상대방에게 표현하는 것입니다. 이것이 일차적인 길입니다. 인간관계 소통을 원한다면 표현들을 하세요, 하고 말하면 여러분들은 예, 표현하겠습니다, 합니다. 그런데 표현을 잘하는가 살펴보면 표현을 한다고는 하는데 그 표현의 적절성이 너무 떨어지는 것입니다. 표현의 적절성을 높이기 위해서는 단계적인 방법들이 있습니다. 그 중에서 아주 기초적이면서도 중대한 것, 일 학년짜리 단계이면서 그와 동시에 백 학년짜리 단계가 될 수 있는 것이 있는데, 그것이 바로 촛대-불꽃이라는 개념입니다. 그래서 표현 방법은 수없이 있겠지만 나는 그 중에서도 '촛대-불꽃' 형식으로 표현하라고 권하는 것입니다.

불꽃-촛대란 무슨 말일까요? 촛대가 있고, 그 촛대에 불을 붙여 놓으면 불꽃이 환하게 피어납니다. 우리 인간들이 상대방에게 마음을 표현할 때는 이분법으로도 표현할 수 있고, 삼분법 내지는 백분법으로도 표현할 수 있습니다. 그렇지만 복잡한 것은 빼버리고, 삼분법도 빼버리고 그냥 이분법부터 하면 됩니다. 이분법만 알고, 이 이분법으로만 효과적으로 표현하더라도 충분히 좋다는 것입니다.

그럼 이분법을 설명해 봅시다. 아주 간단합니다. 여러분이 상장을 받으면 어떻겠어요? 기쁘겠지요? 그러면 상장 받아서 기쁜 사람은 "상장 받고 기쁘다."라고 마음 표현을 하면 되는 겁니다. "상장 받고 기쁘다." 하는 말에서 상장을 받았다고 하는 것은 촛대에 해당되고, 기쁨이라는 감정(느낌)은 불꽃에 해당되는 것입니다. 촛대와 불꽃은 조건과 결과의 관계입니다.

초등학교 때는 "상장 받고 기뻐요." 하는 식의 표현을 아주 잘 합니다. 그런데 중학생만 되어도 기뻐요는 사라지고 "나 상장 받았어요."라고만 합니다. 기쁘다는 감정 표현을 빼버린 것입니다. 고등학생, 대학생이 되었다 하면 더 빼고, 이제 대학 졸업하고 어른이 되어 사회생활을 하고 직장생활을 한다 하면 감정은 싹 빼서 없애버리고는 그냥 몸통, 촛대만 가지고 이야기합니다. 매일 정보, 생각, 의견만 이야기 하는 것입니다. 가슴을 표현하지 않는 이런 표현법들이 이 세상을 삭막하게 만들어 버립니다. 안타깝기 그지없는 일입니다.

한번 생각해 보세요. 여러분이 자녀들에게 칭찬을 해주었습니다. 그러면 자녀들이 "아빠가 나 칭찬해주니까 기뻐." 이렇게 '기뻐'라는 표현을 해주는 것이 좋겠어요, 아니면 아무 감정 표현이 없는 것이 좋겠습니까? 감정을 표현해 준다는 것, 이것은 대단히 중요합니다. 누가 지어낸 이야기인가는 모르겠는데 이런 이야기를 들었습니다. 애인에게 진주 목걸이를 사주었는데 아무 반응이 없더랍니다. "아, 진주 목걸이!" 하면서 기쁘다든지 무엇인가 표현을 해주면 좋겠는데 아무 반응이 없더랍니다. 그래서 이 여자를 끝내 내 사람으로 할 것 인가, 말 것인가, 하고 생각을 하였답니다. 그런데 그 뒤로 밍크코트를 사주었는데도 또 감동이 없더랍니다. 이 사람들 어떻게 되었을까요? 그 뒷이야기는 모르지만 틀림없이 그만 두었을 것 같아요. 인간은 자기 속에 일어난 감정을 표현할 필요가 꼭 있습니다. 그 방법은 감정의 조건이 되는 촛대와 촛대로 인하여 피어나는 감정을 함께 표현하는 것입니다. 초등학교 학생들이 일기 쓰듯이 표현하는 것입니다. 초등학생들이 어떻게 일기를 쓰지요? 선생님한테 꾸지람 듣고 슬펐다, 엄마가 용돈 줘서 기쁘다, 친구가 이쁘다고 해서 기뻤다, 이런 식으로 전부 촛대-불꽃, 촛대-불꽃 형식으로 쓰는데 나이가 들어가면서 불꽃은 잊어버리고 촛대만 남아버립니다. 그러니까 어른들이 초등생이 되어서 촛대불꽃 형식의 글을 써보는 것을 사회운동 하나로 채택해야 합니다. 인간관계에서 소통을 어떻게 할 것이냐에 대한 답은 물론 복합적입니다. 그런데 먼저 표현단계가 중요하니까 아주 초등생이 되어서 자신에게 일어난 느낌들을 촛대-불꽃 형식으로 표현하는 겁니다.

우리가 여기에서 유념해야 할 아주 중요한 점이 있습니다. 인간 속에서 표현될 수 있는 요소는 백가지로 나누는 법도 있다고 했지만 간단히는 생각과 느낌뿐이라는 것입니다. 생각은 정보와 의견입니다. 정보와 의견은 머리 쪽입니다. 그다음 느낌은 가슴 쪽입니다. 그래서 가슴과 머리, 머리와 가슴이 어우러진 표현을 하자 하는 것을 지금 일각에서 운동으로 전개하고 있고, 나도 그 운동에 동참하고 있습니다.

그런데 여기서 주의할 것이 있습니다. 불꽃에 방점을 찍는다는 것을 항상 잊어서는 안 됩니다. 불꽃에 방점을 찍는다. 엑센트를 불꽃에, 느낌에 찍는다 하는 이 신념이 또렷해 있어야 느낌을 놓치지 않게 됩니다. 그리고 정보나 의견, 촛대에 해당되는 것은 가능한 한 작게 해야 됩니다. 어떤 사람은 조그마한 기쁨 하나를 표현하려고 너무 긴 이야기를 하기도 합니다. 그런 것은 적절하지 않습니다. 그래서 표현은 명료, 간단, 적절해야 합니다. 명료, 간단, 적절하게 표현하되, 표현의 내용물은 촛대-불꽃이 되게 하는 것입니다. 표현의 부재는 실체의 부재입니다. 정서 표현을 빼버린 표현은 소통에 그다지 도움이 되지 않습니다.

어떤 여성이 떠들썩한 수재이며, 정부 조직에서도 최고의 무슨 자리에 있는 사람을 남편으로 맞이하였습니다. 세상의 넘치는 축하를 받으며 결혼해서 그런 남편과 함께 사는데 이 여성은 점점 미소를 잃어버리게 되었습니다. 그 이유를 분석해보니 남편 되는 사람이 표현이란 것이 없고, 있어도 느낌 표현이 전혀 없고 그저 표현했다 하면 정보나 의견만 표현하니까 삭막해서 부인이 웃음을 잃어버렸다는 것입니다. 그 남편은 평생 아내에게 사랑한다는 말을 한 마디도 하지 않았는데 죽기 직전에 힘없는 손짓으로 아내를 부르더니, 여보. 나, 당신 사랑했어, 하더라는 것입니다. 얼마나 유감스러운 일입니까. 그 단순한 사랑, 진즉 좀 표현하고 살았다면 얼마나 좋았겠습니까.

자, 여러분들, 인간관계에서 소통을 하세요. 소통 어떻게 하느냐, 촛대-불꽃 표현부터 하십시오. 상장 받고 기뻐요. 꾸지람 들어서 슬퍼요. 이런 표현부터 쓰기 시작하면 인간관계는 절로 소통됩니다. 감사합니다.

받기 3박자

행복한 대화법

여러분 안녕하세요. 참으로 반갑고 감사합니다. 이 시간에 공부해 볼 것은 **받기 3박자**입니다. '받기 3박자'라는 말을 들어 보셨습니까? 인간관계에서 서로 소통하려고 하면 말로 주거니 받거니 표현하게 되고, 표현한 것을 받아 주게 되고 그렇지 않습니까? 말을 주거니 받거니 할 때의 받는 방법, 받는 원리가 받기 3박자입니다. 원리는 방법론이라고 해도 좋습니다. 받기 방법론이 3가지가 있다는 말입니다.

어떤 사람이 나에게 표현을 했으면 내가 그 표현을 받아주어야 합니다. 받아주지 않으면 어떤 일이 생길까요? 저쪽에서 표현을 했습니다. 그런데 내가 받아주지 않으면 소통이 두절되어 버럽니다. 만남이 되지 않고 교류가 되지 않는 것입니다. 상대방이 나에게 무엇인가 '야호!' 하고 표현하였다면 내가 '야호' 하고 메아리를 해 줄 때, 소통이 이루어집니다. 그러니까 상대방이 나에게 표현을 했을 때, 내가 어떻게 받아주는 것이 효과적이냐 하는 것이 이 시간의 공부 주제입니다.

자, 어떻습니까? 표현했으니 받아주어야 한다는 것은 너무 당연하지요? 그러면 어떻게 받아주면 좋을까요? 상대방이 "상장 받고 기뻤어요."라고 표현했다고 합시다. 그러면 내가 어떻게 받아주면 좋을까요? 이때 3단계를 유념하라는 말입니다. 그 3단계를 받기 3박자라고 했습니다. 상대가 상장 받고 기뻤습니다, 하고 말했다면 우선 1박자로는 무엇을 해야 되겠습니까? 그대로 경청을 하는 것입니다. 그리고 그대로 경청했음을 상대방에게 알려주는 것입니다. 그렇다면 어떻게 해야 될까요? "아, 상장 받고 기쁘셨군요?" 이렇게 하게 되면 1박자를 제대로 한 것입니다. 경청을 잘하였음을 확인시켜주는 것입니다.

그러면 2박자는 무엇일까요? 상대방이 상장 받고 기쁘다고 했으니까, 상장 받고 기뻤을 그 기쁨을 공감해주는 것이 2박자입니다. 여기에서 공감은 아주 중요합니다. 받기에서 공감을 빠뜨리면 용을 그려놓고 눈동자를 찍지 않는 것과 같습니다. 그래서 받기의 핵심은 2박자, 공감에 있는 것입니다. 1박자는 상대의 말을 그대로 반복하다시피 하면서 경청했음을 확인만 시켜주면 됩니다.

"상장 받고 기쁘셨다고요?" 또는 "상장 받고 기쁘셨군요?" 이 정도면 1박자가 잘 된 것입니다. 2박자는 "아, 상장 받고 기쁘셨다고 하셨는데, 그 기쁜 마음이 참으로 이해가 됩니다. 공감이 됩니다. 정말로 기쁘셨겠어요." 하는 식으로 공감을 표현하는 것입니다. 그러면 벌써 경청을 잘 했고, 그 마음속에 들어있는 기쁨까지 내가 확연하게 공감해주었으니, 그 정도로 해서 받기는 완료된 셈입니다. 그런데 3박자라고 했지 않습니까? 1박자와 2박자 외에 한두 마디를 더 붙이면 좋겠다 싶은 것이 있으면, 그것을 덧붙이는 것입니다. 상대가 "상장 받고 기쁘다."고 했습니다. 그럼 내가 "상장 받고 기쁘셨군요. 아이고, 정말로 기쁘셨겠네요. 그 기쁜 마음 잘 알겠습니다." 한다면 1박자와 2박자가 잘되었습니다. 그다음에 무언가를 덧붙이면 좋겠지요? "축하합니다. 거듭, 거듭, 그런 경사가 생기기를 바랍니다." 하고 어떤 격려, 어떤 찬사 등등을 한두 마디 덧붙이면 됩니다.

그리고 상대방이 아주 곤혹스럽고 좋지 않은 이야기를 해왔다 하더라도, 내가 그것을 3박자에 맞춰서 잘 받아 주기만 하면 평화가 바로 따라옵니다. 상대방이 나에게 부정적인 표현을 했습니다. 그런데 그것을 내가 받기 3박자에 맞춰서 잘 받으면 평화가 오는데 잘못 받아 버리면 전쟁이 일어나게 됩니다. 그런 예는 수없이 많습니다. "너 말이야, 어저께 이러고, 저러고 했는데 네가 그럴 수가 있냐? 저럴 수가 있냐?" 합니다. 그러니까 이쪽에서 또 이렇게 받습니다. "너는 나한테 얼마나 잘해주었다고 그러냐? 이놈아." 이런 식으로 표현한다면 이것은 싸우자는 말입니다. 그러면 내가 어떻게 받아주어야 할까요? "아이고, 어저께 그 일로 네가 마음이 많이 안 좋았구나. 내가 그걸 깊게 살피지 못하고 너를 그렇게 아프게 했으니 미안하구나." 이렇게 어떤 식으로든지 평화가 올 수 있는 받아줌이 되어야 합니다. 평화를 결정하는 받아줌이 또한 이 3박자입니다.

어떤 신문기자 이야기를 들어봅시다. 신문기자가 숙직을 서는 날은 전투가 일어난답니다. 왜냐하면 숙직실로 전화가 와서 "모월 모일, 취재해 간 것, 신문에 언제 나옵니까?" 하기 때문이랍니다. 이런 전화를 받고 "취재했다 해서 다 신문에 나옵니까? 다 못 냅니다."라고 응답하면, 내지 못하게 되는 일이 생길 것을 왜 취재했느냐, 하면서 옥신각신 말싸움이 된다는 것입니다. 그러니까 숙직 날은 그냥 긴장이 되는 것입니다. 그런데 그 신문기자가 동사섭 수련을 하고는 "야, 이제 알았다." 하면서 숙직을 섰습니다. 역시 따르릉하고 전화가 왔습니다. 그래서 "아이고, 취재는 해갔는데 기사화 안 되니까 얼마나 서운했겠어요." 이렇게 받기 3박자로 대응을 하였습니다. "적지 않은 시간을 들여서 취재해갔으니 신문에 턱 나면 얼마나 좋겠어요. 정말로 나도 입장 바꿔 놓고 생각해 보면 그 서운한 마음 너무도 이해가 됩니다. 그런데 또 한편 그렇단 말씀입니다. 신문사 형편으로 보면 취재한 것들이 많아 전부 실을 수는 없는 그런 고충이 있습니다." 과거 같으면 취재원이 뭐라고 불만을 터뜨리며 싸움이 생길 법한 일인데, 이렇게 받아주기를 하니까 "듣고 보니 신문사 입장도 참 그렇겠네요." 하고는 쑥 들어가 버리더랍니다.

이처럼 상대방이 플러스를 표현할 때는 플러스에 상응해서 3단계 식으로 받아주고, 마이너스를 표현할 때는 마이너스를 유념하면서 3단계로 받아주는 것입니다. 이 대목에서 긴급히 말씀드릴 것이 있습니다. 3단계로 받아주라고 한다 해서 또박또박 3단계, 3박자를 지키면서 대화를 하면 자연스럽지 못합니다. 그러니까 3박자를 유념하되 표현 내용은 자연스러워야 합니다. 3박자를 유념한답시고 "응, 그랬다고? 응, 그렇겠네, 응, 그리고 또 플러스알파로 뭘 붙여줄까?" 하는 것보다는 차라리 등 한 번 탁탁 두드려주는 것으로 해서, 3박자가 다 마무리될 수도 있다는 말입니다.

자, 이제 다시 한 번 정리해봅시다. 여러분들은 인간관계에서 소통을 해야 합니다. 그러려면 먼저 여러분들의 마음을 표현하세요. 그다음에 상대방이 표현하면 그 표현을 받아주는 것입니다. 그때는 3단계, 3박자를 유념하면서 받아주는 것입니다. 1박자는 앵무새처럼 상대의 말을 반복하면서 그대로 경청했음을 전해주고 2박자에서 상대의 가슴을 알아준 다음에 거기에 상응하는 적절한 한두 마디가 있으면 그것을 덧붙여 주는 것이 3박자입니다. "축하합니다, 잘되실 것입니다, 위로 드립니다." 등등의 말을 덧붙이는 것이지요. 이런 식으로 인간관계에서 받기 3박자적인 기술로 받아주는 것이 몸에 어느 정도 익어 들었다 하면 자기 주변의 평화는 저절로 결정됩니다. 여러분들 주변에 평화가 있기를 빕니다. 감사합니다.

5대 악성받기

대화중에 저지르기 쉬운
실수 다섯 가지

여러분 감사합니다. 참으로 반갑고 또 이 자리 이렇게 함께해 주시는 것은 일대사 인연입니다. 이 인연 공덕으로 여러분들 진정 큰 복 받으시기를 빕니다. 이 시간의 공부 주제는 **5대 악성받기**입니다. 5대 악성받기가 무엇인지 궁금하시지요? 우선 5대악성받기라고 5자를 붙였는데 그것은 편의상 5라고 한 것입니다. 3이라고 해도 좋고, 7이라고 해도 좋고, 10이라고 해도 좋고, 경우에 따라서는 100대 악성받기라고 해도 됩니다. 그런데 우리들 주변에서 흔히 있을 수 있는 경우를 몇 가지 끌어다가 우선 5대라고 했습니다. 이 숫자는 큰 의미가 없다는 것을 말씀 드립니다.

악성받기란 잘못된 받기입니다. 사람들이 소통하려면 주거니 받거니 해야 됩니다. 그런데 내가 상대방을 받는 과정에서 잘못할 수가 있다는 말입니다. 내가 상대의 말을 듣고 받았습니다. 받을 때는 왜 받겠습니까? 저 사람하고 우의를 더 돈독히 하고, 더 소통을 하고, 관계가 더 바람직하게 되어 두 사람이 더욱 창조적인 일을 할 수 있게 되려고 받는 것입니다. 소통하는 과정은 주기, 받기입니다. 주기 받기인데 내가 주기도 잘 해야 하지만 받기도 잘 해야 됩니다. 받기를 할 때 '받기 3박자'와 같은 룰을 알고 있으면 잘 받을 수 있습니다. 그런데 잘 받다가도 조금 부주의하면 자칫 악성 받기가 될 수도 있습니다. 그래서 받을 때 유념할 것들을 익혀서, 악성 받기라고 하는 함정에 빠지지 말자 하는 것이 이 시간의 주제입니다.

그러면 어떤 악성 받기가 있을까요? 너하고 나 사이에 주거니 받거니 할 때, 상대방에게 관심을 깊게 기울이고 경청을 해야 합니다. 그런데 건성으로 들으며 경청하지 않습니다. 이것이 '불경청 받기'입니다. 대충 듣고 받기를 했다 하면 상대가 동쪽에서 서쪽으로 갔어요, 했는데 잘 듣지 않아서 서쪽에서 동쪽으로 가셨는데, 하고 받게 될 수가 있다는 말입니다. 엉뚱한 받기가 되는 것입니다. 그래서 불경청 받기를 '사오정 받기'라고도 합니다. 불경청 받기는 많은 사람이 범하는 실수의 하나입니다. 그래서 불경청 받기를 5대 악성받기 중에서 첫 번째에 둔 것입니다.

그리고 두 번째는 '한풀이 받기'입니다. 예를 들면 상대방이 우리 시어머니가 이러저러해서 내가 죽겠다, 하고 표현을 했다고 합시다. 그런데 "응, 그래? 너의 시어머니가 이런저런 잔소리를 많이 해서 죽겠다고? 응, 알겠어." 정도로 해 놓고는 "우리 시어머니는 어쩐 줄 아는가?" 하면서 자기 말을 길게 늘어놓습니다. "우리 시어머니는 이러고, 저러고, 그러고…" 하면서 상대방은 1분밖에 안 했는데 자신은 10분, 20분 동안 자기 시어머니 타령을 하는 수가 있습니다. 그러면 상대방은 어떻겠습니까? 자기 마음 좀 알아달라고 말을 했는데, 듣는 둥 마는 둥 해놓고는 자기 한풀이를 마구 해대면 그 대화가 어떻게 되겠습니까? 너하고 다시는 이야기하고 싶지 않아, 하는 상태가 되고 맙니다. 물론 자기 이야기를 내놓지 말라는 것은 아닙니다. 우선 상대방을 충분히 받아준 다음에 내 차례가 되었을 때 자기 이야기를 하면서 한풀이도 할 수 있는 것입니다. 그러니까 상대방을 받아줘야 할 시간에 거기에 집중하지를 못하고, 내 한풀이 식이 되어서는 안 된다는 겁니다.

또 많은 사람이 범하고 있는 악성 받기가 있습니다. 바로 '충고 받기'입니다. 지금은 덜 하지만 나도 충고 받기를 수없이 범해 왔습니다. 어떤 것이 충고 받기인지 예를 들어 봅시다. "우리 시어머니는 이러저러 해서 죽겠어." 그러니까, "아, 그런가?" 해놓고는 "그래도 자네가 이해해야지 어쩔 것인가? 응? 자네 시어머니가 자네처럼 무슨 공부를 했는가? 어쨌는가?" 하면서 상대에게 충고를 하는 것입니다. 이 세상에 충고 받기 좋아하는 사람은 거의 없습니다. 그러니까 충고는 일단 하지 않는 것으로 해두면 됩니다. 상대방이 "시어머니가 여차여차해서 죽겠다." 하면 "아이고, 그런가. 정말로 자네 마음이 그럴 것 같네, 너무 자네 마음이 안 좋겠네." 그렇게 끝내버리면 되는데 충고를 하면 어떻게 되겠습니까? 그래서 일단 충고 받기 좋아하는 사람 세상에 드물다 하는 것을 촌철 하나로 기억해두면 됩니다.

그리고 '일반화 받기'라고 하는 것이 있습니다. 친구가 "우리 아들이 J대 들어가서 우리 집에 경사가 났어." 하며 좋아합니다. 그러면 "아이고, 자네 아들이 J대 들어갔다고? 너무 좋네, 축하하네." 이 정도로 끝내면 참 좋겠지요. 그런데 "아무개 딸도, 아무개 아들도 J대 들어갔다던데?" 하면서 일반화를 시켜 버립니다. 일반화를 시켜버리니까 내 아들을 돋보이게 하려 했는데 누구도, 누구도, 다 그렇다니 어떻겠습니까? 자랑이 희석되고 맙니다. 그러니까 아들 자랑 좀 하려고 했던 사람이 머쓱해져서 무어라 하겠습니까? 당신하고 다시는 이야기하고 싶지 않아, 하는 상태가 되고 맙니다. 그래서 정신을 바짝 차리고 일반화를 시키지 말고, 상대방 경사만 받아주고 그것만 박수를 쳐주라는 겁니다.

마지막으로 '비교 받기'가 있습니다. 상대가 "우리 아들 J대 들어가서 경사 났다."고 하니까 "아무개 딸은 S대 들어갔다고 하데." 합니다. 이렇게 비교 받기를 해버렸다 하면 이것은 사약이나 다름 없습니다. 그렇게 되면 상대방은 죽을 때까지 너하고는 이야기하지 않겠어, 하는 마음이 되고 맙니다.

  이 다섯 가지 중에서 가장 많은 사람들이 범하고 있는 것은 '충고 받기'입니다. 충고 받기 그것 하나만 유념하더라도 훌륭한 받기가 됩니다. 나눔이라는 과정은 진정으로 예술과 같습니다. 표현하고 받는 과정이 예술이 되는 세상을 만들고 싶지 않으십니까? 여러분들이 계신 곳이 잘 소통하고 잘 나누는 예술의 현장이 되길 빕니다. 감사합니다.

인생과 욕구

먼저 사랑해 주고
인정해 주어라

 안녕하세요, 여러분들. 참으로 반갑고 감사합니다. 이 시간에 여러분들과 같이 공부해볼 것은 **인생과 욕구**입니다. 인생과 욕구, 무슨 이야기가 전개될 것 같습니까? 자, 인생과 욕구라고 했습니다. 인생이 무엇이냐고 묻는다면 여러분들은 무엇이라고 답하십니까? 그 답을 내리려고 할 때 필히 거쳐야 할 주제는 욕구입니다. 사람의 욕구부터 이해해야 됩니다. 왜냐하면 인생이라고 하는 것은 결국은 욕구의 실현 과정입니다. 욕구 성취, 욕구 구현 과정이 인생이기 때문에 욕구에 대한 이해가 필요하다는 것입니다.

 그래서 심리학 분야에서는 욕구에 대해서 대단히 많은 연구들을 해왔습니다. 나는 매슬로우의 욕구위계론을 참 좋아합니다. 그 욕구위계론이 100퍼센트 완성된 이론은 아닐 것입니다. 그러나 이것은 상당히 유익합니다. 그래서 강의할 때 매슬로우의 욕구위계론을 많이 활용합니다. 매슬로우는 1908년에 태어나서 1970년에 돌아가셨습니다. 매슬로우께서 63세에 돌아가셨는데 나는 참 장수하는구나 하는 생각도 듭니다. 아무튼 나는 그 매슬로우님에게 아주 감사합니다. 자, 이 시간에 여러분들은 욕구가 인생에 있어서 중요하다는 것을 확실히 손에 쥐어야 되고, 그리고 매슬로우의 욕구위계론을 이해한 다음 욕구 차원에서 우리가 어찌 해야 하느냐 하는 것을 살펴볼 필요가 있습니다. 이 세 단계 공부가 이 시간의 공부입니다.

욕구가 배제된 인생은 돌멩이나 풀포기와 비슷할 것입니다. 사람의 사람인 점, 동물의 동물인 점은 욕구 때문입니다. 이 욕구는 선악의 문제가 아닙니다. 욕구란 우리 속에서 어떤 동인(動因)이 되는 에너지입니다. 그래서 욕구는 선이다, 악이다 할 수 있는 문제가 아니고 그냥 인간의 존재 속성 하나입니다. 그 욕구에는 다양한 측면들이 있겠는데 매슬로우께서는 욕구를 5단계로 이야기했습니다. 그런데 욕구는 5단계로 나누기 전에 일단 두 단계로 나눌 수 있습니다. 결핍동기를 바탕에 둔 욕구와 존재동기를 바탕에 둔 욕구, 이렇게 둘로 나누면 됩니다. 5단계의 욕구 중에서 앞의 4개가 결핍동기를 바탕에 둔 욕구입니다. 그래서 매슬로우께서는 생리욕을 1번으로 놓고 있습니다. 생리욕이 해결되지 않으면 안전욕이 발동할 수가 없고, 안전욕이 해소되지 않으면 사랑욕, 인정욕 이런 것들이 발동되지 않는다고 하는 이론입니다. 그러나 이것이 절대적으로 그렇다는 것은 아니고 나는 대체로 그러하다고 이해하고 있습니다.

그런데 생리욕, 안전욕, 사랑욕, 인정욕 이것을 가만히 살펴보면 참으로 흥미롭습니다. 생리욕의 예를 들어봅시다. 내가 배가 고픕니다. 배가 고플 때는 아무 정신이 없습니다. 밥 먹는 것이 해결되지 않고는 아무것도 하지 못합니다. 금강산도 식후경이라는 말이 있습니다. 금강산이 좋으니 구경 가자고 아무리 해도 내가 한 3일을 굶었다 하면 이 결핍욕구가 해결되지 않고서는 금강산에 가고 싶은 마음이 나지 않습니다. 그래서 생리욕을 1번으로 놓은 것은 아주 일리가 있습니다.

그다음은 안전욕입니다. 생리욕은 지금 바로 고통스럽고 지금 바로 해결하지 않으면 안 되는 것입니다. 그런데 이 안전욕은 미래에 대한 불안을 해소시키자는 것입니다. 내일 무슨 전쟁이 일어날 것 같은 불안한 상태에서는 나는 행복할 수가 없다, 어찌할 수가 없다 하는 것입니다. 안전욕이 충족되면 그 다음은 사회적인 욕구가 생깁니다. 물론 매슬로우 이론에서는 사회적인 욕구를 인정욕과 구별합니다만 사랑욕이나 인정욕은 사회욕입니다. 인간관계에서 일어나는 욕구입니다.

자, 그러면 생리적인 욕구가 해결되었고 이제는 안전합니다. 순간 후에 총알이 날아온다고 하는 그런 불안한 상태는 아닙니다. 이때 바로 옆의 사회에 눈을 뜨게 됩니다. 그래서 주변사람들로부터 어떤 보살핌을 받고 싶어 합니다. 애정 어린 보살핌을 받고 싶은 것, 이것이 사랑욕구입니다. 그리고 이것이 어느 정도 성취가 되었다 하면 그다음은 무엇일까요? 인정욕입니다. 인정욕이라고 하는 것이 속에서 발동을 하게 됩니다. 나는 사랑도 받고 든든합니다. 그러면 이제 무엇이 요청될까요? 이제 나는 상당히 충만하니까. 사회적으로 무엇인가 좀 이루기도 하고 너, 쓸모가 있어, 너, 하면 될 것 같아, 너, 하는 것을 보니까 가능성이 있던데, 하는 인정을 받고 싶은 것입니다. 그런 인정욕이 속에서 해결되면 이제 그다음 차원으로 또 나아갈 수가 있다는 말입니다. 이렇게 사랑욕, 인정욕이라고 하는 사회적인 욕구가 성취되었다 하면 결핍욕구는 다 해결되는 것입니다.

결핍욕구가 해결되게 되면 이제 드디어 자아실현욕이 일어납니다. 자아실현욕은 존재동기를 바탕에 둔 욕구입니다. 이제 결핍된 것은 다 해결되었으니 내가 무엇을 해야 되느냐, 하고 해야 할 일 쪽으로 관심이 가는 것이 자아실현욕입니다. 내 주변을 보니까 사람들이 헐벗고 있습니다. 그럴 때, 헐벗고 있는 저 사람들을 내가 어떻게 도와줄까? 하는 자비의 구현과 같은 욕구가 일어나게 됩니다. 또는 나만이 구현해 낼 수 있는 어떤 미션을 내 속에서 궁행해서 이룩하리라, 그래서 그것을 세상을 위해서 바치리라, 하는 것과 같은 자아실현욕이 발동하는 것입니다. 이 자아실현욕이 충분히 일어나면 세상에 태어나서 궁극적으로 해야 할 일을 하게 되는 것입니다.

사람은 태어났다 하면 자아실현욕이 일어나야 되고, 자아실현을 하다가 가야 되는 법입니다. 그런데 자아실현욕이 발동되기도 전에 결핍욕구를 해결하지 못하고 사라져가는 사람들이 무수히 있습니다. 애처로운 일이지요. 자아실현욕구가 발동되려면 그에 앞서 사회적인 욕구가 해결되어야 한다고 했습니다. 그래서 여러분들의 자아실현을 위해서, 또 세상 사람들의 자아실현을 위해서 여러분들이 해야 할 일이 있습니다. 사회적인 욕구인 사랑욕과 인정욕은 스스로 해결해야 됩니다. 스스로 충분히 자기를 사랑하고 자기를 인정해야 합니다. 그래서 내 속에 있는 사랑욕과 인정욕이 결핍동기로 자리하는 것을 넘어설 수 있도록 해야 합니다. 그 위에 보너스로 다른 사람으로부터 사랑과 인정을 받으면 더 좋지요. 그리고 여러분들이 해야 할 또 하나의 일은 주변사람을 사랑하고 인정해 주는 일입니다. 사랑욕과 인정욕, 이 두 가지는 중대한 열쇠입니다. 이 두 가지 문제에 눈뜨지 못하면 인생을 모르는 것입니다. 이 두 가지에 눈을 뜬 자는 스스로 자아실현을 할 수 있고, 주변사람들이 자아실현을 하도록 도울 수 있습니다.

자, 이 시간을 통해서 욕구에 대해서 살펴보았습니다. 여러분,

여러분의 자아실현을 위해서, 주변사람들의 자아실현을 위해서, 여러분이 할 일은 무엇이라고 했습니까? 자신의 사랑욕과 인정욕은 스스로 성취하고 나아가서 주변사람들을 사랑해주고 인정해주어서 그 사람들의 사랑욕과 인정욕을 성취시켜주는 것입니다. 좋은 시간이 되셨기를 빕니다. 감사합니다.

1그램 1톤의 원리

자아를 꽃피게 하는
1그램의 원리

여러분 안녕하세요. 반갑고 감사합니다. 이 시간에 여러분들과 나눌 공부거리는 **1그램 1톤의 원리**입니다. 1그램 1톤의 원리. 어떻습니까? 무언가 짐작이 되십니까? 1그램 1톤의 원리라는 말은 1그램과 같은 극히 적은 노고로, 1톤과 같은 큰 성과를 거둔다는 원리를 말합니다. 1그램을 입력했는데 1톤을 출력할 수 있다면 좋지 않겠습니까?

현대 심리학의 이론 중에 매슬로우의 욕구 위계설이라는 이론이 있습니다. 그것은 사람의 욕구는 단계를 따라 발현되는데 사랑욕와 인정욕이 성취되면 자아실현욕이 발동하게 되고, 자아실현욕이 발동되어야 자아실현의 삶을 살게 된다 하는 이론입니다. 이 이론은 굉장히 많은 사람들을 관찰해 본 다음에 정립되었을 것입니다. 저도 그 이론을 대단히 좋아합니다. 인생은 궁극적으로 자아실현을 해야 합니다. 그런데 이 자아실현욕이 발현되지 않아 자아실현의 과정을 갖지 못하면 그저 자기 속에 있는 결핍 해소만을 위해 전전긍긍 하다가 가게 되는 인생을 살게 됩니다. 그럼 어떻게 해서 자아실현을 할 것이냐 하는 문제입니다. 자아실현을 하려면 자아실현 욕구가 발동되어야 하고 자아실현 욕구가 발동되려면 그 이전에 인정욕, 사랑욕이 해결되어야 한다는 것이 매슬로의 욕구위계설입니다. 아이 때부터 가정에서, 학교에서, 부모님에게, 선생님들에게, 선배들에게 충분히 사랑과 인정을 받는 기회를 갖고 자란다는 것은 큰 복입니다. 왜냐하면 그런 사람은 자아실현의 인생을 살 수 있기 때문입니다. 칭찬은 고래도 춤추게 한다는 말이 있지 않습니까? 고래가 칭찬 한 마디에 춤춘다는 것은 말하자면 바다의 왕자인 고래도 사랑욕, 인정욕을 가지고 있다는 뜻입니다. 사랑받고 인정받으면 그 거대한 고래까지 막춤을 춥니다. 그리고 인간은 일단 정서적으로 여린 법입니다. 그러니까 누군가가 너를 사랑한다, 너를 인정한다 하는 말을 슬쩍만 해줘도 정서적으로 여린 인간은 무엇인가 사기가 확 올라가게 됩니다. 밖에서 들어오는 아주 조그마한 사랑과 인정이 속에서는 그 결과가 톤으로 일어나서 자아실현으로 이어진다는 것입니다. 그래서 1그램의 출력이 세상을 바꾸는 것입니다.

아르키메데스의 지렛대의 원리도 1그램 1톤을 반증해주는 굉장히 좋은 이야기입니다. 아르키메데스는 "나에게 지렛목 댈 자리만 주어라. 그렇게 되면 내가 지구를 움직이겠다." 그랬어요. 여기에 지렛대가 있습니다. 그리고 지구가, 거대한 지구가 있습니다. 여기에 지렛목을 대놓고 지렛대를 대서 움직이면 지구도 움직여버린다는 것입니다. 이처럼 사랑욕과 인정욕이 충족되는 과정은 1그램에 불과하지만, 그 결과 자아실현이라고 하는 거대한 결과가 일어난다는 뜻입니다.

교도소의 재소자를 대상으로 아이큐 검사를 실시한 심리학 박사가 한 재소자에게 "자네 아이큐가 높군." 했습니다. 그 재소자는 그 말 한 마디를 듣고 사기가 확 올라가서 모범수가 되었습니다. 모범수가 된 덕분에 빨리 출소하게 된 그 사람이 박사님을 찾아갔습니다. "저를 아시겠습니까? 저는 모처의 교도소에 있던 사람입니다. 박사님께서 그곳에 교양강좌 강사로 오셔서 아이큐 검사를 하셨지요. 그리고 재소자 면담 시간에 저에게 아이큐가 높다고 격려해 주셨습니다. 그 격려 말씀 한 마디로 저는 스스로의 생명을 건지게 되었습니다." 그 말을 전해들은 박사가 그 사람을 잘 보살펴 주었고 그는 훌륭한 시민이 되었습니다. 이 이야기는 고스란히 1그램 1톤의 원리를 말해주는 예화입니다.

내 개인 이야기도 하나 해볼까요? 나는 고등학교 때 우울증 환자였어요. 약을 복용해야 할 정도는 아니었지만 항상 의기소침해서 에너지가 축 쳐져 있었습니다. 그런데 수학시험에서 피타고라스 정의를 다룬 주관식 문제 하나를 풀었습니다. 시험지 절반에는 객관식 문제가 여러 개 있고 나머지 절반에는 주관식 문제가 하나 있었는데 이것을 풀어냈습니다. 그런데 우리 반 70명 중에서 나 한 사람이 이 주관식 문제에 정답을 썼다고 선생님께 칭찬을 받았습니다. 2학년 전체 490명의 학생 중에서 다섯 명이 정답을 썼는데, 그 중에 내가 끼었다는 것입니다. 나는 이 칭찬 한 마디를 듣고는 그때까지 있던 우울증이 싹 사라져 버렸습니다. 칭찬 한 마디를 듣고 그때까지 있던 우울증이 다 사라져버린 것과 같은 이런 현상은 바로 1그램 1톤의 원리가 만들어낸 것입니다. 아무튼 이러한 사례는 무수히 있습니다. 그러면 내가 해야 할 일은 무엇이겠습니까? 내 자녀들, 내 후배들, 나의 부하들, 그 사람들을 사랑해주고 인정해주는 것입니다. 사랑해주고 인정해주는 것은 1그램밖에 되지 않지만 그 성과는 톤으로 나옵니다. 그리고 나 자신도 마찬가지입니다. 나 자신도 누군가가 인정해주면 물론 좋습니다. 그렇지만 누군가가 나를 인정하고 사랑해주지 않으니까 구현욕이 나오지 않아 하는 그 따위 생각에 젖어있지 말고 스스로가 빨리 자신의 인정욕, 사랑욕을 해결하는 지혜를 개발해야 됩니다. 그러기 위해서는 자기가 자기를 사랑하면 되고, 자기가 자기 자신을 인정하면 됩니다. 그래서 사랑욕과 인정욕이 해결되는 그 1그램의 과정을 스스로 얼른얼른 끝마쳐라 하는 것입니다. 그리고 다른 사람들의 사랑욕, 인정욕 충족에 기여하라 하는 것입니다. 그래서 우리 모두가 자아실현을 하는 세상을 만들어야 할 것 아니겠습니까?

1그램 1톤의 원리입니다. 1그램 출력이 세상을 바꿉니다. 1그램 1톤의 원리가 여러분들의 삶에 조그마한 약재가 되었으면 좋겠습니다. 감사합니다.

'그러나' 덕성 미학

실수했다고 생각되면
'그러나'로 회복하라

여러분 반갑고 감사합니다. 이 시간에 여러분들과 함께 공부할 주제는 **'그러나' 덕성미학**입니다. 여러분들은 '그러나 덕성 미학'이 무슨 말일까 하실 겁니다. '그러나'는 접속사입니다. 접속사 '그러나'는 잘 사용하게 되면 굉장한 미덕이 됩니다. 여러분들이 일상생활을 할 때 언어를 어떻게 쓰느냐 하는 것은 대단히 중요합니다. 언어를 잘 쓰면 내 마음이 평화로워지고 이웃도 내 언어 덕분에 평화로워집니다. 곧 전쟁이 일어날 상황에도 말을 잘 쓰면 전쟁을 막아낼 수도 있습니다. 언어 사용 기술은 우리의 삶에서 절대적인 요소입니다.

아무튼 '그러나'라고 하는 단어가 큰 미덕이 된다는 말입니다. 여러분들은 '그러나'를 어떤 경우에 쓰십니까? 너는 키가 크다. 그러나 나는 작다. 이런 식으로 씁니다. 긍정 다음에 '그러나'를 붙이면 틀림없이 뒤에 부정어가 오게 됩니다. 너는 수학을 잘해, 그러나…, 하게 되면 틀림없이 그 뒤에는 영어는 못 해, 하는 식으로 반드시 부정적인 문장이 따라 붙습니다. 사람들은 일상생활을 하면서 수 없는 상황에서 부정적인 평가를 합니다. 너는 왜 수학 공부를 그렇게 못하냐, 너는 영어 공부를 왜 그렇게 못하냐, 너는 왜 그렇게 거짓말을 잘하냐, 너는 왜……. 이런 식으로 수없는 부정어가 판을 치고 있습니다. 이 부정어가 세상에 끼치는 스트레스는 대단합니다. 그래서 일은 일대로 되게 하되 부정어를 최소화 시키는 길이 없을까 궁리하게 됩니다. 우리는 그 방법을 연구하고 그것을 문화적인 장치로까지 만들어내야 한다고 생각합니다.

그런데 부정어 다음에 '그러나'가 붙게 되면 똑같은 '그러나'가 긍정의 미덕을 불러오게 됩니다. 그런 예를 들어 보면서 생각해 봅시다. 단어 하나가 쓰임에 따라서 미덕이 된다면 우리들은 그 단어에 깨어나야 됩니다. '그러나'라는 단어는 생활 속에서 무수히 쓰이는 단어입니다. 그래서 그 '그러나'를 효과적으로 써서 우리의 행복 수위를 좀 높여보자는 것입니다. 그것은 조금만 버릇을 들이면 참 쉬운 일입니다. 나는 많은 경우에 '그러나'의 덕을 봅니다. 내가 상대방에게 아차! 하고 말을 잘못해 버렸다고 합시다. 예를 들면, 아이에게 "너 어째 공부를 그 모양으로 하니?"라고 했다고 합시다. 그런데 번쩍 정신이 들어서 아이고, 내가 부정으로 끝내 버렸구나. 이거 긍정으로 돌려야 되겠는데, 한다면 '그러나'를 붙여 보십시오. 그러면 "그러나 너는 아주 건강해서 활발하게 뛰어놀고 친구들과도 잘 어울리고 어려운 친구도 잘 도와주고 하니 참 좋구나." 하는 식이 됩니다. 너는 그런 것은 그러하지만 이런 것은 참 좋더라, 하는 상황은 얼마든지 있는 법입니다. 그래서 이 '그러나'는 내 자신에게도 적용하고, 내 주변 사람들에게도 적용해야 합니다.

아이고, 나는 어학은 제로야. 영어, 그렇게 하려고 해도…. 이 말은 내가 나 자신에게 늘 썼던 소리입니다. 그 영어라고 하는 것, 중학교 3년 배웠고, 고등학교 3년 배웠고, 대학교 가서 4년 동안 영어 원서도 읽고 했는데 미국 친구 만나면 입이 딱 벙어리가 되고, 해도 해도 안 되더라니까. 그렇게 말해 놓고 그냥 끝내버린다면 어떨 것 같아요? '나는 영어를 못 한다.'가 자기 암시가 되는 것입니다. 자기 암시가 되어서 어학적인 재능이 잠재층에서 올라오다가도 말을 그렇게 해 버릇하면 그 재능이 그만 가라앉아 버리고 맙니다. 그러니까 부정어 다음에는 필히 '그러나'를 붙이라는 말씀입니다. 그리고 영어를 못한다는 자기 암시는 영어 능력에만 문제를 일으키는 것이 아닙니다. 영어 능력 하나를 위축시킨 것으로 하여 내 생명 전체가 전반적으로 함께 위축되는 법입니다.

그래서 나는 '아이고, 영어는 해도 해도 안 되더라.'라고 하게 되면 금방 속으로 '그러나 나는 수학적인 재능은 뛰어났었어.' 탁 그렇게 합니다. 그렇게 되면 내 속에서 묘한 균형감이 잡히면서 느낌이 좋습니다. 이처럼 자기 자신에 대해서도 늘 '그러나'를 붙여서 부정적으로 느껴지는 흐름을 긍정적으로 전환시킬 수 있습니다.

나는 또 얼굴 콤플렉스로 심하게 시달렸던 세월이 있습니다. 매일, 나는 얼굴이 못났어. 내 얼굴은 누구누구에 비하면 형편없어, 그랬습니다. 그런데 훗날 '그러나'를 써보았습니다. '그러나 나는 논리적인 사고는 뛰어나. 그래서 불교 법리를 이해하는 데는 아마도 2등이라고 하면 서러울걸?' 그처럼 부정적인 것 뒤에는 '그러나'를 붙여서 속에서 딱 균형을 잡아주는 것이 좋습니다.

주변 사람들에 대해서도 마찬가지입니다. 공동체 사람이 내 마음에 안 든다고 해 봅시다. 어떤 사람의 무엇, 무엇, 무엇이 내 마음에 안 든다고 할 때 "내가 원하는 것이 A, B, C인데 저 사람은 왜 저 모양이냐." 하고만 있다면 어떻겠습니까? 나도 손해고, 내 에너지가 그 대상에게 전달되니 그 사람도 안 좋을 것입니다. 그래서 내 속에서 딱 균형을 잡아 줍니다. "그러나 그 사람이 없다면 우리 공동체 곳곳에 쓰레기가 널려 있을 거야. 우리 공동체가 깨끗한 것은 그 사람 덕분이지. 정리정돈하고 청결하게 하는 것은 어느 누구도 그 사람을 따라오기 어려워." 이런 식으로 하면 균형이 잡혀지게 됩니다. '그러나'로 균형을 잡아주어야 하는 것은 생활 속 수없는 곳에서 나 자신에 대해서나 주변 사람에 대해서나 또 어떤 상황에 대해서도 똑같이 해당됩니다.

우리 공동체 예를 들어 봅니다. 공동체로 들어가는 진입로가 비탈길이라 좀 올라가야 합니다. 나 자신도 그렇지만 비탈길이 힘들게 느껴지는 사람들이 제법 있을 법 합니다. 그럴 때 내 속에서는 이렇게 균형을 잡습니다. '그러나 이렇게 비탈길을 올라간다는 것은 불지(佛地)를 향하여, 부처의 경지를 향하여 향상되어 가는 것을 의미하는 거야. 이건 상향문이야. 상향문으로 꾸준히 올라가라고 하는 큰 법문일 수가 있어.' 비탈길이라 조금 그렇단 말이야, 하는 생각이 들면 '그러나' 하면서 전환시켜 버리는 것입니다. 그렇게 되면 좋지 않게 여겨지던 것이 긍정적인 것으로 변하게 됩니다.

아무튼 여러분들은 곳곳에서 부정적인 생각, 부정적인 표현을 할 수가 있습니다. 그때마다 '그러나'를 꼭 붙여 보십시오. 필히 부정이 전환되고 긍정적인 마음이 나오게 될 것입니다. 여러분들의 행복 수위를 높이는 데에는 다양한 길이 있습니다. 그 중의 하나가 '그러나'라는 접속사를 효과적으로 잘 쓰는 것입니다. 오늘 공부하신 '그러나 덕성 미학'을 기억하시고 실천하신다면 행복 수위가 한층 달라질 것입니다. 여러분들의 행복을 빕니다.

수희와 덕담

함께
기뻐하기

여러분 반갑고 감사합니다. 이 인연으로 여러분들이 개인적으로나 가정적으로, 또 여러분들이 이르는 곳 그 어디에나 두루두루 복이 넘치시기를 빕니다. 이 시간 여러분들과 나눌 공부거리는 **수희(隨喜)와 덕담(德談)**입니다. 덕담은 자주 듣는 말이라 해도 수희는 그 뜻이 얼른 떠오르지 않을 수도 있겠습니다.

덕담이란 내 주변 사람이나 사물에 대한 긍정점을 드러내서 표현하는 것을 말합니다. 내 이웃 아무개가 모습이 참 곱다면 곱다고 표현해주고, 말하는 모양이 참 단정해서 좋다고 하면 말하는 모양이 단정해서 좋다고 표현해주는 것이 덕담(德談)입니다. 덕담의 예는 수없이 많습니다. 내 주변에 긍정적으로 느껴지는 것들이 수없이 많기 때문입니다. 그런 긍정적인 것을 자기 속에만 가지고 있지 않고 입으로 표현했을 때 그것을 덕담이라고 합니다.

그런데 덕담의 바탕이 되는 마음이 바로 수희(隨喜)입니다. 이 수희라는 말을 직역하면 기쁨을 따라간다 하는 뜻입니다. 즉 이웃의 경사를 축하하는 마음이 수희입니다. 축하해주는 마음이 수희요, 그 마음을 밖으로 드러내서 축하하는 표현을 해주는 것이 덕담(德談)입니다. 수희(隨喜)와 덕담(德談)은 체(體)와 용(用) 개념인 짝(세트) 개념입니다.

수희와 덕담은 참으로 당연한 도리입니다. 사람이 세상을 향해 품어야 할 마음이 있고 표현해야 할 행동이 두루 있을 터, 그 대표적인 것은 바로 수희(隨喜)와 덕담(德談)입니다. 여러분들은 이것이 왜 그토록 중요한지 생각해보셨습니까? 지극히 당연하기 때문에 생각해 본 일이 없을 수도 있겠습니다. 수희와 덕담은 예외를 따질 필요가 없을 만큼 당연하고 좋은 것입니다. 그러나 내가 수희의 마음을 가지고 덕담을 한다는 것을 조금 깊이 살펴보면 어떻습니까? 수희의 마음을 품고 덕담을 할 때, 표현하는 스스로가 행복하고 또한 그 대상이 되는 사람이나 곁에서 보고 듣는 사람도 함께 행복합니다.

상대방의 경사에 함께 축하하는 마음이 수희라고 했습니다. 사바세계에는 사촌이 논을 사면 배가 아프다 하는 말이 있습니다. 이런 마음은 수희의 반대쪽 마음이지요. 미성숙한 마음입니다. 그런데 수희하는 마음은 어떤 마음일까요? 사촌이 논을 샀습니다. 그러면, 아이고, 사촌 잘 됐네. 정말 축하하네 하는 마음이 수희입니다. 그러고 또 솔직히 조금 질투심이 생겼다 합시다. 그러면 그 질투심까지 표현하면서 축하할 수가 있습니다. "아이고, 사촌 이번에 논 서 마지기 샀다면서? 아이고, 솔직히 조금 질투가 나긴 했지만 참으로 좋네. 자네 축하하네." 하는 것입니다. 이런 덕담의 표현, 얼마나 좋습니까?

기쁨은 나눌수록 커지는 법입니다. 이 세상을 천국으로, 극락으로 만든다 할 때, 천국화 작업, 극락화 작업으로 '수희(隨喜)-덕담(德談)'만 한 것이 있겠느냐 할 만큼 수희(隨喜)와 덕담(德談)은 필요합니다. 그리고 이 덕담과 수희라는 것은 대단히 긍정적인 바이러스 성질을 가지고 있습니다. 그래서 어떤 사람이 수희의 마음으로 덕담 표현을 했다 하면 그 기운이 주변으로 퍼져나가 사람들이 그것을 배웁니다. 함께 기뻐하면서 배우는 것입니다. 그렇게 배워서 자신도 밖에 나가 수희의 마음으로 덕담을 하게 됩니다. 그래서 일파만파로 그 밝음이 세상에 전해집니다. 그래서 수희와 덕담은 긍정 바이러스의 역할을 하는 것 입니다.

그리고 일고수 이명창(一鼓手 二名唱)이라는 말도 유념해 두십시오. 소리꾼이 소리를 할 때 곁에서 북을 치면서 "얼씨구, 좋다아~" 하는 사람이 고수입니다. 아무리 소리를 잘하더라도 북을 치면서 추임새를 넣어주는 고수가 없으면 어떤 고비를 넘지 못하니다. 그러니까 수희덕담(隨喜德談)이 바로 고수(鼓手)의 역할이 되는 것입니다. 수희덕담(隨喜德談)이 명창을 만들어내는 것이지요.

 그리고 한 가지 유념할 것이 또 있습니다. 사랑받고 인정받는 사람이라야 의식이 열리고 성숙해가는 법입니다. 사랑을 못 받고 인정을 못 받게 되면 속에서 확 열려야 할 것이 열리지 못하고 움츠리고 있게 됩니다. 그러니까 내 아들, 내 딸의 마음이 탁 열리면서 크게 성숙할 수 있기를 원한다면 내가 할 일은 무엇이겠습니까? 바로 '수희덕담(隨喜德談)'입니다. 그렇게 아들, 딸에게 '수희덕담(隨喜德談)'을 하게 되면 그 영혼이 열립니다. 사랑받고 인정받는 사람은 세상에 나아가 제 할 일을 다 하게 됩니다.

 저의 경우도 별 것 아닌 걸로 열리는 순간이 있었습니다. 대학 다닐 때, 친구 김웅이 "최 형은 참 진실해요." 하고 한 마디 한 적이 있었습니다. 그런데 그 친구와의 많은 추억거리 중에서 그것 하나가 지금껏 우뚝 남아있습니다. 그 말이 정말 좋았습니다. 그리고 살아오면서 그 말이 은근히 나를 격려하곤 했습니다. 수희와 덕담은 그런 식으로 우리에게 작용합니다. 또 고등학교 때는 이런 일도 있었습니다. 제가 피타고라스 정리에 대한 주관식 문제 하나를 풀었는데 수학 선생님이 우리 반에 들어오셔서 2학년 5반에서 아무개 한 사람이 이 주관식 문제를 풀었다고 말씀하셨습니다. 이 칭찬 한마디를 듣고, 이 덕담 한마디를 듣고 그때까지 가지고 있던 우울증이 싹 사라져버렸습니다. 말 한 마디가 이처럼 중요한 것입니다.

　우리들은 수희-덕담하며 살아야 합니다. 이 강의를 들으니까 정말 덕담과 수희를 잘 해야겠다는 생각이 드시지요? 그런데 어떨까요? 앞으로는 그렇게 하리라, 하고 그냥 생각하면 잘하게 될까요? 하던 사람은 하게 되고 안 하던 사람은 영원히 안 하게 됩니다. 그러면 안 하던 사람이 하게 되려면 어떻게 하면 될까요? 학습입니다. 연습입니다. 학습의 부재가 악덕을 고착시키는 것입니다. 악덕에서 벗어나려면 학습이 필요합니다. 자, 그러면 학습은 어떻게 하면 좋을까요? 우선 주변 사람들, 주변 사람이라고 해야 우선 가족들과 친한 친구들, 늘 만나는 사람들일 터인데, 그 사람에 대해서 긍정점을 생각해보고 그것을 써보는 것입니다. 우리 아버지는 이런 점이 훌륭해, 이런 점, 이런 점, 이런 점. 그리고 우리 어머니는……, 이런 식으로 가족들의 긍정점을 쭉 써보는 것입니다. 그리고는 그것을 가족들에게 표현하면 그것이 덕담입니다.

　또 어떤 사람에게 무슨 경사가 일어났습니다. 그 사람은 지금 천 리 밖에 있는데 무슨 상을 받았다고 합니다. 그러면 그 자리에서 바로 전화를 하거나 얼른 메모를 해둡니다. 그러면 메모를 보고 전화를 해서 "이러이러한 소식 들리던데, 아이고, 정말 잘 됐어. 축하해요." 하게 됩니다. 이런 것을 늘 해 버릇해야 수희 인품과 덕담 인품이 만들어집니다. 그리고 그런 명상 내용들을 표현할 때도 적절한 타이밍을 잡아서 해야 좋습니다. 그리고 한 번 나누었으니까 끝내버린다 하지 말고 나누었던 것도 다시 나누도록 합니다. 했던 덕담도 또 하고 또 합니다. 물론 상대방이 제발 좀 그만해라, 할 정도까지 하라는 것은 아닙니다. 적절한 시간에, 이미 했던 이야기지만 또 표현하고 싶은데 해도 될까, 하면서 또 표현합니다. "아, 있잖아, 자네가 그때 내 호주머니에 용돈 얼마를 쑥 집어넣어 주었잖아. 내가 그걸 떠올리면 그때마다 기분이 좋다니까. 참 고마웠어." 표현했던 것이라도 이렇게 거듭 표현하는 것입니다. 나누었던 내용도 거듭 나눈다. 이것도 마치 촌철처럼 유념하세요. 그리고 여러분들이 자신의 주변을 수희(隨喜)와 덕담(德談)으로 마구 살려내서, 여러분들이 계신 곳을 천국으로 만들어 가시기를 빕니다. 감사합니다.

불해의 덕

해치지만 않아도
덕이 된다

여러분 안녕하세요. 이 시간에 여러분들과 공부해볼 것은 **불해(不害)의 덕(德)**입니다. '불해의 덕'이라 하면 무슨 뜻인지 얼른 알지 못하실 것입니다. '덕'이란 말은 아실 것이고, '불해'란 해치지 않는다는 뜻입니다. 그러면 불해의 덕이란 말은 해치지 않는 것만으로도 덕이 된다 하는 의미입니다. 불해의 덕이라고 하는 말은 내가 만들었습니다. 나는 반평생 공동체를 하면서 다양한 사람들과 함께 살아보았습니다. 그 중에는 저 사람하고는 꼭 함께 살았으면 좋겠어, 하게 되는 사람도 있지만 어떤 사람에 대해서는 아이고, 저 사람하고는 함께 살면 안 되겠어, 하게 되는 경우도 생깁니다. 그러면 그럴 때 어찌 하면 되겠습니까? 저 사람과는 함께 사는 것이 안 좋아 하는 정도가 커지면 어떻게 되겠습니까? 그 사람을 내보내야 됩니다. 말하자면 쫓아내야 합니다. 자, 이 경우에 어느 정도가 되면 너하고는 못 살겠다, 하고 내보내게 될 것인가, 하는 문제입니다. 어떻습니까?

　세상살이를 하다 보면 필히 수없는 상황이 있고 그때마다 상황에 맞는 판단을 해야 합니다. 어떻게 판단할 것이냐 하는 문제가 구석구석에서 제기되는 것입니다. 그래서 나라에는 헌법이 있고, 민법이 있고, 상법이 있으며, 다양한 법조항이 있습니다. 또 공동체만 하더라도 다양한 내규(內規)가 만들어지게 됩니다. 이 세상이 그나마 어떤 균형을 이루는 것은 그러한 법들, 규칙들이 있기 때문에 그렇습니다. 그리고 하루하루 살아갈 때, 자기 혼자, 자기 속에서 판단을 해야 할 경우가 많습니다. 그때는 자기 속에 스스로 정한 원칙이 있어야 합니다. 말하자면 신념입니다. 자기 속에 원칙을 가지고 사는 사람과 원칙이 없이 사는 사람의 차이를 여러분들이 한번 상상해 보십시오. 원칙이 있는 사람은 그 사람의 행동을 읽어낼 수 있습니다. 아, 저 분은 저 경우에는 저런 식으로 하는데 그것이 일반적으로 좋더라, 할 수가 있다는 것입니다.

　그 사람이 어느 정도로 좋지 않을 때 내보낼 것이냐 하는 고민을 해야 할 상황이 많지 않을지는 몰라도 문득문득 있을 수 있습니다. 내가 살아온 공동체 속에서도 그런 경우가 문득문득 있었습니다. 나는 그럴 때 공동체의 책임자 위치에서 판단을 어떻게 해야 될지 정말로 고민을 하게 됩니다. 내가 미국에서 한국 절 주지(住持)스님으로 있을 때였습니다. 나는 미국 생활을 10년 정도 했습니다. 10년 내내 산 것은 아니고 한국과 미국 사이를 왔다 갔다 하면서 10년 정도 살았지요. 내가 주지로 있는 절에 객스님 한 분이 와서 한동안 살기를 원했습니다. 대체로 절마다 스님이 없어서 고민이니 객스님이 와 준 건 반가운 일이지요. 절은 큰데 사람이 적으면 청소만 하려고 해도 복잡한 일입니다. 그런데 스님 한 분이 와서 여기서 살아도 되겠습니까, 하니 얼마나 감사했겠습니까. 그래서 아이고, 감사합니다. 그럽시다! 했는데 몇 주도 되지 않아서 문제가 마구 생기는 겁니다. 다른 대중들뿐 아니라 신도들까지 아무개 스님이 이 절에 계시면 안 됩니다. 내보내야 됩니다, 하게 되었습니다. 스님들도 내보내야 된다 하고 신도들도 내보내야 된다고 하니 마지막 판단은 내가 내려야 하는 터라 굉장히 고민을 했습니다.

최선의 판단이 무엇이냐. 내보내야 되느냐, 아니면 어찌해야 되느냐를 고민한 것입니다. 이럴 때, 나는 행동이 더딘 편입니다. 어떤 사안이 있게 되면 생각하는 데 시간이 좀 걸리곤 하지요. 그 스님 사안을 놓고도 고민을 했는데 그 와중에 문득 답이 떠올랐습니다. 문제가 어느 수준이 되면 내보내야 되는가에 대한 기준을 두 가지로 잡아낸 것입니다. 첫째, 정신병동에 보내지 않으면 안 될 정도이면 역부족이다. 그다음은 경찰을 부르지 않으면 안 될 경우는 어찌할 수 없는 상황이다, 하는 두 가지의 기준을 세운 것입니다. 그 정도가 되면, 내가 당신을 감당할 수 없으니 우리 공동체에서 떠나주십시오, 한다는 것이지요. 이렇게 기준을 정해 놓고 보니까 그 스님은 아직 정신병동에 보내거나 경찰을 불러야 할 정도는 아니었습니다. 그래서 다른 대중들과 신도들에게 이렇게 말했습니다. "자, 우리 한번 생각해 봅시다. 사람이 어느 정도 되었을 때 내보내야 되는가를 생각해 봅시다. 우리 불교인들이 궁극적으로 지향해야 할 일이 무엇입니까? 해탈과 자비입니다. 어떤 사람, 어떤 대상이 내 마음에 안 든다면 내가 해야 할 일은 그 대상으로부터 해탈하는 일이고, 그다음에 그 대상이 사람일 때는 그 사람을 사랑으로, 자비로 안아야 되는 상황인 것입니다. 그러면 여러분들은 이 상황을 놓고 마음공부를 얼마나 해서 어느 정도 해탈을 했습니까? 해탈할 생각을 하고 계셨습니까? 내가 보건데 해탈할 생각은 별로 하지 않고 밖의 대상만 문제로 삼고 있었던 것으로 느껴집니다. 그리고 여러분들은 저 사람을 따뜻한 가슴으로, 자비로 안을 마음을 얼마나 가져 보았습니까? 내가 보건데 그것도 아닌 것 같았습니다. 그러니까 우리들이 시간을 갖고 좀 더 두고 봅시다. 그러면서 우리는 우리들대로 해탈해가고 자비로 안아보고, 저 스님은 저 스님대로 내가 지도할 수 있는 한 해보고 그렇게 하겠습니다."

그렇게 해서 딱 놓아두었습니다. 그냥 둔 채 살아갔습니다. 살아갔는데, 시간이 조금 지나니까 별로 문제도 안 되고 사찰 내에서 우리들이 해야 할 일들이 있을 때 누구보다도 일찍 쫓아와서 그 일을 잘 해내는 것입니다. 내가 인생을 통틀어서 그와 비슷한 상황을 네 차례를 겪어 보았는데 네 차례 전부 내 속에서 그런 기준을 세워두니까 좋았습니다. 내가 그런 마음을 가지니까 우선 내가 편해집니다. 언듯하면 몰아내곤 하였다면 얼마나 불편하였겠습니까? 쫓겨나간 사람은 또 어떠했겠습니까? 윈-윈(win-win)이 되니 내가 편안해서 좋고, 그다음에 상대방은 상처를 받지 않게 되니 좋습니다. 그리고 내 뜻과 감정, 내 속에 있는 이 마음이 끝내는 전달돼서 결국 감화가 될 수도 있습니다. 그리고 그런 사람이 있을 때, 공덕도 있습니다. 무엇보다도 공동체에 큰 공부거리가 되었습니다. 이 사람은 절대로 안 된다 하는 상황이 생긴다면 마지막까지 고려하시도록 하십시오. 경찰을 부르지 않으면 안 될 상황이거나 정신병동에 보내지 않으면 안 될 상황이 아니라면 더 깊은 마음으로 그 상황을 관조해보고, 그 상황을 끌어 안아주는 그러한 자세로 살아가보는 것입니다.

불해(不害) 자체가 하나의 덕(德)이라 했습니다. 여러분들이 계시는 모든 공동체에서 불해의 덕과 같은 그런 신념이 받아들여져서 보다 깊은 사랑이 넘치는 세상이 되었으면 좋겠습니다. 감사합니다.

교재삼기

공동체를
살리는 비법

여러분 감사합니다. 이 시간 공부주제는 **교재삼기**입니다. '교재 삼기'라고 하면 어떤 생각이 드십니까? 내가 교재삼기에 대해 자각하게 된 것은 한 30년 됐습니다. 지리산 공동체에서 여러 사람들과 더불어 살면서 공동체가 성공을 하려면 이 교재삼기라는 것이 작동되어야 한다는 자각이 깊게 왔습니다. 30여 년을 이런 모습, 저런 모습으로 공동체를 쭉 해오면서 항상 느낀 것이 교재삼기입니다. 이것이 되면 공동체가 되고, 이것이 되지 않으면 공동체가 되지 않는다고 생각할 정도입니다. 이것은 나의 경우에만 해당되는 것이 아니라 가정 공동체도 제대로 되려면 교재삼기가 되어야 합니다. 직장 공동체도 마찬가지입니다. 세상 공동체나 국제사회도 마찬가지 입니다.

그러면 이 교재삼기라고 하는 것이 무엇일까요? 교재삼기는 내가 살아온 삶의 흔적을 짚어보면서 이상적으로 되지 않은 것을 발견해 내고 그 과정을 분석 반추하면서 교정하는 것입니다. 내가 살아온 삶의 흔적이 교재가 되는 것이지요. 그 교재를 분석해 보는 것이 교재삼기입니다. 우리는 미래를 위해서는 과거를 돌아보아야 합니다. 인생이라고 하는 것은 전반적으로 불완전한 곡예 과정이지요. 그렇지만 또 완전을 향해서 열려있는 과정이 인생이기도 합니다. 인생은 베스트로 펼쳐지지 않습니다. 늘 낮은 수준으로 그럭저럭 흘러갑니다. 그렇지만 끝내 가능성으로 열려있습니다. 100점으로 펼쳐질 수 있는 가능성은 열려 있습니다. 그래서 교재 삼기로 학습을 잘하면 낮은 수준으로 흘러가던 삶의 역사, 공동체의 역사가 높은 쪽으로 향상해갈 수 있다는 말입니다.

일일삼성(一日三省)이라는 말이 있습니다. 하루에 세 번 내 삶을 돌아본다는 것입니다. 공자의 제자 중에 증자(曾子)라는 분이 있습니다. 증자는 참으로 훌륭한 철학자입니다. 그분이 내놓은 말씀이 바로 일일삼성이었습니다. 교재삼기란 이렇게 자신을 돌아보는 작업 입니다. 만일 교재삼기가 되지 않는다면 어떨까요? 공동체에서 서로서로 상대방의 못난 역할과 못난 모습을 보면서 속에 불만이 쌓이고 쌓이게 됩니다. 여기서 불만이 쌓이고, 저기서 불만이 쌓이고, 나도 쌓이고 너도 쌓이고 하면서 불만이 쌓이다 보면 어떻게 되겠습니까? 공동체의 수준이 늘 낮은 차원에서 지글거리면서 높아지지 않습니다. 그래서 공동체살이가 재미없다 하게 됩니다. 인생은 진정으로 공동체 과정입니다. 태어나자마자 가정 공동체의 일원이 되는 겁니다. 태어나자마자 바로 세상 공동체, 국가 공동체의 구성원이 됩니다. 그 공동체의 수준이 좀 더 지고해지려면 공동체 구성원의 성숙이 요청됩니다. 성숙의 길은 다양하게 많습니다. 하루하루 살면서 순간순간 살아가는 삶의 모습이 잘못됐으면 그것을 고쳐가는 것도 중대한 성숙의 길입니다.

그런데 상대방은 내 잘못을 아는데 나는 모른다고 하는 경우가 많습니다. 그렇다면 어찌해야 되겠습니까? 공동체적으로 무엇을 하면 좋을까요? 바로 교재삼기를 약속하는 것입니다. 교재삼기를 약속해서 우리들이 지난 일주일 동안 미성숙하게 살았던 것이 발견되면 서로 이야기 해주고 고쳐나가는 것입니다. 공동체를 지난 일주일보다 더 훌륭한 모양새로 만들기 위하여 교재삼기를 합시다, 하고 공동체 단위로 약속을 하는 것 입니다. 약속을 하면 잘 될 것 같지요? 그러나 인간은 정서적으로 여립니다. 교재삼기를 하자고 약속은 했는데 "너 걸어가면서 침 뱉는 것 보기 싫더라." 하고 말하면 그것 하나 때문에 속이 상해서 3일 간을 끙끙거리고 있는 것이 인간입니다. 그래서 차라리 그럴 바에는 교재삼기를 하지 않는 편이 낫다. 교재삼기를 했다 하면 저렇게 속이

상해버리지 않느냐, 하는 말이 나옵니다. 물론 교재삼기라고 하는 것이 쉬운 일은 아닙니다. 그러나 쉬운 일이 아니기 때문에 교재삼기를 수용할 수 있는 공동체가 된다는 것이 굉장히 흥미로운 도전목표가 됩니다. 그래서 나는 우리 공동체에서 교재삼기가 완벽한 문화 도구가 되게 하려고 노력합니다. 여러분들에게 이런 말씀을 드리면 아마도 "듣고 보니 교재삼기가 문화 장치로 되면 참 좋겠습니다. 그런데 실제로 해보면 안 된다고 하는데 어떻게 하면 될 수 있을까요?" 하는 질문이 나올 겁니다.

교재삼기를 위해서는 다양한 장치가 필요합니다. 이 자리에서 그 장치 몇 가지를 말씀 드리겠습니다. 먼저 공동체 사람끼리 교재삼기를 약속하라고 했습니다. 그런데 하자고 약속했다 해도 "너, 무엇이 나쁘더라.", "너, 어제 어떤 모습 좋지 않더라." 이런 식으로 해서는 실패할 확률이 높습니다. 그러니까 본인이 "제 잘못을 발견한대로 말씀해 주시면 진정으로 고맙게 참고하겠습니다." 하는 말을 할 수 있어야 합니다. 그 말도 진정성 있게 하는 말이어야 합니다. 진정으로 하는 그것을 '자자청(自恣請)'이라고 합니다. 진정으로 자자청을 하는 것이 교재삼기의 일 번입니다.

진정으로 자자청을 했다 하면 잘 될 것 같지만 그것 또한 만만한 일이 아닙니다. 진정으로 했는데 표현하는 사람이 "너 말이야 어쩌고…" 하면서 공격적으로 나오면 또다시 언짢아지고 유리그릇처럼 금방 깨져서 어려움을 겪게 됩니다. 그래서 장치가 또 필요합니다. 피드백을 하는 사람이나 받는 사람이나 억분일공(億分 一空)을 기억해야 됩니다. 억분일공이란 '이 자리에서 잘못이 지적되지만 지적된 잘못은 그 사람 전체 모습의 억 만분의 일도 안 된다.' 하는 뜻입니다. 피드백을 하는 사람이나 받는 사람이나 서로 이렇게 생각을 하고 이런 태도를 전제해야 합니다. 그렇게 해 놓고 교재삼기를 한다면 성공할 확률이 좀 더 높아집니다.

그래도 어렵습니다. 그러면 또 어떤 장치가 필요할까요? 피드백을 하는 사람은 자기 속에 자비심이 있는가 보아야 한다는 것입니다. 내가 자비심을 가지고 이 이야기를 하는가를 조용히 살펴보아야 합니다. 그리고 얼굴을 펴고 약간 빙그레 웃는 모습과 부드러운 말로, 화안애어(和顔愛語)로 합니다.

그다음에 장치가 하나 더 필요합니다. 피드백을 받는 사람은 변화를 보여야 합니다. 아무개 씨 침 뱉는 버릇 좋지 않습니다, 하는 피드백을 받았습니다. 그러면 침을 뱉지 않는 쪽으로 변화할 결심을 하고 변화하려고 노력을 해야 합니다. 하지만 피드백을 주는 사람은 변화를 기대하지 말고 그냥 말해야 합니다. 그러면 변화를 기대하지 않았기 때문에 변화가 없더라도 큰 상관이 없습니다. 그래서 피드백을 받은 사람은 변하려고 노력을 하고 피드백을 하는 사람은 변화까지는 기대하지 마라 하는 것입니다. 피드백을 하는 사람은, "당신의 그런 모습을 내가 보았다."라고만 전하라는 것입니다. 그리고 표현하는 사람은 당신이 나쁘니까 표현한다는 식이 아니라 당신의 그 모습을 보고 내가 이러한 안 좋은 느낌이 일어나서 내 느낌을 공유합니다, 하는 차원에서 아이 메시지(I-Message)로 전하는 것입니다.

이러한 등등의 장치를 전제하고 교재삼기를 한다면 교재삼기가 성공할 수 있고 성공 했다 하면 교재삼기는 이 지상에 핀 꽃 중의 꽃이 될 것입니다. 특히 영성 공동체 같은 곳에서 교재삼기가 성공적인 장치로 장착된다고 하면 그것은 참으로 훌륭한 일 하나를 이룩하는 것이 됩니다. 여러분이 계시는 공동체에도 교재삼기 같은 것을 문화 장치로 장착해서 지고한 수준의 공동체를 이루시기 바랍니다. 감사합니다.

장력의 원리

내가 있는 곳에
좋은 기운 만들기 1

　여러분 감사합니다. 그리고 아주 반갑습니다. 이런 자리에서 우리들이 이렇게 만난다고 하는 것은 보통 인연이 아닙니다. 이 인연 공덕으로 여러분들 몸 건강하시고 마음 아주 평화로우시고 원하시는 일들 두루두루 잘 성취되시기를 빕니다. 이 시간의 공부 주제는 **장력(場力)의 원리**입니다.

　장력(場力)이란 무엇일까요? '장'은 마당 장(場) 자를 써서 공간이라는 의미입니다. '력'은 힘력(力) 자 인데 이것은 에너지라고 생각하면 됩니다. 그래서 장력이란 공간 속에 있는 에너지, 공간 속에 흐르는 에너지를 뜻합니다. 그런데 장력은 그 장력권에 있는 사람들의 행, 불행에 결정적인 기능을 합니다. 장력은 그 장력권

(場力圈)에 살고 있는 존재들을 행복하게 하는 행복의 원리로도 기능되고 불행하게 하는 불행의 원리로도 기능합니다. 그러니까 우리들이 그 장력의 원리를 알아두는 것이 좋겠지요. 그러나 원리라고 해서 특별한 요소가 있는 것은 아닙니다. 여러분들이 내 주변의 장에 남실거리고 있는 이 에너지가 어떤 것은 나에게 행복기능으로 작용하지만 어떤 것은 불행기능으로 작용하는구나, 하고 생각하시면 됩니다. 그래서 어떻게 해서 내가 내 주변 공간에 흐르는 에너지를 좋게 만들고 어떻게 하면 내가 그 좋은 에너지의 도움을 입어서 행복해질 수 있을 것인가, 하고 관심을 기울이는 것이 이 시간의 공부입니다.

에너지라고 하는 것이 밖에만 있으면 큰 문제가 없는데 서로 교섭되고 서로 교호됩니다. 내속에 있는 에너지도 딱 굳어서 속에만 머물러 있는 것이 아니라 밖으로도 나가게 되어있고 밖에 있는 에너지는 속으로 들어와서 이 천하의 에너지들은 서로 오거니 가거니 한다는 말입니다. 그리고 이 에너지라고 하는 것이 저쪽에 있는 에너지와 계속적으로 바꾸어지면 좋은데 놀랍게도 그 에너지라고 하는 것은 흐르는 듯하면서도 어떤 패턴으로 형성되면 탁한 에너지가 새 에너지로 바꾸어지지 않고 그대로 견지되는 것입니다. 그래서 맑은 에너지도 견지되고, 탁한 에너지도 견지되어서 그 견지된 에너지 권에 있게 되면 그 에너지가 나에게 맑고 좋을 때는 도움을 받지만 탁하고 좋지 않을 때는 피해를 받게 됩니다.

 자, 그러면 장력이 그러하다고 하니 지금부터 이 장력을 어찌하면 좋겠습니까? 아, 그렇다면 내가 좋은 장력이 있는 곳에 가서 살면 되겠네, 하는 방법도 생각해 볼 수 있을 것입니다. 그런데 좋은 장력이 흐르는 곳을 어떻게 발견할 수 있겠습니까? 장력이라고 하면 일단 양장력과 악장력이 있다고 아시면 됩니다. 그런데 양장력에도 천연 양장력이 있는가 하면 인공 양장력이 있습니다. 악장력도 마찬가지입니다. 천연 악장력이 있는가 하면 인공 악장력이 있습니다.

 천연이란 인간이 어떻게 할 수 없이 자연적으로 그렇다는 것을 의미하고 인공(人工)이란 인간이 마음대로 만들고 창출할 수가 있다는 뜻입니다. 그렇다면 우리가 기대할 수 있는 것은 무엇이겠습니까? 천연적인 것은 내가 어찌할 수 없습니다. 그러니까 내가 운 좋게 천연 양장력권에 살 수만 있으면 좋겠지요. 천연적으로 양장력이 흐르는 그 장을 명당이라고 하는 겁니다. 그리고 천연 악장력이 주로 많이 흐르는 곳을 흉당이라고 하지요. 그러니까 복 있는 사람은 살다 보면 늘 명당에서 산답니다. 그런데 복이 없는 사람은 운 나쁘게 자꾸 흉당에 가서 살게 됩니다. 그러면 여러분은 어때요? 어떻게 하면 명당에 가서 살 수 있을까, 하고 궁리하십니까? 여기는 지금 명당에 가서 살 수 있는 길을 논하는 그런 자리가 아닙니다. 그러나 나온 김에 힌트 하나만 드리고 싶네요. 여러분이 명당에 가서 사시려면 명당을 볼 줄 아는 풍수를 만나면 됩니다. 풍수를 만나서 "풍수님. 제가 명당에서 살고 싶으니 명당을 좀 가르쳐 주쇼." 하면 풍수가 "음~, 저기가 명당이다." 하면 거기 가서 살면 되겠지요. 그런데 그 풍수가 거짓말을 했다 하면 낭패 아닙니까? 명당과 흉당을 정확히 갈라낼 수 있는 풍수를 찾기란 어려운 법입니다. 그리고 찾았다 하더라도 정말로 명인인지 아닌지는 모르는 법이지요. 그런데 확실한 길이 하나 있습니다. 그것은 복을 짓는 것입니다. 복 짓는다는 것이 무엇이지요? 다른 사람을 기쁘게 해주는 것이 복 짓는 일입니다. 복 짓는 일을 자꾸 하게 되면, 앞으로 넘어져도 코를 안 다치고 뒤로 넘어져도 머리를 안 다친답니다. 복을 짓게 되면 어느 집이나 들어가 살아도 그 집이 이미 명당이곤 한답니다. 그러니까 여러분들이 전생부터 복을 많이 지어왔다고 하면 틀림없이 여러분들이 사시는 곳은 다 명당일 것입니다. 그런데 지금은 아닐지도 모르니까 다음에 명당에서 살기 위해서라도 복을 많이 지으시라는 말입니다. 그렇지만 이 시간의 주제는 복 지어서 명당에 가자는 것이 아닙니다. 오늘의 주제는 인공 양장력입니다. 의지적으로 노력을 해서 내 주변 장력을 양장력으로 만드는 것, 이것이 오늘 강의의 초점이고 장력의 원리입니다.

자, 그러면 의도적으로 어떻게 노력을 해서 내 주변에 양장력이 가득 채워 질 수 있도록 할 것이냐 하는 문제입니다. 이 시간에는 우선 아하! 내가 노력을 해서 내 주변에 양장력이 가득 차게 할 수 있다고 하는구나. 어떻게 노력을 하면 될까, 하고 연구를 해보십시오. 그렇게 연구하는 과정에 선생님을 찾아서 돌아다니기 전에 본인이 먼저 생각을 해보도록 하십시오. 본인이 생각하면 본인 속에서 답이 다 나오게 되어 있습니다. 그래서 본인 자신에게 묻고 답을 하면서 살짝살짝 선생도 찾아가 보고 책도 보고 하는 것은 좋습니다. 내 속의 이 지혜는 한없는 가능성으로 있는데 아예 그것을 소외시켜버리고 선생만 마구 찾아다닌다고 할 것 같으면 그것은 스스로를 죽이는 것입니다. 그러니까 음~. 인공 양장력이라. 어떻게 하면 내 주변에 양장력이 가득 차도록 할 수 있을까, 사람 스스로가 노력을 하면 그것이 가능하다고 하는데 그 길이 무엇일까, 하고 화두를 들고 궁구하듯이 여러분들 관심을 그쪽으로 기울여 보자는 것이 이 시간의 공부입니다.

여기까지 공부가 제법 되셨지요? 어찌 되었든 여러분들 주변의 장력이 양장력이기를 빕니다. 그래서 그 양장력권에 사셔서 여러분들 심신이 건강하고 130세까지 사신다면 좋을 것 아닙니까. 감사합니다.

장력의 실제

내가 있는 곳에
좋은 기운 만들기 2

    여러분, 반갑고 감사합니다. 이 시간에 여러분과 공부할 주제는 **장력의 실제**입니다. 자, 장력(場力)이 무엇이지요? 장력은 장(場)에 흐르는 에너지를 뜻합니다. 여러분들은 지금 장(場)안에 있는 존재이고 여러분들 주변에는 장력이 흐르고 있습니다. 왜 이 장력이 문제가 될까요? 이 장력(場力)이 장(場) 안에 있는 사람들, 장 안에 사는 생명들의 행, 불행에 영향을 주기 때문에 의미가 있는 것입니다. 그래서 장력에 대해서 생각해 보아야 합니다. 또 그 장력을 어찌 해야 할 것인가 고민도 해야 하는 겁니다.

    여러분들 주변에는 아주 좋은 장력이 흐를 수도 있고 좋지 않은 장력이 흐를 수도 있습니다. 여기에서 결론적으로 말하자면 장력은 천연적으로 결정된 부분도 있지만 인공적으로, 내 마음대로 바꿀 수도 있다는 점이 중요하다는 것입니다. 실제에 있어서 장력은 인공적으로 바꿀 수 있다는 것을 지금 말씀드리는 것입니다.

자, 여러분들 주변의 장력이 여러분들의 노력을 통해서 아주 좋은 쪽으로 바뀐다고 하면 어떻게 하겠습니까? 그 장력의 영향으로 행복하고 건강해진다는 것입니다. 그렇게 되는 길이 어디에 있을까요? 여러분들이 가만히 생각해보면 됩니다. 나는 수련장에서 그 길을 다섯 가지로 이야기 해주고 있습니다. 자, 장력은 인공적으로 지배할 수 있습니다. 그 인공 양장력(良場力)을 만들어 내려면 내가 지금부터 말씀드리는 이 다섯 가지 요인에 대해 노력하면 됩니다. 그 일 번은 정서(情緖)요인입니다. 그다음은 표정(表情)요인입니다. 그리고 언어(言語)요인, 행동(行動)요인, 그리고 환경(環境)요인까지 해서 모두 다섯 요인입니다. 이 다섯 요인을 간단하게 설명하겠습니다.

정서요인부터 설명해 보겠습니다. 여러분들 마음이 지금 불쾌하다, 서운하다, 답답하다 하면서 이런 꼬여있는 정서가 안에서 흐르게 되면 이 정서는 몸속에만 갇혀있는 것이 아니라 외부로 흐르는 법입니다. 그래서 그 정서가 밖으로 흘러나오게 되면 여러분들 속의 탁한 에너지 정서가 주변의 장력을 만들게 됩니다. 여러분들이 그 놈의 새끼, 나쁜 놈, 누구 나쁜 놈, 나 답답해, 슬퍼,

하면서 속으로 자꾸 마음을 꼬아보세요. 그렇게 되면 내속의 탁한 에너지가 밖으로 나와서 장력을 형성하게 되고 여러분들 가족들은 알게 모르게 비실비실 병들게 되는 겁니다. 그러니까 여러분들이 기분 좋게 존재하는 것은 나를 위해서만이 아니라 내 가족들을 위해서, 세상을 위해서 아주 중요한 부분입니다. 그래서 훌륭한 장력, 고상한 장력, 맑은 장력, 성스러운 장력, 치유가 되는 장력이 흐르게 하려면 가장 먼저, 일번으로 마음을 평화롭게 관리하여야 됩니다. 평화롭게 관리하고 있으면 평화로운 기운이 밖으로 나와서 여러분들의 장력을 형성하게 됩니다. 함께 노력하면 더 좋지만 우선 여러분들 개개인 자신만이라도 그렇게 해보십시오.

두 번째는 표정요인입니다. 자. 표정이 어떻게 장력을 결정할까요? 그 메커니즘은 간단합니다. 여러분들이 한 번 표정을 우울하게 지어 보십시오. 입 꼬리를 아래로 내리고 우울하게 표정을 지어 보세요. 그렇게 하고 있으면 여러분들이 바로 느낄 수 있습니다. 입 꼬리가 내려가면 벌써 기분이 우울해지고 탁해지는 것을 느끼게 됩니다. 그래서 이 표정 자체가 상당 수준 내 운세를 결정하는 것입니다. 결코 틀린 말이 아닙니다. 표정은 그 정도로 중요한 부분입니다. 같은 값이면 얼굴의 미소근육을 움직여 입 꼬리를 살짝 끌어올려 보세요. 나도 거울을 세 번이나 깰 정도로 표정요인 차원에서 엉망이던 청소년 시절을 보냈습니다. 그 시절에는 아예 입 꼬리를 내려뜨리고 살았던 것 같습니다. 그런데 이것을 끌어올리는데 세월이 제법 걸렸지요. 지금은 그냥 이렇게 있어 보면 꽤 괜찮은 것 같아요. 미소근육을 살짝 움직여 얼굴이 이렇게 웃는 듯 하고 있으면 자연히 그것이 몸의 흐름을 맑고 밝은 쪽으로 만듭니다. 여러분들이 바로 실험을 해보십시오. 살짝 웃으면서 살포시 눈을 감고 있어 보세요. 그러면 어떤 밝은 기운이 몸으로 쫙 퍼지는 것을 분명히 느낍니다. 그러면 그 시간을 조금 더 하고 있어 보세요. 그러면 전신이 따스하게 데워집니다. 조금 더 하고 있어 보세요. 그렇게 하면 이 미소근육으로 엔도르핀 샘이 자극되어서 엔도르핀이 전신에 퍼지면서 전신의 기운을 밝고 맑은 쪽으로 쫙 바꾸어줍니다. 그러면 건강에 좋을 뿐만 아니라 이 기운이 밖으로 퍼져나가서 주변의 장력을 밝고 맑게 만들어 줍니다. 그럼 여러분의 가족들은 그 장력을 입고 건강해집니다. 그것이 표정요인입니다.

 그다음에 언어요인 입니다. 만일 가족 중의 한 사람이라도 꽉 꽉 성을 내면서 말을 강하게 표현하곤 하는 사람이 있다면 그 한 사람의 말씨 때문에 아주 복잡할 것입니다. 여러분 자신이 잠시 실험을 해보세요. 말을 강하게 함부로 하고 마구 욕지거리도 하게 되면 분명히 속이 좋지 않습니다. 본인만 좋지 않은 것이 아니라 그 소리를 듣는 사람까지 함께 기분이 꼬여들면서 속이 상하니까 어떻겠습니까? 가정의 장력을 크게 망치게 됩니다. 언어는 대단히 중요합니다. 가능하면 볼륨도 좀 낮춘 듯이 하고 좀 더 부드럽게 말하며 또 자기 속에서 그 언어를 느끼면서 밝고 맑게 말을 해야 합니다. 화안애어(和顏愛語)라고 합니다. 화안은 표정이고 애어는 언어입니다. 입의 10초가 가슴의 10년이라는 말이 있습니다. 입으로 10초 동안 누구에게 공격을 했습니다. 그랬는데 상대방은 그것으로 인하여 10년 동안 속앓이를 한다는 것입니다. 가족에게, 내 아내에게, 내 남편에게, 내 자식들에게 표독스러운 소리를 한다고 하는 것, 그것은 대단히 좋지 않은 일입니다. 장력을 위해서도 언어를 잘 써야 합니다. 여러분의 언어순화, 정말 필요한 일입니다.

네 번째, 행동요인입니다. 여러분이 따뜻한 마음으로 가족의 등을 한번 토닥토닥 해주는 행동을 했다고 합시다. 아빠가, 엄마가, 형이 등을 토닥토닥 해준 그 아이는 기분이 꽤 좋아질 것입니다. 그렇게 내 가족을 기분 좋게 해주면 그 기분이 장력을 만들어 내는 것입니다. 또 이렇게 서비스를 하고 있으면 내가 기분이 좋아집니다. 그래서 내 속에 있는 기운이 또 나와서 장력을 형성합니다. 그래서 행동요인이라고 하는 이것이 장력형성에 아주 중대한 요인임을 알아야 됩니다.

끝으로 환경요인입니다. 환경요인은 무엇입니까? 같은 값이면 정리정돈을 잘 할 필요가 있고 그다음에 청결할 필요가 있습니다. 정리정돈도 좀 예술적으로 하는 겁니다. 합리적이고 예술적이게 정리정돈을 해서 환경을 좀 개선해 보세요. 10년 동안 책상을 똑같은 자리에 놓고 있다면 그것은 대단히 멍청한 일입니다. 책상 위치도 조금 옮겨보고 꽃병도 올려놓아 보고 오디오 시스템도 마련해서 음악 감상도 좀 해보십시오. 환경요인은 우리들의 정서에 영향을 주면서 장력을 결정하게 됩니다.

정서, 표정, 언어, 행동, 환경, 이 다섯 가지가 인공 양장력 메이커입니다. 인공 양장력 어떻게 할 것인가 하는 차원에서 여러분들이 다섯 가지를 유념하셔서 여러분들이 살고 있는 그 공간을 명당으로 만드십시오. 감사합니다.

교류사덕과 보시-감사

네 가지 인간관계와 좋은 관계 맺기

여러분들, 진정 반갑고 감사합니다. 이 자리에 함께 하시는 이 인연 공덕으로 여러분들 개인적으로나 가정적으로나 복덕이 넘치시기를 빕니다. 이 시간에 여러분에게 올릴 말씀의 주제는 **교류사덕과 보시-감사**입니다. 교류사덕이라는 말이 조금 생소하게 들리시겠지요? 교류사덕이라 하면 어떤 감이 드십니까? 교류는 사람 사이에 서로 오가는 것입니다. 인간관계 입니다. 사덕(四德)은 네 가지 덕(德)이라는 말이지요. 주거니 받거니 하는 인간관계가 형성되어서 이 세상을 살아가게 되고 또 인간관계가 세상사에서 제일 중요한 일 아닙니까? 그러니까 교류사덕(交流四德)이란 인간관계 어떻게 할 것이냐에 대한 답입니다. 인간관계의 답은 이 사덕, 네 가지 덕이 전부라는 말입니다. 한 번 원리적으로 가만히 생각해 보십시오. 나와 너 사이에 관계 형성이란 네 가지뿐입니다. 플러스를 주고받거나 마이너스를 주고받는 것, 이것이 전부입니다. 이렇게 네 가지로 인간관계를 하는데, 이 네 가지에 상응하는 당위론, 덕성이 필요하다는 말입니다.

이 네 가지 중에서 플러스를 주고받는 경우가 이 시간의 공부 주제입니다. 상대방을 기쁘게 해주는 것이 플러스를 주는 것이고, 상대방이 나에게 플러스를 주게 되면 내가 기뻐지는 것입니다. 물론 마이너스를 주고받으면 서로 안타까운 일이지요. 그럼 플러스를 주는 것을 국어사전에서 무엇이라고 하지요? 보시(布施)라고 합니다. 순수한 우리말로는 베풂입니다. 사람 사이에 베푸는 것은 당연히 필요합니다. 여러분들이 인간관계를 어떻게 할 것인가 할 때의 답 1호, 특호가 바로 보시(布施, 베풂)입니다. 여러분들 베푸십시오. 베풀면 다 해결됩니다. 주라는 말입니다. 상대방을 기쁘게 해주라는 것입니다. 그래서 보시(布施)하는 것, 이것은 더불어 사는 세상에서 참으로 첫 번째 덕목(德目)이고, 첫 번째 덕성(德性)입니다.

그다음에 내가 플러스를 받았으면 어찌해야 합니까? 말하자면 상대방이 나에게 보시를 한 것입니다. 내가 해야 할 당위 1번이 있다고 하면 베푸는 것, 보시입니다. 그러면 당위 2번은 무엇일까요? 상대방이 나에게 베풀었을 때, 내가 상대방으로 인하여 기뻐졌을 때, 내가 해야 할 일이 당위 2번입니다. 그것은 간단합니다. '고맙습니다.' 하는 것입니다. 입은 은혜에 감사(感謝)하는 것입니다. 베푸는 일과 베품을 받았을 때 감사하는 일, 이것이 인생에서, 인간관계에서 절체절명(絶體絶命)으로 중요합니다. 왜 그토록 중요할까요? 물을 필요 없을 만큼 당연하게 느껴지지 않습니까?

인간관계는 무엇인가 받을 때 좋아지고 줄 때 좋아집니다. 베푸는데 나빠할 사람은 없습니다. 내가 베풀면 다 좋아합니다. 여러분들이 죽을 상황에 놓여있더라도 온전히 베풀면 죽을 고비도 넘어서는 겁니다. 그래서 베품은 진정 필요합니다. 또 받았을 때는 어찌해야 합니까? 감사합니다, 해야 합니다. 무언가 받고도 그냥 가만히 있다는 것은 자연스럽지 못합니다. 받았으니 당연히 감사한 것입니다. 바늘 하나를 받아도 감사함을 표현하라는 것입니다. 받았으니 감사하는 것이 순리라는 말입니다. 그럼 구체적으로 보시하기, 감사하기를 어떻게 하면 될까요? 어떻게 보면 대단히 쉬울 것도 같지만 그 실천은 어려울 수 있습니다. 어, 됐네요. 맞네요. 나, 보시하고 살랍니다. 감사하고 살랍니다. 이 정도로는 믿을 수가 없습니다. 보시하고 살겠다는 결심은 수 만 번 할 수가 있습니다만 막상 실천에 가서는 썰렁하게 됩니다. 그래서 보시 덕성이 길러져야 한다는 말입니다. 보시 덕성이 길러지지 않으면 보시하지 않습니다. 또 입은 은혜에 감사한다는 것도 그렇습니다. 입은 은혜에 당연히 감사할 것 같지요? 감사해야 되겠지요? 그런데 실제로는 은혜를 입고도 감사 표현을 하지 않고 그냥 살아갑니다. 더군다나 가까운 관계에서는 더 그러합니다. 부모로부터, 형제로부터 은혜를 입었다 해도 당연하게 여기고는 감사 표현을 하지 않고 그냥 살아갑니다. 감사 표현이 중요한 줄은 아는데 그 실천이 안 된다는 말입니다.

그래서 실습이 필요합니다. 실습을 어떻게 하면 좋을까요? 보시 덕성이 길러지게 하려면 보시록(布施錄)을 만드는 겁니다. 공책이나 수첩으로 보시록을 하나 만드는 것입니다. 그래서 이 달에는 무슨 보시를 하겠다고 딱 정하는 것입니다. 그래서 보시록에 이 달의 보시라고 해놓고, 이번 한 달 동안에는 내가 이것, 저것, 그것을 하면 좋겠다. 어머니에게 일주일에 한 번밖에 전화를 하지 않았는데 한 번 더해서 이 달에는 어머니에게 다섯 번 이상 전화를 하련다. 어머니에게 용돈을 부쳐준다 해놓고 안부치곤 했는데 잊지 않고 용돈 부쳐드려야 되겠다. 또, 용돈으로 10만 원씩 부쳤는데, 12만 원씩 부쳐드려야 되겠다. 이러한 식으로, 가장 쉽고 간단하고 큰 희생이 따르지 않는 것부터 실천하는 것입니다.

또 이런 보시도 할 수 있을 겁니다. 아내에게, 남편에게 통 안 하던 짓을 한번 해주는 겁니다. 세숫대야를 갖다 놓고 여보, 이리 한번 앉아 봐요. 자, 내가 오늘은 안 하던 짓을 해볼게요, 하고는 발을 한 번 씻어주는 겁니다. 비누로 씻은 다음 다시 깨끗한 물로 씻어주고 수건으로 닦아주고 하는 겁니다. 여기 계신 여러분들,

모두 아내도 있고 남편도 있고 하겠는데 그런 일 몇 번이나 해보았습니까? 그런 것들 좀 해 보십시오. 그리고 지압도 해주고, 안마도 해주고 하십시오. 또 남정네들은 아내에게 사랑한다는 표현을 몇 번이나 하고 사십니까? 아직 한 번도 안 해보았다는 그런 남자들도 있습니다. 참 답답한 일입니다. 그래서 쉬운 것, 크게 공을 안 들여도 될 수 있는 것부터 하십시오. 해야 되겠다고만 해서는 실천되지 않습니다. 보시록을 만들어서 조목조목 써 놓고, 실천했으면 표시하면서 보시를 하는 겁니다. 그렇게 한 달 하고, 두 달 하고, 열 달 정도 하게 되면 보시하는 것이 몸에 익어 들게 됩니다.

그다음, 감사도 마찬가지입니다. 내가 입은 은혜들이 무엇인가 돌아보고 이 달에 내가 감사할 것들을 한번 써보는 것입니다. 그런데 너무 많이 쓰지는 마세요. 많이 쓰지 말고 내가 그때 무슨 은혜를 입었는데 아직 표현하지 못 했다 하는 것들을 메모하는 겁니다. 그렇게 해놓고 감사 표현을 하는 것입니다. 전화로 표현해도 좋습니다. 그리고 만나서도 표현하십시오. 똑같은 감사도 거듭 하면 좋습니다. 그냥 한두 번 해서는 그 마음이 전해지지 않을 수도 있습니다. 저는 감사록을 만들어서 참으로 덕을 많이 보았습니다. 감사 표현을 하면 상대방은 조금 어리둥절할 수도 있습니다. 그러나 어떤 경우는 세 번, 네 번까지 표현한 적이 있습니다. 예를 하나 들어볼까요. 저는 철학을 전공했습니다. 대학을 가는데 어느 과를 가야 될지 몰라 우왕좌왕하고 있을 때, 고등학교 은사님께 편지를 드렸더니 한 번 다녀가라고 하셨습니다. 그래서 선생님을 찾아가서 내가 무슨 과, 무슨 과, 무슨 과라고만 해놓고 정하지 못하고 있습니다, 하고 의논을 드렸습니다. 그 중에는 철학과도 있었습니다. 그 은사님은 철학과를 나오신 분이었는데 "거지 될 각오만 있으면 철학이 좋지." 하시는 것이었습니다. 그런데 그 순간, 아! 철학이 있는 거지!,라는 말이 기가 막히게 좋게 들렸습니다. 그래서 "아, 철학과다!" 하고 딱 결정하고는 나머지는 다 지워버렸습니다. 그래서 저는 철학과를 갔고 지금 이렇게 그냥 거지로 살지만 철학과를 가지 않았다면 철학을 하는 이 광활한 기쁨, 행복, 해탈을 느끼고 있겠느냐 하면서 그 은사님께 참으로 감사하고 있습니다. 그래서 그 은사님께 감사 표현을 정확히 네 번을 했을 겁니다. 처음에 두 번은 "응, 그랬어? 내가 그런 이야기 했는지 기억도 안 나는데." 하셨습니다. 그래도 세 번째 표현하자 "아, 자네가 진정 나한테 감사하는 것 같네. 진정 감사하는 것 같으니 내가 참 좋네." 이러시면서 기뻐하셨습니다. 나중에 "절대 잔소리처럼 들으시지 마십시오. 제가 진정으로 감사해서 감사 표현을 한 번 더 하렵니다." 하고 또 감사드렸습니다. 그랬더니 은사님은 "아이고, 내가 자네한테 배워지네. 나는 그런 것 못하고 살아왔거든." 하시는 겁니다. 이런 식으로 하다 보면 덕성이 길러집니다. 타고난 학덕(學德)은 없어요. 단지 학습 부족이 있을 뿐입니다. 학습을 하면 덕성은 길러지게 됩니다.

  보시(布施)와 감사(感謝), 이것이 몸에 익어들어야 됩니다. 익어들게 하기 위해서는 방금 말씀 드린 바와 같이, 보시록에 기록하면서 한동안 보시행(布施行)을 하는 것입니다. 감사도 마찬가지입니다. 감사록에 감사 표현할 것을 기록하는 것입니다. 교류사덕 노트나 수첩을 만들면 좋습니다. 그 수첩에다 이 달에 누구누구에게 이러이러한 것을 보시하리라, 하고 보시록을 쓰고 이 달에 이러이러한 은혜를 입은 것에 대해 감사 표현을 하리라, 하고 감사록을 쓰는 겁니다. 여러분들이 감사에 대한 촌철 하나를 유념하시면 좋을 것입니다. 입은 은혜에 깨어있어라, 하는 촌철입니다. 우리는 늘 은혜를 입으면서도 그 은혜에 깨어있지 않으면 입은 은혜에 대해서 감사합니다, 하는 표현이 잘 나오지 않습니다. 그런데 내가 이 은혜를 입었지 않느냐, 하고 깨어있는 마음가짐이 되면 저절로 감사합니다가 나오게 됩니다. 입은 은혜에 깨어 있는다, 하는 촌철을 유념하시고, 진정 여러분들께서 입은 은혜에 감사하시면서 사시기를 빕니다.

사과—관용

좋은 관계
회복하기

여러분 진정 반갑고 감사합니다. 이 시간 여러분들에게 올릴 말씀은 교류사덕 중에서 **사과-관용(謝過-寬容)** 부분입니다. 교류사덕(交流四德), 어떻습니까? 교류사덕 하면 무언가 짐작이 되십니까? 교류란 서로 주거니 받거니 하는 인간관계를 말합니다. 이 교류에 있어서의 네 가지 덕목이 사덕(四德)입니다. 지금은 그 중에서 사과, 관용이라는 두 가지 덕목을 가지고 한번 생각해보자는 시간입니다.

그 네 가지란 보시, 감사, 사과, 관용입니다. 이 네 가지, 보시, 감사, 사과, 관용은 우연한 덕목을 열거하고 있는 것이 아닙니다. 이것은 원리요, 순리입니다. 왜 그럴까요? 인간관계는 네 가지뿐입니다. 관계라고 하는 것은 주기-받기의 두 가지가 전부일 것입니다. 그런데 주고받는 내용이 긍정적인 것이거나 부정적인 것이거나 할 것입니다. 즉 플러스를 주거나 플러스를 받는 경우의 두 가지와 마이너스를 주거나 마이너스를 받는 경우의 두 가지입니다. 그래서 플러스를 주고, 플러스를 받고, 마이너스를 주고, 마이너스를 받는 이 네 가지 관계가 인간관계의 전부라고 하는 것입니다.

그래서 이 네 가지 자락에 각각 상응하는 네 가지 덕목이 있게 됩니다. 1번과 2번은 보시, 감사입니다. 그리고 지금의 주제인 3번, 4번은 마이너스를 주거나, 마이너스를 받았을 때에 상응하는 덕목입니다. 마이너스를 주었을 때의 순리가 무엇입니까? 상대방에게 마이너스를 주었습니다. 상대방을 아프게 했습니다. 아픔을 주었으니 순리가 무엇이겠습니까? 미안합니다, 하는 것뿐입니다. 사과(謝過)하는 것입니다. 그다음에 내가 마이너스를 받았습니다. 그러면 어찌해야 되겠습니까? 복수해야 될까요? 사바세계에서는 마이너스를 받으면 복수를 준비하고, 복수를 하는 경우가 많습니다. 그런데 그것은 아니지 않습니까? 복수할 자리에 관용(寬容)한다고 해 보세요. 복수할 자리에 용서하고 관용한다. 얼마나 멋있습니까? 이 지상에 많은 아름다움이 있습니다만 자기 자식을 죽인 원수를 자기 아들로 삼은 사람이 있었습니다. 이 지구가 떠들썩할 정도로 기립박수를 쳤던 사건이 바로 그 관용(寬

容) 사건이었습니다. 인간관계에서 마이너스를 주었을 때는 사과하고, 마이너스를 받았을 때는 관용한다는 것. 이것은 너무도 필요한 덕목, 덕성이지 않습니까?

자, 그렇다면 마이너스를 주었을 때 미안합니다, 하는 것은 왜 그래야 됩니까? 왜 그래야 되지요? 왜냐고 물을 필요도 없이 그냥 당연합니다. 또 상대방이 나에게 마이너스를 주었습니다. 내 발등을 밟았습니다. 그러면 복수하는 대신에 관용을 한다는 것, 어떻습니까? 너무 당연하게 들리지 않습니까? 그렇기 때문에 사실은 '왜'를 굳이 논할 필요가 없습니다. 그러나 한두 마디 붙인다면, 아픔을 줄 수 있는 것이 인생이지 않습니까? 또, 아픔을 받을 수 있는 것이 인생입니다. 그래서 아픔을 받을 수 있는 것이 인생이거니 하고 여기고, 그다음 아픔을 주었을 때는 그나마 뒷북이라도 쳐야 됩니다. 그 뒷북이 바로 사과(謝過)입니다. 뒷북이라도 치지 않는다면 진짜 아주 비참한 비극이 따라올 수 있습니다. 미안합니다, 하는 한 마디만 하면 깨끗하게 평화가 왔을 자리에, 하지 않은 나머지 싸움이 벌어지고 죽임을 당하게 되는 사태까지 벌어지는 것은 인류 역사에 많이 있어 왔습니다. 그런 일은 또 우리 주변에서도 수없이 볼 수 있습니다.

그래서 일단 사과해야 할 자리에 사과한다고 하는 이런 것은 얼핏 생각해보면 별 것 아닌 것 같지만 피차간에 많은 이익을 가져오게 됩니다. '내 사전에는 사과 없음!' 식의 신념으로 사는 사람들이 많습니다. 자신이 그런 신념으로 살고 있다고 해 봅시다. 그래서 상대를 찾아가서 잘못했다, 미안하다 하는 이 말을 도저히 못하겠습니다. 그러나 이때 사과는 필요하지 않느냐 하는 마음으로 일어나 상대를 찾아가서 사과를 딱 했다고 해봅시다. 사과를 하게 되면 어떻습니까? 관계에 평화가 오게 됩니다. 그리고 사과한 다음에는 내가 편하게 잠을 잘 수 있습니다. 행복해 집니다. 그리고 내가 하기 어려운 사과를 했을 때는 용감하게 자신을 일으켜서 했기 때문에 내 속에 용기의 덕성이 함양됩니다. 그다음에 나의 모습을 본 상대방이나 또 이것을 지켜본 다른 사람들은 어떻겠습니까? 그 덕성에 전염됩니다. 아, 좋다! 참, 저런 사과는 제법 어려울 텐데 사과를 하는구나. 나도 잘못했을 때는, 남을 아프게 했을 때는 저 사람처럼 사과를 해야겠다, 하고 모두 배우게 됩니다. 사과를 하면 일파만파로 다양한 이득이 따라오게 됩니다. 그렇기 때문에 사과를 해야 할 필요성은 더 말할 나위가 없습니다.

또 관용은 어떻습니까? 관용은 어떨 때 합니까? 내가 아픔을 당했을 때 합니다. 내가 아픔을 당했을 때 관용을 한다고 해 봅시다. 관용을 하게 되면 당했던 아픔은 사라지고, 관용 할 때 넉넉해지는 자신을 보면서 스스로 행복해지고, 내 인품이 향상됨을 보는 그런 행복을 살게 되지요. 또, 내가 관용을 했을 때 관용 받는 사람은 어떻겠습니까? 감동(感動)을 하게 됩니다. 내가 따귀를 맞아야 되는데 이렇게 따뜻하게 안아주는구나! 하게 됩니다. 따귀 맞아야 할 순간, 매를 맞아야 할 순간에, 안아줌을 받았다. 이것은 감동입니다. 관용 받은 그 사람은 다른 사람들에게 제2, 제3의 관용을 베풀게 될 것입니다. 그래서 사과가 됐든 관용이 됐든 그 좋음은 이루 말할 수가 없습니다.

자, 여러분들 어떻습니까? 아, 역시 사과하고 살아야지. 관용하고 살아야지, 여러분들이 모두 그런 마음을 먹으면 그렇게 살 것 같지요? 그런데 실은 그렇게 잘 살아지지 않습니다. 왜 그럴까요? 과거에 그렇게 살아오지 않던 습성에 길들여져서 잘 안 되는 것입니다. 그러면 어떻게 해야 될까요? 내 속에서 사람이 좀 변해야 됩니다. 사과의 덕성이 길러져야 되고, 관용의 덕성이 길러져야 됩니다. 그런 덕성을 기르려면 무엇을 해야 합니까? 학습입니다. 별 묘수(妙手)가 없습니다. 그러면 여러분들이 어떻게 하면 좋을까요? 사과록을 작성하는 것입니다. 그때 누구를 얼마큼 아프게 했구나, 하고 기억을 해서 누구에게 어떤 일로 사과할 것, 그렇게 딱 써놓는 것입니다. 사과록을 작성해서 한 사람, 한 사람에게 가서, 그때 내가 이러이러 했던 것 미안하다, 하고 표현을 하게 되면 완전히 그 자리에 기적이 일어납니다. 기적 정도가 아닙니다. 사과를 해서 죽을 사람이 살아난 예들이 역사적인 사실로 많이 있습니다. 사과록을 작성해서 사과하게 되면, 사과를 잘하지 못하던 성품이 사과를 할 수 있는 덕성으로 변합니다. 그렇게 되면 자연히 이제 뒷북을 잘 치게 됩니다.

　그다음에 관용도 마찬가지입니다. 내가 밟힘을 당했는데 복수의 칼을 갈지 않고 따뜻하게 안아준다! 이것은 기가 막힌 일 아닙니까? 그럼 이것도 학습입니다. 구나, 겠지, 감사를 하는 굉장한 학습입니다. 그런데 '구나-겠지-감사'는 큰 주제니까 다른 강의에서 별도로 다루기로 하고, 여러분들이 세 가지 덕목만 유념하시기 바랍니다.

　자, 우선 여러분들이 공격을 받았다고 해 봅시다. 이놈아! 하는 말을 들었습니다. 그렇게 되면 순간 화도 날 수가 있습니다. 그러나 화를 살짝 참으면서 세 가지를 생각하십시오. 첫째, 나의 부덕이다, 하고 생각하는 것입니다. 내가 공기처럼 부드럽게 보였다면 저 분이 나에게 이놈아 하겠느냐. 내가 붓다나 예수의 인품의 10분의 1 풍광이라도 보였더라면 나에게 이놈아 하겠느냐. 나의 부덕이다, 여지없이 나의 부덕이다. 그렇게 나의 부덕을 유념하라는 것입니다. 두 번째, 나의 인과(因果)다, 하고 생각해 보는 것입니다. 내가 공격받을 만한 인(因)을 제공했다는 것입니다. 어떤 경우에도 과(果)만 덜렁 있는 법은 없습니다. 필히 그 과(果)를 부르는 인(因)이 절대적으로 있는 것입니다. 그러한 인(因)을 내가 지은 것입니다. 그러니 나의 인과(因果)다, 하는 점을 유념하라는 것입니다. 그다음에 한 마디만 더 하겠습니다. 그의 아픔이다, 하고 생각해 보라는 것입니다. 그 사람이 나에게 공격을 할 때는 그 사람도 아프기 때문에 그러는 겁니다. 아직 인품이 낮은 차원이기 때문입니다. 그 분 인품이 붓다나 예수와 같은 경지에 있다고 하면 나한테 이놈아, 저놈아, 하겠습니까? 이놈아, 저놈아, 해야 할 자리에 나에게 와서 나를 따뜻하게 안아주겠지요. 그러니까 그 분도 그 분 아픔의 과정에 있는 것입니다.

   나의 부덕이다. 나의 인과다. 그의 아픔이다. 이렇게 생각을 살짝만 바꾸게 된다면 내가 공격을 받았을 때, 아픔을 당했을 때, 동물처럼 날뛸 염려는 없겠지요. 여러분들 인간관계에서 마이너스를 주고받고 하는 과정에 사과와 관용을 유념하시고, 사과와 관용이 여러분들의 인품을 따스하게 하고, 여러분들의 주변을 따스하게 하였으면 합니다. 감사합니다.

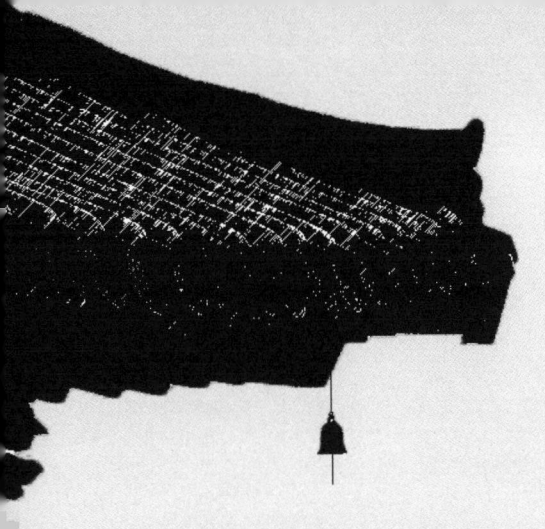

5 / 동사섭 좀 더 알기

동사섭 문화와 프로그램의 연혁

수없는 업그레이드를 거쳐온 동사섭 37년의 발걸음

　여러분 반갑고 참으로 감사합니다. 이 시간에는 공부가 아니라 좀 다른 것을 말씀드릴까 합니다. 제가 37년간 영성 프로그램을 해왔지 않습니까? 그 37년간의 영성 프로그램, 다시 말해서 **동사섭 문화와 프로그램의 연혁**을 살펴보는 것도 의미가 있다고 봅니다. 하나의 영성 프로그램이 세상에 우뚝 서기까지는 어떤 아기자기한 역사들이 있는 법이구나 하는 것을 간접적으로 경험해보는 것도 좋으리라 생각됩니다.

　1회 동사섭이 시작이 된 때는 1980년 겨울이었습니다. 올해가 2016년이니까 37년이 되었네요. 저는 1980년 이전에 'T(티)그룹 워크숍'이라고 하는 프로그램에 세 차례 참여해 보았습니다. 그

프로그램의 핵심은 칼 로저스의 엔카운터(encounter) 그룹이었습니다. 그것을 해보면서 그 속에 개인적인 수행뿐 아니라 범사회적인 대승적 의미의 수행도 물씬 들어있다는 것을 느낀 것입니다. 그래서 1980년도 겨울에 이재화 선생님을 마스터로 모시고 동사섭을 시작했습니다. 1회는 그 분을 모시고 했고, 2회부터는 제가 마스터가 되어 수련 진행을 했습니다. 그렇게 시작해서 지금까지 큰 블록으로는 10번 정도의 업그레이드를 거쳤습니다. 그리고 자잘한 업그레이드는 100여 번 있었습니다. 그것을 정리해보니 곧바로 꼽을 수 있는 것만 하더라도 100개에 가까웠습니다. 그리고는 아주 자잘한 것까지 전부 계산해보니까 200여 번 정도의 업그레이드 과정이 있었습니다.

이 자리에서 모두 다 이야기할 수는 없고, 우선 10번의 큰 블록을 살펴보는 것이 좋을 것 같습니다. 제일 처음에는 비구조적인 엔카운터를 했습니다. 말하자면 폭력이 아닌 한 하고 싶은 대로 하세요, 하고 그냥 앉아있는 겁니다. 그런데 그 마당이 묘하게 우여곡절을 겪어가면서 훌륭한 회향을 하게 됩니다. 엔카운터가 끝날 무렵이 되면 모두가 마치 일생일대 최고의 경험을 한 것처럼 다 환희로워했습니다.

비구조적인 엔카운터를 한참 하다가 두 번째 단계에 들어서게 되었습니다. 비구조적인 것이 능사가 아니고 구조화가 좀 필요하다는 생각이 들었던 것입니다. 원리를 조금만 가르쳐 주면 될 것을 굳이 가르쳐주지 않는 나머지 별 것도 아닌 것을 오랜 시간이 지나도록 깨우치지 못하는 사람이 있게 됩니다. 그래서 구조화가 필요하다, 이론적으로 깨우쳐 줄 필요가 있다, 하는 자각 하에 구조적 엔카운터를 실험하게 되었습니다. 그렇게 해서 비구조적 엔카운터가 구조적 엔카운터로 업그레이드가 된 것입니다.

그러다가 언제부터인가 엔카운터만 하는 것이 전부는 아니다 하는 자각을 하게 되었습니다. 마음을 다스리는 일을 해야 할 필요성을 느낀 것입니다. 마음을 다스리는 일은 하지 않고 인간적인 희로애락만 주거니 받거니 하고 있어서는 수행자가 안내하는 집단학습으로는 좀 미흡하다는 자각을 하게 된 것입니다. 또 수련에 처음 와서 징징거리던 사람이 두 번, 세 번 오고 열 번을 와도 여전히 똑같이 징징거리는 모습을 보았습니다. 그 모습을 보면서 수심(修心)을 조금만 하면 저 징징 권에서 벗어날 텐데 왜 저 모양일까, 하는 자각이 왔습니다. 그래서 엔카운터에 수심(修心) 파트가 더해지게 된 겁니다. 그 수심(修心)도 1단계, 2단계, 3단계 해가면서 나중에는 깨달음의 단계까지 다루게 되었습니다. 그래서 일반과정, 중급과정, 고급과정이 설립되고 그다음에 돈망파지(頓忘把持) 단계와 행복론 완결 단계를 거쳐서 지도자 과정, 강사 과정, 백산과정 등의 10단계 정도로 변화 발전하게 되었습니다.

그래서 37년 동안 해온 것은 5박 6일 진행하는 일반과정을 263회, 4박 5일 진행하는 중급과정과 고급과정을 각각 47회와 38회

하였고, 지도자 과정은 6회째가 진행 중이고 강사과정도 2회 진행하였습니다. 그 외에 미니 동사섭이라고 해서 1박 2일짜리 프로그램은 수십 회를 하였고, 또 서울 분원이 만들어져서 일반과정을 수심장(修心場)과 화합장(和合場)으로 나누어 진행하였습니다. 그래서 지금까지 아마도 연 인원 2만 5천 명은 다녀가지 않았을까, 하고 계산해볼 수 있겠습니다.

  그리고 동사섭 역사에서 또 하나 중대한 것은 하드웨어의 역사입니다. 말하자면 수련관과 같은 하드웨어가 어떻게 만들어졌는가 하는 것입니다. 하드웨어는 결정적인 후원자 한 사람 덕분에 만들어졌습니다. 그 분이 아니었더라면 굉장히 어려웠을 것입니다. 수련비를 조금 받아서 수련관을 짓는다는 것은 불가능합니다. 그 후원자는 1994년 동사섭 수련에 와서 프로그램의 긍정성을 크게 느꼈습니다. 그래서 자신이 경영하는 회사의 사원들을 수없이 수련생으로 보냈습니다. 특히 임원들은 다 다녀가게 하였고 지금도 계속 그러하고 있습니다. 그리고 2000년에 사단 법인이 설립이 되고 2001년에는 동사섭 인터넷사이트가 개설되고 2003년부터는 회보가 발간되었습니다. 그리고 2007년 드디어 동사섭 수련센터가 저 지리산 아래 함양에 문을 열게 되었습니다. 그 후 2012년에는 서울에 동사섭 분원이 문을 열어 살림이 대단히 커졌습니다. 하드웨어가 이 정도로 쉽게 된 것은 참 다행스럽고 대단히 감사한 일입니다. 그래서 내가 그 후원자를 위해 늘 기도하고 있습니다.

　자, 그러면 매일 좋은 일만 있었느냐 하면 그것은 아니었습니다. 동사섭을 해온 37년은 애환의 역사였습니다. 한 축은 한없이 행복했고 환희로웠지만 아픔의 역사가 함께 있었습니다. 그것은 우리 문중 내에서 이 프로그램이 받아들여 지지 않는 데서 오는 아픔이었습니다. 그럼 우리 문중이 잘못했느냐? 그것은 아닙니다. 문중은 문중의 전통이 있기 때문에 그 전통이 아닌 무엇인가가 된다고 하는 것은 어렵지 않겠습니까? 그래서 나는 받아들여 주지 않는 문중의 여러분들을 충분히 이해를 하면서도 아픔은 아픔이었습니다. 문중에서 받아들이지 않으니까 자연히 어떻겠습니까? 조계종이라고 하는 종단 속에서도 또한 받아들여지기가 어려웠습니다.

　그런데 놀랍게도 대한불교 조계종 교육원에서 동사섭의 긍정성을 크게 인정하게 되었습니다. 그렇게 해서 동사섭 교육프로그램이 불교 성직자들의 교육프로그램으로 채택되었습니다. 그래서 2013년에 처음으로 태화산에서 2박 3일 수련회를 가졌습니다. 58명이 등록을 했는데 그분들이 대단히 감동을 하면서 2박 3일에 채 하지 못하고 남아있는 프로그램을 다 해달라고 했습니다. 그래서 함양 수련관에서 3박 4일짜리 프로그램을 할 테이니 할 사람은 오라고 했더니 한 30명 정도가 왔습니다. 그분들이 프로그램을 다 끝내고 나더니 또 이어서 계속할 수 있는 길이 없겠느냐

해서 스님들을 위한 지도자과정이 만들어지게 되었습니다. 큰 경사가 일어난 것이지요. 그래서 지금은 동사섭이 조계종단의 교육 프로그램으로 받아들여져서 이제 네거리에서 당당하게 활보해도 되게 되었습니다. 37년 역사 속에는 이처럼 다양한 애환(哀歡)이 들어 있습니다. 특히 프로그램이 한 단계, 한 단계씩 업그레이드 되면서 섬세한 업그레이드 작품들이 생겨나는 것은 참으로 감동적인 과정들이었습니다.

  5대 원리 가치관을 불교수행의 역사와 배대하면서 정리한 것은 정말로 큰 기쁨이었고, 또 선오후수(先悟後修)의 깨달음관을 정립함으로 해서 우리는 원조(元祖)이신 석가모니의 뜻을 이 시대에 드러내고 있다는 그런 긍지도 갖곤 합니다. 자, 이 정도로 말씀을 올리겠습니다. 언제 다시 좀 더 긴 시간이 허용이 된다면 동사섭 역사의 아기자기한 스토리를 또 나누어도 좋겠습니다. 여기까지 경청해주신 여러분 감사합니다.

전통적 인품론

인생은
인품론이다

여러분 감사합니다. 이 시간에 여러분과 함께 공부해볼 주제는 인품입니다. 인품이 무엇입니까? 인격이라는 말과 같다고 보면 됩니다. 그 사람의 모양새가 인품이라고 생각하면 됩니다. 사람을 가치 평가차원으로 모양새가 좋다, 나쁘다 할 때 그 사람의 모양새, 그것을 인품이라고 하고, 그 모양새가 좋으면 고상한 인품이라 하고, 아주 좋으면 지고한 인품이라 할 수 있겠습니다.

인품을 재는 잣대로 내가 좋아하는 것은 중국 당나라 때의 신언서판(身言書判)입니다. 여러분은 어떻습니까? 사람됨의 모양새에 대해서 여러분은 관심을 좀 가지고 있으신지요? 만약에 관심이 없다면 그것은 중대한 문제입니다. 사람으로서 한 생을 살다가는 동안 스스로의 모습을 늘 바라보아야 됩니다. 내 마음의 모습이나 내 겉모습을 바라보아야 합니다. 그러면서 스스로를 좀 더 아름답게 가꾸고자 하는 마음을 갖는 것은 당연히 바람직하지 않겠습니까. 또 다른 사람들도 내 모습을 계속 봅니다. 그러니까 이 모습에 관심을 가져야 됩니다. 그래서 여러분들이 자기 자신의 인격, 인품에 대해서 관심이 없다고 하면 지금 하는 이야기는 필요 없는 이야기입니다.

신언서판(身言書判)에서 신(身)이란, 겉모습, 풍모를 말합니다. 그 신(身)이 괜찮아야 합니다. 같은 값이면 미남이면 좋겠고, 살도 조금 적당히 쪄야지 심하게 쪄도 안 되고 등등의 겉모양새입니다. 그다음에 그 사람의 '언(言)'입니다. '언'이란 언변입니다. 내 말로 내 뜻과 감정을 효과적으로 표현하는 능력을 얼마나 갖추었느냐 하는 것이 인격을 재는 잣대였다는 것입니다. 또 '서(書)'입니다. 글 '서'자입니다. 그것은 문장입니다. 그리고 글씨를 말하기도 합니다. 그래서 과거시험에서 문장력으로 인재를 선발하던 시절이 있지 않습니까. 여러분이 문장으로 자기의 뜻과 감정을 효과적으로 잘 드러낼 수 있는 능력을 갖추어야 하고 그러려면 필히 글씨를 써야 되는데 그 글씨가 조잡하다면 그것도 좋지 않겠지요. 그래서 글씨도 잘 써야 합니다. 예전에 내가 어렸을 때 보면 글씨 잘 쓰는 것 자체가 존경의 대상이었습니다. 집 한 채 지으면서 상량문 글씨를 누가 쓴다 하면 다들 그 사람을 존경합니다. 그다음 '판(判)'은 무엇이겠습니까? 판단력, 곧 지혜입니다. 이처럼 당나라 시대에 신언서판과 같은 것이 있었듯이 어느 시대고 간에 그것이 명문화되었든 안 되었든 그 시대에 상응하는 인격을 재는 잣대가 있기 마련입니다.

모양새를 가지고 살 바에야 같은 값이면 그 모양새가 좋아야 됩니다. 만일 인품에 대해서 마음을 쓰지 않는다고 하면 스스로가 스스로의 존재하는 모습이 보기 싫습니다. 그러면 어떻겠어요? 내가 불행하고 내가 유쾌하지 않습니다. 그리고 다른 사람도 내 모양을 보고 싫어합니다. 그러면 나는 민폐를 끼치는 존재가 됩니다. 그래서 아무튼 이 인격의 모습, 이것은 아주 중요합니다. 그렇다면 어떻게 이 인품을 보다 고상하고 보다 지고한 인품을 만들어가야 될 것이냐 하는 것이 문제입니다. 그것은 세 가지 정도로 요약을 하면 좋습니다.

우선 간절하게 고상한 인품이 되고자 하는 마음을 일으켜야 됩니다. 즉 동기입니다. 고상한 인품이 되고자 하는, 지고한 인품이 되고자 하는 마음 자체가 취약하다면 아무런 기대를 걸 수 없습니다. 그러니까 여러분은 이 점에 정신을 차려야 합니다. 내 모습이란 얼굴만의 문제가 아니고 몸뚱이 문제만이 아닙니다. 내 마음 씀씀이가 제대로의 인격이고, 제대로의 인품입니다. 그래서 겉모습 속모습 할 것 없이 정말로 잘 관리해서 아름다운 모습을 드러내겠다, 하는 그런 마음이 1번이라는 말입니다.

그리고 두 번째는 이러한 인품자가 되고 싶다, 하고 자기가 되고자 하는 인품모형이 그려져야 합니다. 인품 모형이 구체적으로 그려져야 내가 그쪽으로 접근해 갑니다. 당나라 식으로 말한다면 그 인품모형은 신언서판을 기준으로 하게 됩니다. 그런데 그 기준은 시대마다 상황마다 달라집니다. 불교적인 차원으로는 보통 세 가지를 말합니다. 그것은 해탈(解脫), 자비(慈悲), 자재(自在)입니다. 이것이 인격모형이고, 인품모형입니다. 해탈은 마음이 온전히 열려서 온전히 행복한 것을 말합니다. 자비는 세상을 끌어안는 사랑입니다. 나 혼자만 행복하다고 이웃이 헐벗고 있는데 마음이 그쪽으로 가지 않고 냉혹하다면 어떻게 되겠습니까? 첫째는 내 마음이 우주적으로 열려서 행복해지는 해탈이고 둘째는 내 주변에 있는 수많은 존재들의 행복, 해탈을 고려하면서 그네들을 끌어안고 도와주는 자비입니다. 셋째는 또 그러하기 위해서 필요한 것이 있습니다. 그것은 역할을 잘하는 것입니다. 역할을 해야 할 자리에 몸이 둔하거나 마음이 게을러서 그것을 못하는 사람들이 있습니다. 그것은 자재 차원에서 취약한 것입니다. 그러니까 머리도 있고 가슴도 있는데 손발이 약하다면 그것도 바람직하지 못한 것입니다. 그래서 해탈, 자비, 자재와 같은 것이 좋은 인품모형이 됩니다.

그다음 세 번째는 그러한 인품 모델에 다가가는 것입니다. 예를 들어 불교에서 말하는 해탈, 즉 내 마음이 완전히 열려서 우주적인 자유로움을 체험하는 그런 인품자가 되어야겠다고 한다면 어떻게 해야 할까요? 그것에 상응하는 어떤 노력을 해야 됩니다. 그 노력은 불교식으로 말하면 비아관(非我觀), 돈망관(頓忘觀)과 같은 마음공부를 하는 것입니다. 또 내가 자비 인품이 되어야겠다고 한다면 자연히 어찌 해야 할까요? 자비관, 대원관과 같은 명상을 해야 합니다. 그리고 내가 해야 할 일에 민첩하게 대응하면서 척척 잘 해내는 그런 자재 인품이 되어야겠다고 인품모델을 세워놓았다면 어떻게 해야 할까요? 내가 역할을 하려면 몸부터 건강해야 되겠지요. 그러니까 체력 단련도 해야 합니다. 또 마음속으로 한다고 하면 한다는 신념 단련도 해야 합니다. 신념 단련이 잘되어 있지 않으면 체력이 아무리 좋다고 한들 게으름을 피우고 말겠지요. 그리고 굉장히 어려운 역할을 해야 할 때도 있습니다. 그래서 극기 훈련 같은 것도 해야 합니다. 등등 이러한 식의 정진 노력을 통해서 내가 원하는 인품자가 되어가는 것입니다. 여러분들, 여러분들의 인생은 바로 인품론입니다. 여러분들께서 나이가 들어갈수록 정말로 더 존경 받을 수 있는 인품이 되시기를 빕니다. 감사합니다.

동사섭 인품론

자기 자신과 주변으로부터 존경받는 인품

여러분 안녕하세요? 감사합니다. 그리고 반갑습니다. 이 시간에 여러분들과 나눌 이야기는 인품론(人品論)입니다. 저는 인생이 무엇이냐고 물을 때 인생은 행복론이다, 하는 표현을 많이 합니다. 또 경우에 따라서는 인생은 공동체론이다, 하는 말도 많이 합니다. 그리고 또 많이 하는 말은 인생이란 바로 인품론이다, 하는 것입니다. 그래서 행복론, 인품론, 공동체론의 이 세 가지는 외연만 다소 이리저리 넓혀지고 좁혀진 것이지 실은 똑같은 말입니다. 동사섭의 인품론은 공동체론이자 행복론이기도 하다는 말입니다.

동사섭의 역사는 2016년 현재로 37년이 되었습니다. 37세 된

영성공동체로서 세상 사람들에게 가르침을 전하고 운동을 펼치고 있으며 또 동사섭이 가지고 있는 사상을 내면화시키면서 동사섭 공동체를 실천해가고 있습니다. 이러한 동사섭이 지향하는 인품론은 다른 쪽 강의에서 다루어지는 '삶의 5대 원리', 곧 정체(正體), 대원(大願), 수심(修心), 화합(和合), 작선(作善)을 인격화(人格化)하는 사상입니다. 5대원리는 동사섭을 대변하는 원리이며 또 다른 말로는 '이상공동체5요(理想共同體五要)'라고도 합니다.

정체(正體)라고 하면 자아(自我)를 말합니다. 그 사람이 훌륭한 인품자라면 자기 자신을 생각해 볼 때 가능한 한 긍정적이어야 합니다. 대단히 좋은 자기라야 되는 것입니다. 이것이 정체(正體)의 원리입니다. 대원(大願)은 큰 소망이라는 뜻입니다. 대원은 이 존재가, 이 좋은 내가 궁극적으로 어디를 향해서 나아가야 되느냐 하는 문제입니다. 무엇을 소망하면서 그것을 이루어 나갈 것이냐 하는 말입니다. 그 사람이 훌륭한 인품자라면 그 사람이 인생에서 꾸준히 향하여 나아가는 방향이 지극한 선(善)이어야 할 것입니다. 이 지극한 선(善)으로 권장할 만한 것을 '우리 모두의 지고(至高)한 행복(幸福)'이라고 갈파(喝破)한다면 아무도 이것을 부정하지 못할 것입니다. '정체(正體)와 대원(大願)', 이것은 인품자가 꼭 갖추어야 할 덕목(德目)입니다. 인품자라면, 이 훌륭한 내가, 천하의 주인인 이 일물(一物)이, 우리 모두의 행복을 위해서 나를 바치겠습니다, 하는 뜻을 확실히 가져야 합니다.

그렇다면 그다음에 천하의 주인인 내가 모두의 행복을 위해서 구체적으로 무엇을 해야 할 것이냐, 하는 물음을 물어야 할 것입니다. 그 물음 앞에 답은 세 가지입니다. 내가 모두의 행복을 위해서 나를 바치리라, 한다면 무엇을 실천해야 되겠습니까? 나를 어떻게 하는 것이 바치는 것이 되겠습니까? 그것은 세 가지밖에 없습니다. 그 하나는 내 마음을 온전한 행복의 상태로 피어나게 하기 위해 마음을 닦는 일, 곧 수심(修心)을 하는 것입니다. 그다음에 내가 주변에서 만나는 사람들과 가능한 한 평화스러운 관계를 갖기 위해 화합(和合)을 하는 것입니다. 끝으로 인품자가 해야 할 일이 또 무엇이 있을까요? 역할(役割)을 하는 것입니다. 그 사람이 개인일 때는 개인차원에서 역할을 해야 하고, 가족의 일원일 때는 가정차원에서 역할을 해야 하고, 사회인일 때는 사회차원에서 역할을 해야 합니다. 또 국민일 때는 국가차원에서 역할을 해야 하고, 세계인일 때는 세계차원에서, 우주인일 때는 우주차원에서 할 일을 해야 된다는 것입니다. 인품자가 절체절명(絕體絕命)으로 해야 할 일은 바로 그런 일들입니다. 자, 생각해 보십시오. '내가 모두의 행복을 위하여 수심 잘 해서 마음천국 만들고, 화합 잘 해서 관계천국 만들며, 작선 잘 해서 세상천국을 만들어 간다.' 한다면 그 인품이 어떠하겠습니까? 이 다섯 가지 원리는 대단히 상식적이고, 누구든 그것을 들으면, 부정할 수 없습니다. 지극히 당연합니다, 하게 되는 그런 원리입니다. 그리고 이 다섯 가지 원리를 가만히 들여다보면 세상에서 훌륭하게 살고 있다고 하는 사람은 딱 이 다섯 가지 범주로 살고 있음을 알 수 있습니다. 그래서 여러분들에게 진정으로 이 원리(原理), 이 덕목(德目)을 권합니다. 이 다섯 가지 원리가 몸에 익어 드는 그런 인품자가 되시면 참으로 좋겠습니다. 이런 인품이 되면 그 누구보다 먼저 스스로가 스스로를 존경할 수 있고, 가까운 주변 사람들로부터 존경을 받게 될 것입니다. 그렇습니다. 스스로가 스스로를 존경하는가, 또 가까운 주변인들로부터 존경받는가 하는 이 두 가지 기준은 인품을 재는 중요한 잣대라고 할 수 있을 것입니다.

자, 다시 한 번 슬쩍 복습해 봅시다. '주인(主人)이요 무아(無我)인 이 일물(一物)이 우리 모두의 행복해탈(幸福解脫)과 맑고 밝은 상생(相生) 기운을 위하여 전 존재, 전 에너지를 '기(起)'하여 '전(傳)' 하오니 무량한 복덕이 향상되소서.' 하고 발원(發願)합니다. 어떻습니까? 이러한 발원의 신념이 의식의 토대로 되어 있는 사람, 얼마나 아름답습니까? 그리고 수심(修心) 잘 해서 마음 천국이 되는 것입니다. '그냥 있으니 돈망천국이요, 한 생각 일으키니 범사가 감사해서 그저 넘치는 행복이요, 넘치는 해탈이로다.' 얼마나 좋습니까? 정말 인품자의 모습입니다. 그리고 관계차원에서 내가 보는 눈을 책임짐으로 해서 모두가 천사, 보살로 보이고, 보이는 모습을 책임짐으로 해서 다른 분이 내 모습을 보면 존경심이 날 것입니다. 그러니 관계차원에서 화합이 될 수밖에 없지 않겠습니까? 그리고 나의 역할입니다. 가정 차원에서의 역할, 개인차원에서의 역할, 사회차원에서의 역할, 그 역할들을 일사분란하게 착착 해가는 것입니다. 당나라 시대의 인품기준이었던 신언서판(身言書判)은 이 5요 속에 부분집합으로 다 들어있습니다. 동사섭의 인품론인 정체, 대원, 수심, 화합, 작선의 5대 원리가 여러분들과 인연이 되어서 여러분들의 인품관리의 나침반이 된다면 참으로 좋을 것입니다. 여러분, 지고한 인품이 되시기를 빕니다. 감사합니다.

맑은 물 붓기

오염과 싸우지 말고
맑은 물만 부어라

여러분 안녕하세요. 아주 감사합니다. 맑은 물이 가득 담긴 이 컵, 보기에 좋지요? 여러분과 지금 나눌 공부 주제는 **맑은 물 붓기**입니다.

우선 이 '맑은 물 붓기' 강의를 시작하기 전에 말씀드릴 것이 있습니다. 이 맑은 물 붓기라는 도구는 참 좋습니다. 나는 이 도구를 상당히 감사하게 생각하고 있는데 이것은 미국의 에미서리(Emissary) 영성 공동체가 개발한 것입니다. 에미서리 공동체는 오랜 역사를 가진 영성 공동체입니다. 나는 1990년에 그 에미서리 공동체에 가서 일주일짜리 세미나에 참석한 적이 있습니다. 그 세미나에서 이 맑은 물 붓기 도구를 활용한 강의가 있었는데 대단히 감동을 받았습니다. 감동을 하면서, 아하, 이 맑은 물 붓기 도구를 내가 하는 수련회에서 활용하면 내 메시지를 세상에 전하는 좋은 도구가 되겠다, 하는 생각을 했습니다. 그래서 양해를 구했어요. 그 도구를 내가 한국에서 하는 수련회에서 그대로 써도 되겠느냐 했더니, 즉석에서 "Sure!" 하면서 승낙을 해주었습니다. 그래서 돌아와서 수련회가 끝날 때 '맑은 물 붓기' 강의를 하였는데 수련생들이 얼마나 좋아했는지 모릅니다. 그리고 할 때마다 항상 좋아했습니다. 그래서 나는 늘 에미서리 공동체에 감사합니다. 이 자리에 계신 여러분들도 에미서리 공동체에 대해서 마음속으로 깊은 기도를 해주십시오. 에미서리 공동체 지도자 중의 한 분이 박유진 씨라는 한국인인데 지금 제주도에서 한국 지부를 잘 지도해가고 있습니다. 여러분들도 그 에미서리 공동체에서 개최하는 세미나에 참여해보시기를 권장합니다. 그러면 에미서리 공동체에게 감사한 마음을 올리면서 강의를 시작하겠습니다.

　자, 이것은 보시다시피 맑은 물입니다. 아마 여러분들 보시기에 좋을 것입니다. 이 맑은 물이 의미하는 것은 무엇일까요? 이것은 기독교 차원에서 보면 하나님께서 우주 창조를 완료하시고 창조된 세상을 둘러보셨을 때 보시기에 좋았다 하신 그 우주를 뜻합니다. 하나님께서 우주를 창조하신 직후, 당신께서 창조하신 천하를 싹 둘러보니 깨끗했습니다. 이 컵 속의 맑은 물은 그 어디에도 단 한 톨의 오염이 없이 깨끗하고 좋은, 그 세상을 의미합니다. 또 불교식으로 본다고 하면 이렇습니다. 부처님께서 보리수 하에서 큰 깨달음을 얻으시고 나는 부처다, 하고 붓다 선언을 하셨습니다. 그런데 큰 깨달음을 얻으신 그 상태에서 천하를 둘러보니, 천하가 온통 이대로 깨끗한 것입니다. 참으로 깨끗하고 좋았습니다. 그 깨끗하게 좋은 천하가 바로 이 맑은 물입니다. 이 맑은 물은 깨달음을 얻었을 때 드러나는 본래 청정한 세상, 온전히 깨끗하게 좋은 그 천하. 그것을 의미합니다. 또 이것을 심리학적으로 본다면 어린 아이의 마음에 비유할 수 있습니다. 갓 태어난 어린 아이의 마음은 지극히 순수하겠지요? 세상의 그 어떤 것으로도 오염되지 않은 어린 아이의 순수한 마음. 그 마음을 의미하기도 한다는 것입니다. 이 맑은 물이 의미하는 것은 많습니다. 우리들이 무엇인가 역할을 해서, 우리들의 그 어떤 생각, 그 어떤 말, 그 어떤 행동이 우리 모두의 행복에 기여한다면 우리들의 그 생각, 그 말, 그 행동들은 전부 맑은 물입니다. 그래서 이 맑은 물이 의미하는 것은 이쪽저쪽으로 두루두루 많습니다. 자, 그런데 이 수련회는 종교적이라기보다는 심리학적입니다. 그래서 심리학적으로 이 맑은 물은 갓 태어난 어린 아이의 마음이라고 해놓고 출발을 해 봅시다.

아이가 어머니 뱃속에 열 달 있다가 세상에 태어납니다. 앙~ 하고 고고의 일성을 내지릅니다. 그 고고의 일성이야말로 맑은 물 중의 맑은 물입니다. 야, 이 세상, 한번 신나게 살다 가자! 하는 맑고 밝은 기운의 선언입니다. 그랬더니 온 가족이 왕자요, 공주요, 하고 환영들을 합니다. 그러니까 이 아이가 어떻겠어요? 기쁨이 막 넘칩니다. 그 넘치는 기쁨이 맑은 물입니다. 이제 공주가, 왕자가, 생리적으로 쉬야하고 싶어져서 쉬를 합니다. 그러니까 아이고, 우리 공주, 우리 왕자 쉬야 하시네, 하고 환영을 합니다. 또 맑은 물이 넘칩니다. 이번엔 응아를 했습니다. 응아를 하니까 우리 공주, 우리 왕자, 응아하네, 이바지 하네, 하고 막 환호를 하니 그저 맑은 물이 넘칩니다. 아, 또 아이가 어쩌다가 이히 하고 웃으면 아이고 우리 공주, 우리 왕자 웃기까지 하네, 하면서 그저 막 받아들여주니 맑은 물이 마구 넘칩니다. 그러다가 그냥 누워만 있는 것이 아니라 몸을 뒤척이고 한 번 엎었습니다. 그랬더니 아이고, 이제 우리 공주가 엎을 줄도 안다고 또 환영을 하니까 맑은 물이 펑펑 넘칩니다. 그러다가 드디어 뽁뽁 기었습니다. 길 수 있게 되었다고, 경사 났다고 대환영이니 맑은 물이 넘칩니다. 그런데 기어가다가 그냥 잉크병을 탁 엎었습니다. 그래도 아이고, 우리 왕자, 우리 공주가 일까지 하시네, 하면서 환영을 하니까 그저 맑은 물이 넘칩니다. 이런 식으로 그저 컵 속의 맑은 물이 이렇게 철철 넘치는 것입니다.

    그런데 그렇게 맑은 물이 철철 넘치다가 어떤 일이 생길까요? 매일 환영만 하고 있던 어머니가 달라지는 것입니다. 어머니가 드디어 '교육'을 시작하는 것입니다. 이 공주, 이 왕자 이대로 수용만 하다가는 사람을 버릴지도 모르겠다. 그러니 교육을 시작해야 되겠다는 것입니다. 우선 똥오줌부터 가려줘야지 합니다. 아이가 똥을 쌌습니다. 그랬더니 어머니가 엉덩이를 탁 때리면서 "이제 응아 하려면 응아 하고 신호를 보내야 돼!" 합니다. 그러니까, 아이는 그냥 맑은 물을 곧 뒤집어 쓸 거라고 생각하고 있다가 엉덩이에 고통스런 자극이 오니까 드디어 충격이, 상처가 시작됩니다. 엉덩이를 탁 맞는 순간에 윽! 하면서 오염이 시작되는 겁니다. 시꺼먼 잉크방울이 컵 속에 떨어져 들어가면서 맑은 물이 오염되기 시작하는 겁니다. 아, 그러다가 쉬야를 했더니 또 쉬야 한다고 탁 때리면서 "쉬야도 함부로 하면 안 돼. 오줌도 가려야 돼!" 이렇게 또 교육을 합니다. 이런 식으로 수 없는 자극과 상처로 해서 맑은 물이 시꺼먼 잉크 물로 점점 더 오염됩니다. 왼손으로 밥 먹는다고 야단맞으며 오염되고 학교에서 공부 못한다고 부모가 야단을 치면 또 오염됩니다. 빨리 일어나라고 큰 소리 하고 학교에서 좀 늦게 오면 왜 빨리 오지 않느냐고 잔소리 하고, 막 그러면서 오염, 오염, 오염. 오염이 보통 다양한 것이 아닙니다. 그때마다 맑은 물은 시꺼먼 잉크로 마구 흐려집니다.

 내 경우는 이렇게 오염된 일도 있었습니다. 학교에서 내가 그림을 그려서 냈는데 선생님이 "이 녀석! 그림은 자기가 그려야 돼! 형들 보고 그려달라고 하면 안돼요!" 하는 겁니다. 교실에서 내가 그렸는데 야단맞으니 얼마나 상처받고 오염되었는지 모릅니다. 이럴 때는 잉크를 마구 들어부어야 될 정도로 맑은 물이 오염됩니다. 그런데 마침 짝꿍이 "선생님, 선생님! 아무개가 지금 내 옆에서 그랬습니다." 했습니다. 그러니까 선생님이 "어? 이거 네가 그랬다고?" 이러는 겁니다. 그래서 내가 고개를 끄떡끄떡했어요. 선생님이 "아, 이 녀석, 그림 잘 그리네?" 하고 칭찬을 해주었지만 그런 칭찬 한 번 정도로는 앞서 오염된 것을 회복할 수가 없었어요. 그런데 다음날 내 그림이 교실 벽에 붙었습니다. 아, 그래서 기분이 조금 좋았지만, 어제 당했던 억울함의 충격은 그림 걸어놓은 것으로는 도저히 해결되지 않았어요. 이런 식으로 오염이 되는 것입니다.

아, 또 한 번은 이런 일도 있었습니다. 어머니가 오랜만에 고무신 하나를 사주었습니다. 그래서 그 새 고무신이 너무도 아까워서 신지도 못하고, 저기 사람이 나타나면 신고 걷다가 그 사람이 안 보이면 다시 벗어 들고 하면서 학교까지 5km를 걸어갔어요. 그런데 하필 그날 학교에서 무슨 난리가 일어난 줄 아세요? 어떤 애가 "선생님, 저 신발 잃어버렸습니다!" 하는 겁니다. 선생님이 "응? 그래? 전부 운동장으로 나와." 하더니 모두 세워 놓고는 각자 자기 앞에 신발을 벗어 놓으라는 겁니다. 그리고는 선생님이 그 아이에게 "어디 어떤 것이 네 신발인지 봐라!" 했는데 그런데 그 녀석이 하필 내 앞에 오더니, 내 신발을 손가락질 하는 겁니다. 그러니까 선생님이 "그럼 신어봐라." 했는데 아, 내 새 고무신이 그 녀석 발에 딱 맞아 버리는 겁니다. 선생님이 나한테 호통을 쳤어요. "남의 신발을 신으면 안 되는 법이예요!" 이거 완전히 날벼락이지. 그때 어떠했겠어요? 이 잉크가 사정없이 흘러들어갑니다. 그러고는 엥엥 울면서 5km를 걸어서 집에 가는데 그때 내 심정이 어떻겠어요? 그저 잉크물입니다. 시커먼 잉크물입니다. 그렇게 집에 왔더니 이번에는 어머니가 똑똑한 귀신만도 못한 놈이 신발 잃어버리고 왔다고 야단을 쳤으니 또 얼마나 잉크물이 들어 갔겠습니까?

이런 식으로 우리는 오염이 됩니다. 내 오염의 역사만 하더라도 이야깃거리가 한두 가지가 아니고 또 여러분들 이야깃거리도 한없이 많을 겁니다. 이렇게 해서 오염되어 있는 것이 지상에 살고 있는 70억 인류의 현실입니다.

그러면 이제 오염된 이 물을 어떻게 할 것이냐 하는 것이 문제입니다. 어떻게 해결할 것이냐? 자, 여러분들 이것 어떻게 해결해야 되겠습니까? 이 오염을 정화하자고 하는 것이 인류의 문화 문명이라고 하면 딱 맞습니다. 모든 문화 문명의 목적은 오염되어서 불행한 인간들을 다시 행복하게 만드는 것입니다. 행복하게 만들려면 이 시커먼 잉크 물을 빼내야 합니다. 그러니까 인류 역사는 시커먼 잉크 물을 빼내보자고 노력하는 과정이라고 해도 과언이 아니라는 말입니다. 특히 교육 현장, 종교 현장은 더욱 그러합니다. 그런데 이 과정에서 모든 역사가 꾸준하게 두 가지 오류를 범하고 있습니다. 그 두 가지 오류란 무엇이겠습니까?

자, 우리 이 잉크 물을 모두 빼내어 봅시다. 자, 잉크 나와라, 잉크 나와라, 잉크 나와라. 우리들, 이 잉크 다 빼내버리고 집에 가야 하는데 얼마나 걸릴까요? 한 시간은 안 되고, 하루도 안 될 것이고, 아니 일주일도 안 될 것인데…. 이것이 첫 번째 오류입니다. 잉크물 자체를 빼내려고 잉크 물과 다투는 것입니다. 그다음에 또 하나의 오류가 있습니다. 여러분, 어떻습니까? 컵 속의 이 물이 전부 시꺼멓게 오염되었지요? 그렇지요? 바로 그것, 모두 시커멓게 되었다, 전부 오염되었다 하는 생각이 또 하나의 오류입니다. 그렇게 다 시커멓게 되어 버렸다고 생각하면서 잉크와 싸움을 하게 되는 것입니다. 전부 시커멓게 오염되었다고 생각하는 오류와 잉크 물과 싸우는 오류. 이 두 가지가 인류 역사가 꾸준히 범해 왔던 양대 오류입니다.

그러면 잉크 물과 싸우지 말고, 그냥 이렇게 해 보면 어떨까요? 자, 이렇게 잉크 물에 그냥 맑은 물만 부어 보면 어떨까요? 10년 동안 잉크 물을 빼내어도 되지 않을 것이 이렇게 몇 초에 맑은 물로 회복됩니다. 그냥 맑은 물을 부어버리면 바로 끝날 일을 잉크와 싸우는 식의 전쟁을 치르고 있으니 어떻게 되겠습니까? 그러면 맑은 물을 붓는다고 하는 것은 무엇을 의미합니까? 여러분들은 지금 아하, 나와 내 주변 그리고 세상이 전부 오염되어 있고,

내가 오염당하고 내가 오염시키고 하는 것이 우리의 현실인데 그 잘못된, 이 타락된 오염의 세계로부터 벗어나는 길은 맑은 물 붓기로구나! 하는 자각이 마음속에 일어날 것입니다. 그럼 구체적으로 맑은 물을 붓는다는 것은 무엇을 의미합니까? 그 의미에는 다양한 측면들이 있는데 한 가지 예를 들어봅시다. 여러분들이 스스로를 생각할 때 잘났어요? 아니면 못났어요? 스스로를 못났다고 생각하는 것은 맑은 물에 잉크를 붓는 것입니다. 그렇지만 나는 잘났다, 만큼 잘났다, 하고 일단 자기 자신을 긍정적으로 생각하고, 긍정적으로 선언한다면 그것은 맑은 물 붓기입니다. 그다음에 아, 내 혼이 있어서 감사하구나, 하고 자신의 혼을 긍정적으로 감사하게 여기는 마음이 맑은 물이요, 그렇다고 선언하는 것이 맑은 물입니다. 내 몸이 아직은 이렇게 건강해서 오른 팔, 왼팔 내릴 줄 압니다. 나이 90 정도 되면 이것도 어려워질 것 아닙니까? 그래서 내 혼을 감사하고, 몸을 감사하는 것이 맑은 물이란 말입니다.

또, 인간관계를 맺었다 하면 어떻게 하는 것이 맑은 물일까요? 내 아버지가 나를 길러주셨다. 내 어머니가 나를 낳아주셨다. 나의 생존의 뿌리이신 나의 부모님 감사하다, 하고 생각하고 그렇게 표현하는 것이 맑은 물 붓기입니다. 또 어때요? 내 부모형제들, 전 가족들을 떠올려보면 그 가족들에게 감사한 것이 한 두 가지겠습니까? 그 수없는 감사들을 마음속에서 떠올리고 표현하는 것이 맑은 물 붓기입니다. 또 상대방이 나에게 "이놈아!" 했다고 합시다. 그럴 때는 으흠. 아무개님이 나한테 이놈아 하시는구나. 이놈아, 하실 때는 이놈아 하실만한 사정이 있겠지. 이놈아, 정도로 끝내주시니 얼마나 감사하냐. 그만하니 참으로 감사하다. 이렇게 생각하는 것이 맑은 물 붓기라는 말입니다. 또 사촌이 논을 샀다고 하면 아이고, 우리 사촌이 논을 샀다네! 하면서 함께 기뻐해 주는 것, 이런 것이 맑은 물입니다. 사촌이 논을 사면 배가 아파진다는 말이 있는데, 그것은 맑은 물이 아니라 구정물입니다. 자, 그러니까 여러분들이 이런 생각은 맑은 물이겠다, 하면 그 생각을 하세요. 나의 이 말이 맑은 물이겠다 하면 그 말을 맑은 물로 하세요. 나의 이 행동이 맑은 물이겠다 하면 그것을 맑은 물로 하십시오.

같은 값이면 무엇 하려고 이 세상에서 그저 잉크 물을 부어대는 삶을 살 필요가 있겠습니까? 이미 오염되어 있는 시커먼 물에서 잉크가 쪽쪽 빠져버리도록 여러분들 하루하루 생활 속에서 그냥 맑은 물을 부어보십시오. 그런 맑은 물 붓기는 10년, 20년 하실 필요가 없습니다. 한동안만 하고 있으면 본인이 느낍니다. 내가 무슨 복이 있어서 이렇게 열린 평화감으로 살게 되었는고, 하게 됩니다. 여러분들이 맑은 물 붓기 생활을 한 1개월 정도만 해도, 조금 더딘 사람이라 해도 1년 정도, 아주 더디다 해도 3년 정도만 맑은 물을 붓는 생활을 하신다고 하면 여러분들이 밝고 맑은 마음이 이런 것이로구나 하는 것을 자기 속에서 딱 느끼게 될 것입니다. 자기 인생은 자기가 사랑해야 됩니다. 자기 인생을 자기가 사랑해야지, 누가 사랑해주겠습니까? 같은 값이면 하루하루 맑은 물 붓는 생활을 하는 것, 그것이 자기 인생을 사랑하는 법입니다. 여러분들에게 맑은 물 붓기 생활을 권장하면서, 오늘 강의 마치겠습니다. 감사합니다.

인생 3박자

실패는 제치고
성공은 누려라

여러분 반갑고 감사합니다. 이 시간에 공부할 주제는 **인생 3박자**입니다. 제목이 멋있지요? 인생 3박자라. 멋있습니다. 인생 3박자가 무엇일까요? 인생을 그냥 우리말로 하면 삶입니다. 그 삶은 어느 누구의 삶이든지 세 가지 속성을 벗어나지 못합니다. 모든 삶은 이 3대 속성으로 되어 있습니다.

우선 우리의 삶에는 A시점에서 B시점까지의 거리가 있습니다. 이 시간적인 거리를 무엇인가 하면서 흘러가는 것이 삶의 속성 하나입니다. 책을 읽는다고 하더라도 지금 페이지에서 시작하여 열심히 한 시간 동안 읽습니다. 그렇게 한 시간 동안 무엇을 하는 것. 이것이 삶의 속성 하나입니다. 그다음 두 번째 속성은 그렇게 했을 때 대체로 어느 정도의 긍정적인 성과가 나온다는 것입니다. 물론 긍정적인 성과가 적게 나올 수도 있습니다. 아무튼 긍정적인 성과도 있을 수 있고 유감스러운 것도 있을 수 있다는 말입니다. 결과는 성취 쪽일 수도 있고 실패 쪽일 수도 있습니다. 인생은 그렇게 그 세 가지 속성을 벗어날 수가 없다는 것입니다. 어느 시점에서 시작해서 어느 시점까지 무엇인가를 한다는 것. 이것이 속성 하나입니다. 그렇게 하다 보면 긍정적으로 만족스러운 성취가 되기도 합니다. 이것이 두 번째 속성입니다. 세 번째는 유감스러운 실패 쪽도 나오게 된다는 것입니다. 이것이 그냥 모든 사람들의 인생 패턴입니다.

이 세 가지 패턴을 가만히 들여다보면 그 속에 행복을 끌어낼 수 있는 중대한 원리가 들어 있습니다. 그 원리를 파악하고 그 원리대로 살면 인생은 오케이가 되는 것입니다. 이 원리를 아는 사람은 행복이라는 결과를 가져옵니다. 그런데 이 원리를 모르고 살게 되면 확률적으로 불행한 삶이라는 결과가 나오게 됩니다. 사는 것은 비슷하게 살았는데 어떤 사람은 행복하다고 하고 어떤 사람은 불행하다고 한다는 것입니다. 왜 그럴까요? 물론 그 답은 이것저것 많이 있을 수 있습니다. 그러나 그 패턴 속에 들어 있는 원리 세 개가 중대한 답이 됩니다. 그 세 개가 무엇인지 여러분들 궁금하시지요? 그 세 개를 일러 '인생 3박자'라고 하는 것입니다. '인생 3박자'라는 지혜를 알고 사는 사람과 모르고 사는 사람의 차이는 하늘과 땅 차이입니다.

　그럼 인생 3박자란 무엇일까요? A시점에서 B시점까지 간다 할 때 어떤 사람은 갈지(之)자로 가고 어떤 사람은 곧바로 갑니다. 그래서 비틀비틀 갈지자로 가는 사람은 우선 능률이 오르지 않습니다. 그러니까 여기에서 삶의 원칙 하나를 발견하라는 것입니다. 무엇이냐? '저질러라!' 하는 것입니다. 그래요. 직선으로 저지르는 것입니다. 저지르는 자세로 집중하는 것입니다. 이것이 행복을 낳을 수 있는 원리의 하나입니다.

　그다음에 저지르게 되면 필히 성취(成就)도 있고 좌절(挫折)도 있다고 했습니다. 그런데 이때 많은 사람들이 좌절 부분을 잡고 그것을 곱씹으면서 속앓이를 합니다. 그런 사람을 불행한 사람이라고 합니다. 물론 실패했으니 속앓이 한다는 것이 이해는 됩니다. 그러나 그것이 정도를 넘어선다면 중도에서 벗어난 것으로 바람직하지 못합니다. 그래서 '저질러라!'가 원리 하나이고, 그다음 원리는 '제쳐라!'입니다. 저질렀으면 플러스 성과가 있든지 마이너스 결과가 있는 법인데 불행한 사람은 마이너스를 오래 기억하고 오래 씹으면서 속앓이를 키웁니다. 그러면 어떻게 하면 좋을까요. 마이너스 쪽은 "으흠~" 하고 일단 알고 나서 그냥 제쳐버리는 것입니다. 제치는 것. 이것이 원리의 하나입니다. 제치지 않고 씹고 있는 것은 어리석음입니다. 그래서 '저질러라!'라는 원리 다음의 두 번째 원리는 '제쳐라!'입니다.

그러면 성취 쪽은 어떻게 할까요? 누리는 것입니다. 그래서 '누려라!'가 세 번째 원리입니다. 이제 인생 3박자가 무엇인지 아셨겠지요? 제 1박자는 '저질러라'입니다. 그다음, 제 2 박자는 마이너스 쪽을 '제쳐라' 입니다. '으흠. 이렇게 내가 실패했네.' 하고 알고는 얼른 제치고 성취된 것은 박수치면서 향유합니다. 그래서 제 3박자는 '누려라' 입니다.

누릴 때도 보다 효과적으로 누려야 합니다. 누리는 방법이 무엇일까요? 일단 성취한 것에 대해서 입 꼬리를 살짝 끌어올리면서 '음, 내가 그것을 이루었구나!' 하면서 속으로 느끼는 것입니다. 성취를 긍정적인 느낌으로 느끼는 것입니다. 느끼기만 해도 훌륭한 향유입니다. 그러나 거기에서 한 수 더 나아가면 좋습니다. 메모를 하는 것입니다. 기록을 하는 것이지요. 성취한 것을 느낄 때 한 번 행복하고, 그것을 기록할 때 두 번 행복하게 됩니다. 그리고 세 번째, 그것을 표현해서 주변 사람들과 나누는 것입니다. 아. 오늘 이런 성취가 있었어요, 하고 가족과 나누고 친구들과 나누는 것입니다. 그럴 때 상대방이 아이고. 그랬구나. 아이고. 성취했구나, 하고 박수까지 쳐준다고 하면 그 행복감은 훨씬 증폭됩니다. 그래서 과거의 좌절들이 박수치고 향유하는 과정에 팍팍 정화되는 것입니다.

자, 인생이라고 하는 것이 세 가지 속성으로 되어 있고 그 세 가지 속성을 들여다보면 세 가지 삶의 원리가 나온다고 했습니다. '저질러라. 제쳐라. 누려라' 하는 것이 그 원리입니다. 그런데 어떻게 누려야 한다고 했지요? 일단 느끼고, 기록하고, 나누어라 하는 것입니다. 이것이 향유 3박자입니다. 다시 한 번 안으로 느끼고, 그다음에 기록하는 것입니다. 그리고 기록한 것을 주변 사람들과 나누는 것 입니다.

그리고 여기에서 유념해야 할 것이 하나 있습니다. 자. 오늘 하루 10가지 것을 하였는데 1가지는 성공하고, 9가지를 실패할 수도 있고 3가지를 성공하고 7가지를 실패할 수가 있습니다. 계산하기 좋게 하루에 10가지라고 합시다. 365일이 지났습니다. 하나 이루고 9개를 실패하는 삶을 365일 살았다고 하면 365일 후에 어떻겠습니까? 좋다, 하고 축제하겠어요? 아니면 아이고~ 하면서 다리를 펴고 울겠어요? 100명 중에 99명은 어리석어서 아이고 다리를 펴고 슬퍼하면서 곡을 하게 될 것입니다. 그러나 지혜로운 사람은 저질러서, 9개 실패하고, 하나 이루었다 하면 9개는 알고 제쳐버리고 하나를 박수치고 향유합니다. 그렇게 해서 다음 날 하나, 다음 날 하나, 다음 날 또 하나 해서 365 x 9개의 실패는 제쳐버리고 365 x 1개로 365개의 성취를 완전히 축제하는 것입니다. 그렇게 하면 그 사람은 어떻겠어요? 그저 엔도르핀이 팍팍 솟게 됩니다. 그런 사람의 행운을 가로막을 존재는 없는 법입니다. 자. 여러분들의 인생을 진정 행복한 인생, 성공한 인생으로 만드시려면 인생 3박자를 유념하십시오. 인생 3박자가 여러분들의 행복을 위한 도구가 되었으면 좋겠습니다. '저질러라, 제쳐라, 누려라' 입니다. 감사합니다.

동사섭 로고

존재로 바라보고
긍정으로 수용하고
사랑으로 접근하라

여러분 안녕하세요. 이 자리, 이렇게 인연되어 주시는 것 대단히 감사합니다. 자, 오늘 여러분들과 나누고 싶은 이야기는 **동사섭의 로고**입니다. 동사섭 로고가 가지고 있는 뜻을 나누어 보는 것 입니다.

이 동사섭 로고는 동사섭 전체를 나타낼 수는 없지만 동사섭의 바탕 철학을 나타내고 있습니다. 여러분들이 로고를 한번 그려 보십시오. 먼저 마음속으로 원을 그려 보십시오. 자, 원을 그렸으면 원 한 중앙에서 X축으로 원을 둘로 나누어 보십시오. 그렇게 되면 원이 두 쪽으로 나누어집니다. 그다음에 위쪽의 반원에 Y축을 또 한 번 긋습니다. 이렇게 되면 원이 세 쪽으로 나누어질 것입니다. 그래서 이 세 쪽을 가지고 존재론이라고 할지, 우주론이라고 할지 하는 것을 이야기 하게 되는 것입니다.

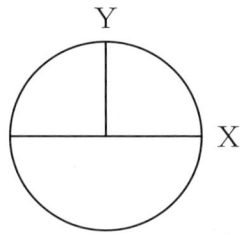

일단 인생은 행복론(幸福論)입니다. 그런데 행복을 이야기 하려면 존재론부터 시작하여야 합니다. 왜 그럴까요? 행복이니 불행이니 하는 것들은 내 마음이 무엇인가를 대상으로 했을 때, 내 마음과 대상 사이의 관계에서 만들어지기 때문입니다. 즉 내가 세상을 어떻게 보느냐에 따라서 행복 여하가 다 결정이 된다는 것입니다. 그러면 세상을 어떻게 보는 것이 행복에 도움이 되겠습니까? 사실 이것은 대단히 중요한 주제입니다. 그래서 방금 동사섭 로고를 세 쪽으로 그렸듯이, 세상을 바라보는 관점은 세 축으로 나눠집니다.

그러면 이 세 축 중에서 아래쪽 반원 축은 무엇에 해당이 되겠습니까? 세상을 바라볼 때 우리들은 가장 먼저 존재를 만나게 됩니다. 이 존재를 만날 때는 내 주관이 거의 끼어들지 않습니다. 그냥 존재를 만나는 것입니다. 엄정한 의미로는 주관이 끼어들지 않고 존재를 만난다고 하는 것은 불가능한 것입니다. 그러나 일단 딱 세상을 보았을 때, 내가 아무 사념을 쓰지 않고, 아무 주관성 없이 세상을 볼 때, 세상 전체가 그냥 비추어져 오는 순간이 있습니다. 이 순간의 세계가 바로 존재 측면입니다. 그런데 사람들은 그 존재에 대해서 곧바로 가치 부여를 하게 됩니다. 그렇게 가치 부여를 했다 하게 되면 그 가치는 긍정 가치와 부정가치, 두 가지로 나눠집니다. 사람들은 이 세상을 어떻게 받아들이면서 살고 있을까요? 일차적으로는 존재 측면으로 받아들이고, 두 번째는 가치 측면으로 받아들이게 되는데, 그 가치 측면을 다시 플러스 가치와 마이너스 가치로 나누어 받아들이는 것이 현실입니다.

  그러면 여러분들이 한 번 가만히 생각해 보십시오. 그냥 이렇게 있을 때, 세상을 한번 떠올려 보십시오. 세상이 주관적으로 해석되지 않고 그대로 딱 느껴진다면 이것은 세상을 존재 차원으로 받아들이는 것입니다. 그리고 조금만 있어 보십시오. 그러면 여러분들은 세상에 존재하는 모든 것들에 대해서 자기 속에서 긍정 가치와 부정 가치로 바로 나누어 보게 됩니다. 이렇게 끝내 세 축으로 되는데. 만일 여러분들이 X축을 점점 높여간다고 해 봅시다. 그러면 존재축만 남게 됩니다. 그래서 우리들이 궁극적으로 해봄직한 일이 있다면 아예 X축을 위로 쑥 올려서 존재로만 느끼는 일입니다. 순수하게 존재만 딱 느껴지는 식으로 우주를 받아들이는 마음을 한번 상상해 보세요. 그렇게 되면 우주에 대해서 좋다, 나쁘다, 옳다, 그르다 하는, 일체의 시비, 미추, 진위 따위의 상대적인 평가 없이 온전히 그대로, 가치 여하를 뛰어넘어 존재만을 대하고 있으니 그 마음이 어떠하겠습니까? 지극히 평화롭겠지요.

그래서 영성촌(靈性村)에서는 바로 이 존재축을 그대로 느끼는 것, 즉 나의 주관성을 끼어 넣지 않고 존재를 어떻게 그대로 느낄 수 있겠느냐 하는 것을 중대한 목표로 여기게 됩니다. 아마도 모든 영성 문화에서는 그러리라고 저는 믿습니다. 저희들이 하고 있는 동사섭이라고 하는 영성 문화에서도 존재로만 그대로 받아들일 수 있는 상태를 가장 높은 경지로 여기고 있습니다.

그다음에 Y축을 이야기하겠습니다. 사람들은 불가피하게 세상을 존재축으로만 보지 못하고 수없는 플러스와 마이너스로 가치평가를 한다고 했습니다. 원 모양의 동사섭 로고에서 원의 아래쪽은 존재축이고, 위쪽은 가치축인데 이것을 Y축으로 나누어서 왼 쪽이 플러스 가치이고 오른 쪽이 마이너스 가치라고 해 봅시다. 그런데 이 Y축이 계속 오른 쪽으로 간다고 해 봅시다. 그러면 무엇이 남겠습니까? 가치축에서 마이너스 가치 쪽은 그 영역이 점점 사라져 버리면서 플러스 가치 쪽만 남게 됩니다. 그래서 세상이 플러스 가치로만 느껴진다면 괜찮습니다. 왜 그럴까요? 이 마음이 아주 긍정적이 되기 때문입니다. 그래서 존재로만 바라보면 초월적인 의식을 경험하게 되고, 플러스 가치로 바라보게 되면 긍정을 경험하게 됩니다. 초월을 경험하고 긍정을 경험하면 어떻겠어요? 갈등이 없습니다. 오로지 행복입니다. 그런데 사람들은 불가피하게 부정적인 가치로도 세상을 바라본다는 말입니다. 그래서 이제 인생이 심각해지고 골치 아파지는 것입니다. 인생이 그렇게 만만하지 않은 것은 왜 그럴까요? 마이너스가 많아서 그렇습니다. 문제가 많이 생기는 것입니다.

자, 그럴 때 우리들이 해야 할 일 1번은 존재로 관조하려고 노력을 해야 되고, 그다음은 가치로 나누었다면 플러스로 관조하려고 노력하면 됩니다. 그러면 그 방법론은 다양하게 있겠지요. 그런데 여기에서 방법론을 다 다룰 수는 없겠고 여러분들에게 방법론을 화두로 던집니다. 그리고 마이너스로 느껴지는 부분을 어떻게 해서 좀 극소화시켜 볼 수 있겠느냐 하는 것을 조금 덧붙여 봅니다. 자, 여러분들이 세상을 보고 좋네, 나쁘네 하는 것은 자신의 주관성이라고 하는 것만 확실히 이해하면 마이너스 부분에서 굉장히 많이 벗어날 수 있습니다. 여러분에게 세상이 나쁘게 보이고 저 놈이 나쁜 놈으로 보일 때는 내가 주관적인 렌즈로 그것을 그렇게 보고 있는 거야, 하고 생각을 하시라는 말입니다.

그다음, 또 이런 관점으로도 볼 수 있습니다. 저 놈이 나쁘다고 하게 된다면, 진실로 그러한가 하는 것은 부처나 알고 신이나 아는 것이지, 우리 사람으로서는 정말은 잘 모르는 법이다. 그렇게 생각을 해 보십시오. 그렇게 되면 마이너스라고 여겨지는 그것들이 내 속에서 위력을 상실하면서 플러스에게 자리를 양보하게 됩니다.

그다음에 또 마이너스로 여겨졌을 때, 이렇게 생각해 보십시오. 저 놈이 아주 나쁜 짓을 하고 있다. 아주 나쁜 놈, 벌 받을 놈이다, 그런 식으로 여겨지면, 그 사람은, 그 존재는 지금 어떤 필요한 과정, 경험의 과정에 있다고 생각을 해보는 것입니다. 이처럼 가치축에서 바라보되 관점을 조금 바꿔서 바라보게 되면 마이너스라고 여겨졌던 그 모든 것들이 나에게 수용되고 이해되게 되는 것입니다.

그리고 확실한 부정 가치라고 해 봅시다. 그때는 여러분들이 할 일은 무엇이겠습니까? 저 놈, 나쁜 놈, 죽일 놈, 하기 보다는 그 사람을 여러분들의 가슴의 대상으로, 여러분들이 따뜻한 가슴으로, 사랑으로 안아주면서 해결해가야 할 대상이라고 생각하면서 접근하는 것입니다. 그렇게 된다고 하면 마이너스 문제가 그다지 없을 것 입니다.

여러분들이 바라보는 세계, 어떻게 바라보고 살 것이냐 하는 것은 여러분들의 몫입니다. 어떻게 하면 세상을 보다 긍정적으로 바라볼 수 있을 것인가? 화두를 여러분에게 던져 봅니다. 감사합니다.

인생 3중주

동사섭이 권장하는
최고의 인생살이

여러분 반갑고 감사합니다. 오늘 여러분들과 공부할 주제는 **인생 3중주**입니다. 인생 3중주라, 느낌이 좋지요? 3중주. 인생이 무슨 음악과 같이 들립니다. 그럼 3중주라는 뜻을 먼저 이야기 해 볼까요? 사람이 인생을 살면서 이 3단계를 지키는 것이 좋습니다. 그런데 세상 사람들 사는 모습을 보면 첫 번째, 두 번째 단계는 무시해버리고 그냥 세 번째 단계 하나로만 삽니다. 그렇게 한 단계로만 사는 나머지 보다 더욱 행복해질 수 있는 인생을 크게 행복하지 못하게 사는 것을 무수히 관찰하면서 인생 3중주론을 우리 수련회에 내놓게 되었습니다.

나는 인생 3중주를 이렇게 정리합니다. 제 1중주는 돈망(頓忘),

제 2중주는 지족(知足), 제 3중주는 구현(具現)입니다. 그래서 이 세 개념을 마치 시조처럼 엮어 놓았습니다. 그냥 있으니 돈망 천국이요, 한 생각 일으키니 지족 천국일세. 일터에 나아가니 신나는 구현 천국이로다. 이것이 인생 3중주입니다. 그러면 여기에서 우리들이 건져야 할 의미, 건져야 할 가르침은 무엇일까요? 여러분 스스로도 생각해 보십시오. 아침에 잠을 깨면 여러분들은 어떠십니까? 사람들은 보통 깨자마자 오늘 해야 할 일이 생각나고, 일터를 향해서 마음부터 마구 뛰어갑니다. 그러고 몸이 막 뛰어갑니다. 그래서 일터에 가서 일하는 것으로 오늘 하루를 꽉 채워 버립니다. 이러한 삶의 패턴은 인생 3중주 중에서 제1중주와 제2중주를 빼 버리고 제 3중주로만 사는 모습입니다.

그러면 여기에서 내가 무엇을 이야기하려고 할까요? 이 세상 사람들을 가만 놓아두면 저절로 제 3중주로만 그냥 살게 됩니다. 지금은 제 3중주를 어떻게 해야 할 것이냐를 크게 강조하는 자리는 아닙니다. 이 부분을 다룰 때는 다루더라도 지금은 제 1중주와 제 2중주가 문제입니다. 그럼 제 1중주와 제 2중주는 무엇일까요? 간단합니다. 오늘 내가 뛰어다니면서 일을 해야 하는 것이 제 3중주이지만 일터에 가기 이전에 약간의 시간이 있습니다. 그런데 제 1중주는 '그냥 있으니 돈망천국이요.'라고 했습니다. 자, 여러분들이 하루를 상상해 보세요. 아침에 잠에서 깨어나 눈을 떴습니다. 그때 일터로 가기 전에 제 1중주를 먼저 살도록 하십시오. 그냥 있어 보는 것입니다. '그냥 있는다.' 하면서 지금 여기(here and now)의 존재 자체만을 느끼면서 은근하게 미소를 한 번 지어 보십시오. 제 3중주 쪽으로 뛰어가서 일을 하려면 에너지가 필요한데, 그 에너지가 제 1중주에서 빵빵하게 차오르는 것입니다. 빙그레 미소 지으면서 아, 내가 지금 그냥 있는 삶을 살고 있구나, 이렇게 해보십시오. 그렇게 해보면 그냥 존재하게 되는 이것 자체가 한없는 어떤 에너지 장이라는 것을 느낄 수 있을 겁니다. 그리고 결론부터 이야기한다면, '그냥 있는다.'를 제대로 느끼는 것이 인생 백 년의 시간 중에서 궁극적으로 해내야 할 일입니다. 그런데 그 일은 어찌 보면 대단히 평이합니다. 또 어찌 보면 어려울 수도 있습니다. 그러니까 평이한 수준에서 우선 '그냥 있는다.'부터 해보십시오. 그것이 제 1중주입니다.

그다음에 제 2중주는 한 생각을 일으키는 것입니다. 한 생각을 딱 일으켜서 자기 자신도 다시 한 번 관찰하고 주변도 관찰해 보십시오. 관찰해보면 감사한 것들이 지천(至賤)으로 깔려 있습니다. 그래서 그냥 있으니 존재 차원에서 천국을 느끼게 되고, 한 생각 일으켜서 주변을 둘러보니까 감사거리가 지천으로 있어서 아, 감사하구나, 감사하구나, 감사하구나, 하는 것입니다. 우선 이렇게 생각해 보십시오. 내 몸이 오늘도 이렇게 건강하게 새 날을 맞이하게 되니 감사하고, 내 가족들 둘러보니 참으로 건강하게 잘 있어주니 감사하고, 오늘 또 일터로 가서 일을 할 수 있으니 감사하다. 이런 식의 감사가 무한 우주에 쫙 깔려있는 것입니다. 그렇게 '그냥 있으니 돈망 천국이다.' 하는 것을 느끼고 한 생각을 일으켜서 감사, 감사, 감사하게 되면 그 자체로 행복에 넘치는 것입니다. 행복에 넘치는 이 에너지를 가지고 일터로 가라는 것입니다. 이런 에너지가 없이 바로 일터로 뛰어가서 일을 한다 하면 어떨까요? 그 일거리를 제대로 이성적으로 하지 못할 수도 있습니다. 잘못된 결과는 허둥댈 때 오는 법입니다. 그래서 어떤 일이든 시작할 때 심호흡부터 하십시오. 그 심호흡 과정이 바로 제 1중주와 제 2중주입니다.

30초 룰이라는 말도 있습니다. 30초 룰에 대해서 내가 어느 대기업의 상무에게서 들었습니다. 경영 철학에 30초 룰이라는 것이 있답니다. 일터에 가서도 바로 업무 이야기를 하지 않는다는 겁니다. 그러면서 30초 정도 여담을 하는 것입니다. "음, 아무개 과장, 오늘 생글생글 웃는 것으로 봐서 기분이 좋아 보이는데, 집에 좋은 일 있었어?" 뭐 이런 인사도 좋고, 또 누가 우중충하게 있으면, "어허, 아무개 과장은 오늘 내가 어떻게 도와줘야 될까?" 이러면서 무엇인가 일과는 상관없는 잡담을 하는 겁니다. 이런 과정 자체가 일을 위한 에너지를 보충하는데 좋다는 겁니다. 그런데 요령 없는 팀장이 팀원들이 나타나자마자 자, 업무 시작! 하고 탁탁 업무 쪽으로 가게 되면 어떻겠습니까? 조금 깨어 있는 친구가 있다면 아이고, 우리 팀장은 인생을 너무 몰라. 용타스님한테 가서 인생 3중주 강의를 듣고 와야겠구나, 하는 상황이 얼마든지 벌어지는 것이 인생의 일터입니다.

　이 자리에서 인생 3중주를 함께 공부하고 있는 여러분들, 일터에 가기 전에 아예 업무 1호를 돈망, 지족으로 생각하십시오. 그냥 있는다, 그리고 생각해 보니 한없는 감사거리가 있구나, 이것이 돈망, 지족인데, 아예 돈망, 지족을 업무 1호라고 여기는 것이 좋습니다. 우리 공동체에서는 아예 그렇게 약속을 해두었습니다. 업무 1호는 돈망, 지족입니다. 그 1호 바탕 위에서 업무를 합시다. 이런 식으로 약속을 한 것입니다. 여러분들도 인생 3중주 차원에서 제 1중주와 제 2중주를 빼버리지 말고 여러분들의 인생을 잘 관리하십시오. 행복 수위가 팍팍 올라갈 것입니다. 감사합니다.

동사섭 총정리

인생의 첫 단추는
가치관 정립입니다

여러분 감사합니다. 지금까지 10분짜리 동영상 강의를 59번 했고 이번이 60번째입니다. 그래서 10분 동영상 강의를 59번 들으셨다고 전제하고 마지막 강의를 준비하였지만, 이 마지막 강의 이것만 잘 흡수해 주신다면 앞의 59개를 듣지 않았다 하더라도 들은 것과 같은 공덕이 있으리라고 봅니다. 그리고 특히 이번 강의는 제가 마치 피를 뽑아서 쓰는 것과 같은 마음으로 준비했습니다. 이번 말씀은 평소에도 항상 제 속에 간절하게 자리하고 있는 이야기입니다. 정말로 깊은 감사의 마음으로 다음 세 가지 말씀을 여러분들께 바칩니다.

첫 째, 우선 키워드를 하나 떠올려 봅시다. '맨 소리가 참소리

되고 맨 마음이 참마음 된다.'입니다. 이것이 이 강의의 결론입니다. 결론부터 말씀드리면서 나머지 두 가지를 설명하겠습니다.

두 번째, 동기입니다. 어떤 것을 행하든지 그것을 잘 행하려면 행하는 배경의 동기가 제대로 서있어야 합니다. 특히, 마음공부는 그 동기가 취약하면 마음공부 자체가 되지 않습니다. 그런데 이런 마음을 가지신다면 마음공부 동기가 아주 쌍쌍해질 것입니다. 한 번 이렇게 생각해보십시오. 내 혼과 내 DNA는, 무한 자유(自由), 무한 자비(慈悲), 무한 자재(自在)를 절규로 소망한다. 어떻습니까? 여러분들의 혼이, DNA가, 참으로 무한 자유를 원할 것 같지 않습니까? 우리의 마음은 무한 가능성을 가지고 있습니다. 그렇다면 내 가능성이 온전히 피어나서 무한 자유를 얻을 수 있다면 얼마나 좋겠습니까? 무한 자유의 가능성은 누구에게나 있습니다. 그러니 혼은, DNA는, 당연히 절규하지 않겠습니까? 주인님, 정말로 나 자유롭고 싶습니다. 무한 허공으로 날고 싶습니다. 나를 여기에 가두어놓지 말고 나를 풀어서 구원시켜 주십시오! 하고 외치고 있다는 말입니다. 만일 그 사실을, 그 절규를 외면한다면 그것은 인생 최대의 책임유기(責任遺棄)입니다. 그러니 여러분들이 책임유기(責任遺棄)자가 되어서는 참으로 유감이겠지요. 이 소중한 자기 자신에 대해서 책임유기를 한다는 것은 참으로 용서받기 힘든 일입니다. 여러분들이 진정 절대로 책임유기를 하지 않겠습니다. 정말로 내 혼이 바라듯 무한자유가 되겠습니다, 하신다면 여러분들이 해야 할 일은 한 가지입니다. 그 한 가지 일이 제가 여러분들에게 드리는 세 번째 말씀이 되겠습니다.

세 번째, 가치관 정립입니다. 가치관 정립이라고 하면 관념적으로 들립니까? 천만의 말씀입니다. 가치관 정립, 이것은 활구(活句) 중의 활구 입니다. 왜 그럴까요? 사람이 사는 모습을 보면 한결같이 자기 속에서 생각하고 있는 것을 그대로 삶으로 살고 있기 때문입니다. 자기 속에서 생각하고 있는 것, 그것이 바로 가치관입니다. 자기가 생각하고 있는 것이 삶으로 옮겨진다는 말입니다. 사람의 삶은 2단계로 이루어지는 것입니다. 먼저 마음속에서 일어납니다. 그렇게 마음속에서 일어났다 하면 그것이 삶으로 드러나는 것입니다. 내가 돈이 필요하다고 마음속에서 외칩니다. 그러면 나는 필요한 돈을 찾아 나서게 됩니다. 전부 그렇습니다. 내가 영어를 잘 해야겠다고 생각한 사람은 바로 서점에 가서 영어책을 사오게 되고, 영어 학원에 가서 공부하게 됩니다.

그래서 어떤 가치관을 갖고 있느냐가 인생의 핵심입니다. 석가모니는 이 가치관이 대단히 중요하다는 것을 알고 팔정도(八正道)라고 하는 여덟 가지 삶의 길을 열어놓고 그 첫 번째에 정견(正見, 바른 가치관)을 두었습니다. 정견이란 바른 견해, 바른 가치관이라는 말입니다. 정견이 첫 번째 입니다. 그래서 여러분들이 정말로 혼의 절규를 듣고 그 혼의 절규에 대해서 책임유기를 하지 않고 따르시려면 바람직한 가치관을 정립하시라는 말씀입니다.

그럼 어떻게 해야 바람직한 가치관을 정립할 수 있을까요? 모든 인문학들이 가치관을 제공해주고 있습니다. 그래서 세상에는 억 만 가지 가치관이 있습니다. 이 지상에 가치관 체계가 억 만 가지가 있다 하면 어찌 해야 되겠습니까? 본인이 선택해야 됩니다. 인연 따라서 선택이 되겠지요. 저는 이 가치관 문제가 대단히 중요하다는 것을 알고, 정말로 고심하고 씨름하고 사색하고 읽고 하면서 명확하게 잡아낸 가치관이 일단 다섯 개입니다. 저는 수련장에서 이렇게 강조합니다. '이 다섯 개의 가치관을 지녀라. 그렇게 되면 이 가치관대로 살아질 것이다. 이 가치관대로 삶이 드러난다고만 하면 행복의 극점, 해탈의 극점까지 올라갈 것이다.'

인류사에서 부처님이 가르침을 주셨고, 뭇 조사(祖師)들이 가르침을 주셨고, 뭇 성자들이 가르침을 주셨고 뭇 인문학자가 가르침을 주십니다. 저는 그러한 가르침 전체를 제 나름대로 다섯 개의 가치관으로 통합하였습니다. 여러분들이 동사섭의 가치관인 5대원리(五大原理)를 채택하지 않는다 해도 상관없습니다. 가치관이 중요하다는 것만은 꼭 이해하시고 바람직한 가치관을 정립하시기 바랍니다.

여기에서 말씀이 나온 김에 간단히 소개한다면 그 다섯 가지 가치관의 첫째는 자아관(自我觀) 문제입니다. 바른 자아관을 가져라 하는 것입니다. 나란 무엇이냐에 대한 답을 수준 높게 내려야 한다는 것입니다. '나'는 무엇입니까? '나'란 무엇인가 하는 물음에 대한 최고 수준의 답은 '나는 없다'라는 것입니다. 나는 공(空)한 것입니다. 나는 초월자(超越者)입니다. 무규정자(無規定者)입니다. 무한부정(無限否定)입니다. 그러한 자아관으로 무장되었다 하면 그 사람은 어떠할까요? 허공처럼 빈 마음에 우주적인 에너지가 꽉 찰 것입니다. 세상에 많은 생명들이 아파하니까 그 아픈 이들을 향해서 보살도를 실천할 것입니다. 그래서 이 일물은 무한 우주에 있는 유형무형, 유정무정, 모든 존재들의 행복해탈과 맑고 밝은 상생기운을 위하여 이 일물의 전 존재, 전 에너지를 일으켜서 전하오니 무량한 복덕이 향상되소서, 하고 기도하면서 이 기도대로 실천하는 삶을 살 것입니다.

없는 내가 할 일은 무엇일까요? 모두의 행복 해탈을 위해서 내 에너지를 바치는 것입니다. 그렇게 하기 위해서 할 일은 세 가지 뿐입니다. 거듭 안으로 수심을 해서 마음을 천국으로 만드는 것이 그 첫째입니다. 그리고 밖으로는 이웃들과 만나 그 사람들과 화합을 잘해서 관계 천국을 만드는 것이 그 둘째이며 셋째는 내가 해야 할 일들, 소임(所任)을 잘하는 것입니다. 소임에는 내가 하지 않으면 안 될 일과 하면 좋을 일, 두 가지 종류가 있습니다. 그런 일들을 일사분란하게 하는 것입니다. 그래서 '정체(正體), 대원(大願), 수심(修心), 화합(和合), 작선(作善)' 이것이 모든 가치관을 통합한 5대 원리입니다. 이 5대 원리를 풀어서 5박 6일간 일반

과정 수련을 하고 있습니다.

여러분들이 5대 원리와 같은 가치관으로 일단 무장을 했다 하면 그다음에 할 일은 무엇이겠습니까? 가치관대로 관행(觀行)하는 것입니다. 가치관은 있는데 관행을 하지 않는다면 어떻게 되겠습니까? 돈 버는 방법은 알았는데 돈 버는 행동을 하지 않는다면 아무 소용이 없습니다. 공부 잘하는 방법을 알았다면 이제 그 방법대로 공부를 해 보아야 합니다. 그러면 무슨 묘수가 없을까요? 기하학에는 왕도(王道)가 없습니다. 그냥 꾸역꾸역 행하는 겁니다. 그리고 공부시간을 특별히 만들려고 하지 마십시오. 예를 들면 버스 기다리는 10분 동안에 가만히 내속에 있는 가치관대로 명상을 하는 겁니다. 자투리 시간에 도인(道人)이 되는 것입니다. 그렇게 반복, 반복하는 것입니다. 5대 원리를 반복하다가 보면 맨 소리가 참소리가 되고 맨 마음이 참마음이 됩니다. 여러분들이 이러한 마음을 가지고 세상에 인간으로 태어났다고 하는 것은 진정 복중의 복입니다. 이 소중한 마음이 우주적인 자유를 느낄 수 있도록 만들어야 하지 않겠습니까? 그러기 위해서는 이 세 가지를 유념하시면 됩니다. 여러분들이 지금까지 60회나 되도록 잘 들어주신 것도 감사하고 중간에 이 강의를 들으신 분들도 아마 앞으로 60회를 모두 들으실 수 있으시겠지요? 아무튼 여러분들과의 이 인연 대단히 감사합니다. 참으로 복 많이 받으십시오.